everest

# ATLAS MUNDIAL CONTEMPORÁNEO

**Dirección editorial**
Raquel López Varela

**Coordinación editorial:**
Ana Rodríguez Vega

**Autores:**
Eduardo García Ablanedo
Ana Rodríguez Vega

**Diagramación y maquetación:**
Eduardo García Ablanedo
Javier Robles

**Cartografía:**
Georama, S. L. (Paco Sánchez Ruiz, Edgar De Puy y Fuentes y Gonzalo Pires)

**Asesoramiento geográfico:**
Paco Sánchez Ruiz

**Documentación Fotográfica:**
Eduardo García Ablanedo
Victoria Labarga Alonso

**Fotografías:**
Archivo Everest
Getty Images
www.123.rf
Nuestro especial agradecimiento por su colaboración a Marino Scandurra
(Academia de las Artes y las Ciencias Cinematográficas de España)

**Diseño de cubierta:**
Maite Rabanal
Francisco Morais

**Diseño de interiores**
Óscar Carballo Vales

© EDITORIAL EVEREST, S. A.
Carretera León-La Coruña, km 5 — LEÓN
ISBN: 978-84-441-1035-6
Depósito legal: LE. 562- 2011
Printed in Spain - Impreso en España

EDITORIAL EVERGRÁFICAS, S. L.
Carretera León-La Coruña, km 5
LEÓN (España)

**www.everest.es**
**Atención al cliente: 902 123 400**

El Atlas Universal Contemporáneo nos ofrece una visión del mundo diferente y sencilla. Diferente porque hemos partido de lo cercano, nuestro barrio, para llegar a lo que más lejano está, el universo, y sencillo porque creemos que con todo el apoyo fotográfico y una cartografía básica podemos explicar nuestro mundo sin dejarnos atrapar por cantidad ingente de datos que no ayudarían mucho, sino todo lo contrario. La información y las nociones sobre los que se asienta esta obra son conceptos imprescindibles y básicos que forjarán los cimientos de aquellos más amplios. Difícilmente sin ellos entenderíamos nuestro mundo ni nuestro entorno y mucho menos antiguas civilizaciones o futuras ciudades.

Un mismo concepto muestra diferentes caras y no aparece siempre de la misma manera ante nuestros ojos. No ha sido tarea fácil intentar mostrar cada una de sus posibles variantes. Somos conscientes de que una misma realidad es vivida de manera diferente en distintas partes del mundo. Algo tan sencillo como *barrio* surge ante nosotros de maneras tan diversas que algunas de ellas no dejan de sorprendernos. No es lo mismo un barrio de un país del primer mundo que otro que aparezca en los llamados países del tercer mundo. No es lo mismo una ciudad de India que una de Catar; o una europea que otra norteamericana. Mismos conceptos, diferentes resultados.

Rostros, costumbres, razas, civilizaciones, economías, noticias, políticas… todo en continuo movimiento reflejado también de manera visual ayudándonos del color. Este va adquiriendo intensidad a medida que nos vamos alejando de lo que tenemos a nuestro lado, de lo inmediatamente cercano.

EDITORIAL EVEREST

# ÍNDICE

BARRIO                          12-15

CIUDAD                          16-19

REGIÓN                          20-23

PAÍS                            24-27

CONTINENTE                      28-31

## ÁFRICA

ÁFRICA FÍSICA                   32-33
ÁFRICA POLÍTICA                 34-35
ÁFRICA CULTURAL                 36-37
ÁFRICA ECONÓMICA                38-39
ÁFRICA ACTUALIDAD               40-41

ÁFRICA SEPTENTRIONAL y el MAGREB    42-43
  Argelia, Chad, Egipto, Gambia, Libia,
  Malí, Mauritania, Marruecos, Níger, Senegal,
  Sudán, Túnez.

ÁFRICA CENTRAL.
GOLFO DE GUINEA, ÁFRICA ECUATORIAL,    44-45
CUERNO DE ÁFRICA

Benín, Burkina Faso, Burundi, Cabo Verde, Camerún,
Congo, Costa de Marfil, Eritrea, Etiopía, Gabón,
Ghana, Guinea, Guinea-Bisáu, Guinea Ecuatorial,
Kenia, Nigeria, Rep. Centroafricana, Rep. D. del Congo,
Ruanda, Santo Tomé y Príncipe, Sierra Leona,
Somalia, Sudán del Sur, Togo, Uganda, Yibuti.

Ascensión (UK)

ÁFRICA MERIDIONAL               46-47

  Angola, Bostsuana, Comores, Lesoto,
  Madagascar, Malaui, Mauricio, Mozambique, Namibia,
  Rep. de Sudáfrica, Seychelles, Suazilandia,
  Tanzania, Zambia, Zimbabue.

## AMÉRICA

| | |
|---|---|
| AMÉRICA FÍSICA | 48-49 |
| AMÉRICA POLÍTICA | 50-51 |
| AMÉRICA CULTURAL | 52-53 |
| AMÉRICA ECONÓMICA | 54-55 |
| AMÉRICA ACTUALIDAD | 56-57 |
| AMÉRICA DEL NORTE | 58-59 |

Bahamas, Canadá, Estados Unidos, México.

Bermudas (UK), Groenlandia (DK)
San Pedro y Miquelón (FR)

| | |
|---|---|
| AMERICA CENTRAL. ISTMO CENTROAMERICANO | 60-61 |

Belice, Costa Rica, El Salvador, Guatemala,
Honduras, Nicaragua, Panamá.

| | |
|---|---|
| ANTILLAS y CARIBE | 62-63 |

Antigua y Barbuda, Aruba, Barbados, Cuba,
Curasao, Dominica, Granada, Haití,
Jamaica, Rep. Dominicana, San Cristóbal y Nieves,
San Martín, San Vicente y las Granadinas,
Santa Lucía, Trinidad y Tobago.

Anguila (UK), Caimán (UK), Guadalupe (FR)
Martinica (FR), Montserrat (UK), S. Eustaquio y Saba (NL)
Turcas y Caicos (UK), Vírgenes (UK/US)

| | |
|---|---|
| AMÉRICA DEL SUR | 64-65 |

Argentina, Bolivia, Brasil, Chile, Colombia,
Ecuador, Guyana, Paraguay, Perú, Surinam,
Uruguay, Venezuela.

Georgias del Sur (UK), Guayana Francesa (FR),
Malvinas / Falkland (UK)

## ASIA

| | |
|---|---|
| ASIA FÍSICA | 66-67 |
| ASIA POLÍTICA | 68-69 |
| ASIA CULTURAL | 70-71 |
| ASIA ECONÓMICA | 72-73 |
| ASIA ACTUALIDAD | 74-75 |
| ASIA ORIENTE MEDIO | 76-77 |

A. N. Palestina, Arabia Saudí, Baréin, Catar,
Emiratos Árabes Unidos, Irak, Irán, Israel,
Jordania, Kuwait, Líbano, Omán, Siria,
Turquía, Yemen.

| | |
|---|---|
| RUSIA ASIÁTICA | 78-79 |
| ASIA CENTRAL y LEJANO ORIENTE | 80-81 |

Afganistán, China, Corea del Norte,
Corea del Sur, Japón, Kazajistán,
Kirguistán, Mongolia ,Taiwán,
Tayikistán,Turkmenistán, Uzbekistán.

| | |
|---|---|
| INDOSTÁN y SUDESTE ASIÁTICO | 82-83 |

Bangladés, Birmania, Brunéi, Bután,
Camboya, Filipinas, India, Indonesia,
Laos, Malasia, Maldivas, Nepal,
Pakistán, Singapur, Sri Lanka,
Tailandia, Timor, Vietnam.

Chagos (UK)
Cocos y Chrismas (AU)

## EUROPA

| | |
|---|---|
| EUROPA FÍSICA | 84-85 |
| EUROPA POLÍTICA | 86-87 |
| EUROPA CULTURAL | 88-89 |
| EUROPA ECONÓMICA | 90-91 |
| EUROPA ACTUALIDAD | 92-93 |

**EUROPA SEPTENTRIONAL** — 94-95

Dinamarca, Estonia, Finlandia, Irlanda,
Islandia, Letonia, Lituania, Noruega,
Reino Unido, Suecia.

Aland (FI), Feroe (DK), Kaliningrado (RU)

**EUROPA CENTRAL y MERIDIONAL** — 96-97

Albania, Alemania, Andorra, Austria,
Bélgica, Bosnia y Herzegovina, Chipre, Croacia,
Eslovaquia, Eslovenia, España, Francia, Grecia,
Hungría, Italia, Liechtenstein, Luxemburgo,
Malta, Mónaco, Montenegro, Países Bajos,
Polonia, Portugal, Rep. Checa, San Marino,
Serbia, Suiza, Vaticano.

Gibraltar (UK)

**EUROPA ORIENTAL y CAUCÁSICA** — 98-99

Armenia, Azerbaiyán, Bielorrusia,
Bulgaria, Federación Rusa, Georgia,
Moldavia, Rumanía, Ucrania.

## OCEANÍA

| | |
|---|---|
| OCEANÍA FÍSICA y POLÍTICA | 100-101 |
| OCEANÍA CULTURAL | 102-103 |
| OCEANÍA ECONÓMICA | 104-105 |
| OCEANÍA ACTUALIDAD | 106-107 |

**OCEANÍA
AUSTRALIA, NUEVA ZELANDA y MELANESIA** — 108-109

Australia, Fiyi, Islas Salomón, Nueva Zelanda,
Papúa Nueva Guinea, Vanuatu.

Ashmore y Cartier (AU), Chatham (NZ),
Norfolk (AU), Nueva Caledonia (FR)

**MICRONESIA** — 110-111

Estados Federados de Micronesia, Kiribati,
Marshall, Nauru, Rep. de Palaos.

Guam (US), Marianas Septentrionales (US),
Wake (US)

**POLINESIA** — 112-113

Kiribati, Samoa, Tonga, Tuvalu.

## ANTÁRTIDA y ÁRTICO · 114-115

OCÉANOS Y DORSALES · 116-117

PLANISFERIO FÍSICO · 118-119

PLANISFERIO POLÍTICO · 120-121

SISTEMA SOLAR · 122-123

UNIVERSO · 124-125

ÍNDICES TOPONÍMICOS · 126-132


## ESPAÑA Y SUS COMUNIDADES AUTÓNOMAS

| | |
|---|---|
| ESPAÑA FÍSICA | 2-3 |
| ESPAÑA POLÍTICA | 4-5 |
| ESPAÑA CULTURAL | 6-7 |
| ESPAÑA ECONÓMICA | 8-9 |
| ESPAÑA ACTUALIDAD | 10-11 |
| ANDALUCÍA | 12-15 |
| ARAGÓN | 16-17 |
| PRINCIPADO DE ASTURIAS | 18-19 |
| ILLES BALEARS | 20-21 |
| CANARIAS | 22-23 |
| CANTABRIA | 24-25 |
| CASTILLA – LA MANCHA | 26-29 |
| CASTILLA Y LEÓN | 30-33 |
| CATALUÑA | 34-35 |
| EXTREMADURA | 36-37 |
| GALICIA | 38-39 |
| COMUNIDAD DE MADRID | 40-41 |
| REGIÓN DE MURCIA | 42-43 |
| COMUNIDAD FORAL DE NAVARRA | 44-45 |
| PAÍS VASCO | 46-47 |
| LA RIOJA | 48-49 |
| COMUNITAT VALENCIANA | 50-51 |
| CIUDADES AUTÓNOMAS DE CEUTA Y MELILLA | 52 |

ÍNDICE TOPONÍMICO

# CÓMO USAR ESTE ATLAS

El atlas está organizado en tres partes esenciales. La primera parte trata de conceptos básicos como barrio, ciudad o región, que nos servirán como trampolín a una segunda parte dedicada a los continentes, a su cartografía tanto física como política, su economía, su cultura y su rabiosa actualidad, parte que concluye con una serie de mapas regionales. Todo ello con una documentación exhaustiva y una actualización rigurosa. Finalmente el atlas dedica un apartado a las comunidades autónomas españolas, que con su cartografía y su documentación fotográfica, nos permitirá conocer nuestro país.

## TIPOS DE MAPAS

### MAPA FÍSICO

Se muestran los rasgos naturales significativos del continente tratado, además de fotografías que se verán identificadas en el mapa a través de un número.

### MAPA POLÍTICO

Aparecen reflejados en el mapa los países que conforman el continente, que también se verá retratado y proyectado en el mapa con fotos identificadas con números.

### MAPA ECONÓMICO

A través de estos mapas la economía del país se verá reflejada de manera sencilla y visual. Estos datos también se acompañarán de material fotográfico.

### MAPA CULTURAL

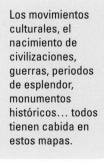

Los movimientos culturales, el nacimiento de civilizaciones, guerras, periodos de esplendor, monumentos históricos… todos tienen cabida en estos mapas.

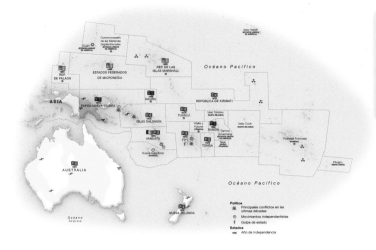

En este apartado hemos querido que estén reflejados los acontecimientos relevantes del continente que muchas veces pueden ser inmediatos y otras no lo son.

MAPA SITUACIÓN RELATIVA

MAPAS REGIONALES

Hemos fragmentado cada continente en varias regiones para mostrarlo detalladamente. Cada zona incluye los países que se pueden contemplar acompañados de sus banderas, así como aquellos territorios que son colonias de otros países.

## NÚCLEOS URBANOS
(en habitantes)

- Más de 3 000 000
- de 1 000 000 a 3 000 000
- de 500 000 a 1 000 000
- Menos de 500 000

## ESCALA CROMÁTICA

metros

+4000
3000
2000
1000
500
200
0
200
1000
2000
3000
4000

## ESCALA NUMÉRICA

0    200    400    600    800 km

Escala 1:18 815 000 - 1cm = 188 km
Proyección cónica conforme de Lambert

En las dos páginas siguientes podrás ver la ubicación de las zonas regionales de cada continente para que las puedas localizar fácilmente.

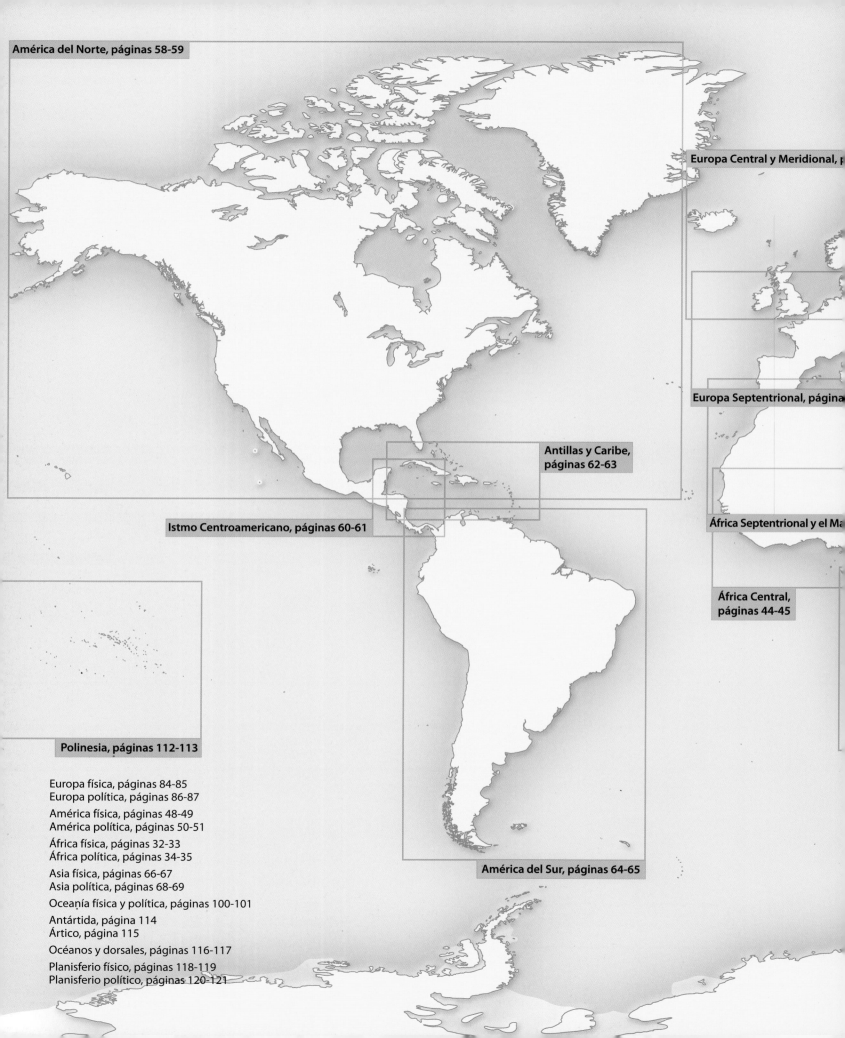

América del Norte, páginas 58-59

Europa Central y Meridional, p

Europa Septentrional, págin

Antillas y Caribe,
páginas 62-63

Istmo Centroamericano, páginas 60-61

África Septentrional y el Ma

África Central,
páginas 44-45

Polinesia, páginas 112-113

Europa física, páginas 84-85
Europa política, páginas 86-87

América física, páginas 48-49
América política, páginas 50-51

África física, páginas 32-33
África política, páginas 34-35

Asia física, páginas 66-67
Asia política, páginas 68-69

Oceanía física y política, páginas 100-101

Antártida, página 114
Ártico, página 115

Océanos y dorsales, páginas 116-117

Planisferio físico, páginas 118-119
Planisferio político, páginas 120-121

América del Sur, páginas 64-65

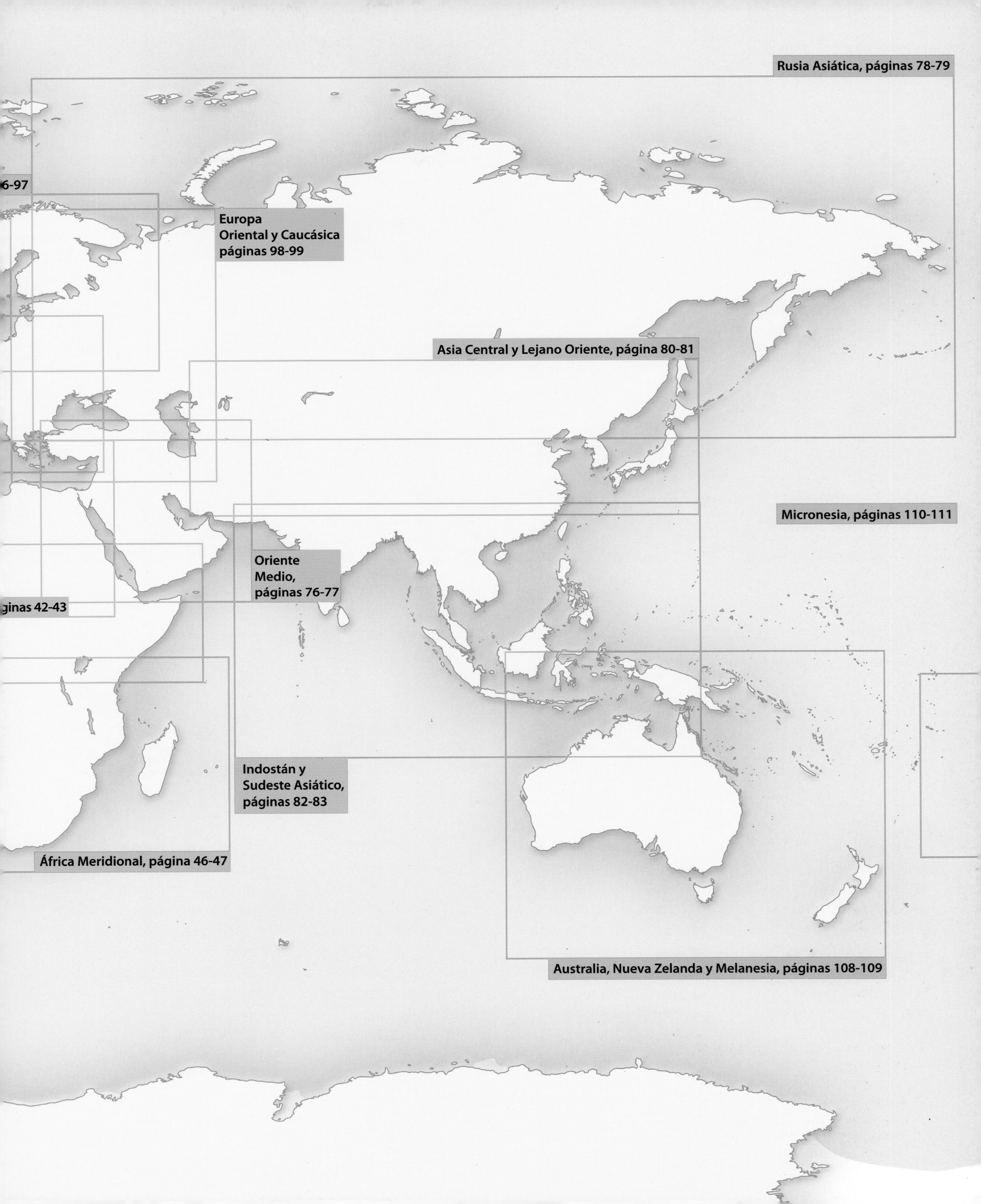

Rusia Asiática, páginas 78-79

6-97

Europa
Oriental y Caucásica
páginas 98-99

Asia Central y Lejano Oriente, página 80-81

Micronesia, páginas 110-111

Oriente
Medio,
páginas 76-77

ginas 42-43

Indostán y
Sudeste Asiático,
páginas 82-83

África Meridional, página 46-47

Australia, Nueva Zelanda y Melanesia, páginas 108-109

# BARRIO

El barrio es cada una de las partes en las que se dividen los pueblos grandes o las ciudades. Los barrios, por lo general, se caracterizan por tener un nexo común, algo que les une, bien por sentido arquitectónico, bien por circunstancias topográficas o bien por carácter social.

## ORIGEN DEL BARRIO

En el **plano** de una ciudad podemos ver la diferencia entre un trazado irregular, sin orden, en el interior de las murallas, y un trazado regular, que ha sido planificado antes de ser construido, como es el caso de los ensanches.

Los barrios son espacios heterogéneos donde personas de diferentes niveles sociales pueden, y de hecho lo hacen, vivir juntas. Es el lugar de la vida cotidiana que, aunque diverso, conforma una **unidad de identidad**.

El nacimiento de los barrios puede ser debido a varios factores, como son la autoridad judicial, el desarrollo inmobiliario o la evolución histórica. Seguro que has oído hablar del **barrio obrero**. Estos barrios surgieron alrededor de una fábrica o un centro laboral.

Existen **asociaciones de vecinos** en las que se organizan las personas que conviven en una misma comunidad, generalmente en el mismo barrio. Sus objetivos son conseguir logros y beneficios para su entorno.

Nuestro barrio nos ofrece bienestar, servicios, trabajo, etc. Pone a nuestra disposición **diversidad de servicios**, entre los que se incluyen áreas habitacionales, comercio, alimentación, producción a pequeña escala, y lugares de recreación y relajación como parques y jardines. El tráfico y la contaminación atmosférica son un grave problema para nuestros barrios, por lo que debemos respetar las zonas verdes.

¿Qué conocemos como *chinatown* o *barrio chino*? Es la zona urbana en la que reside una gran cantidad de población de origen chino en una sociedad no china. También son aquellas áreas urbanas en donde vive un gran número de residentes de origen asiático.

¿Por qué hay un barrio con casas antiguas? Porque en ellas vivían los habitantes de la ciudad en otras épocas. Poco a poco, la ciudad ha ido creciendo alrededor de este barrio antiguo o casco viejo.

Tipos de barrios

*Barrio portuario*

*Barrio chino*

*Barrio gótico*

*Barrio obrero*

(6)

(7)

(8)

Los barrios son zonas contiguas que presentan unas **características físicas comunes** y unos límites propios. En la fotografía barrio con adoquines en Ronda (Málaga): uso de la forja en ventanas y balcones, de la madera en los suelos, y la cerámica en motivos ornamentales.

No todo es positivo en el barrio, también existen **problemas**. Cada día se recogen toneladas de residuos que tienen que ser eliminados. En nuestros barrios se consumen muchos litros de agua, que hay que depurar antes de verter a los ríos.

Los barrios favorecen un tipo de vida que tiene que ver con las **tradiciones** de la gente que allí vive y que son claramente diferentes a las de la población de otro barrio de la misma ciudad.

# BARRIO

Los **barrios de las ciudades norteamericanas** (o *suburbs*) intentan dar prioridad a las actividades de carácter comercial como solución para la estabilización de la ciudad. Cuentan con sus propias dotaciones comerciales, financieras y administrativas.

Los **barrios sudamericanos** nacen como consecuencia de la movilidad social que se genera en América Latina durante la primera mitad del siglo XX. Los barrios están compuestos por una multiplicidad de familias de distintos orígenes, oficios y actividades cotidianas.

Los **barrios de los países árabes** surgen en la periferia de la ciudad, sin planificar ni urbanizar. Los habitantes poseen ingresos bajos. Las casas de estos barrios son blancas, con rejas y balcones azules, ya que el blanco repele el calor y el azul, los insectos.

Los *hutong* ('callejones') son los **barrios tradicionales de Pekín** (China), que contrastan con las largas avenidas y los modernos rascacielos. Son grandes manzanas de casas bajas, con estrechos callejones que no superan los tres metros de ancho. Se ordenan alrededor de un patio conocido como *siheyuan*.

Son muchos los países en los que se asocia la noción de *barrio* a poblaciones reprimidas y con viviendas precarias. De ahí que encontremos diferentes nombres para ello, y así en Argentina un barrio sería lo que se conoce como *villa miseria*; en Brasil, *favela*; en España, *poblado chabolista*; en Uruguay, *cantegril*; en Francia, *bidonville*...

Los **ecobarrios** incorporan las más avanzadas tecnologías, para ser respetuosos con el medioambiente. Estos barrios cuentan con sistemas no contaminantes de energía; están dotados de una red de recogida neumática de residuos sólidos urbanos, eliminando los contenedores de la calle, además de contar con edificios que aprovechan al máximo la luz, la energía solar y la ventilación natural.

Favela *en la ciudad de Río de Janeiro (Brasil)*

*Yurta en Mongolia*

*Adobe en Mali*

*Palafito en Birmania*

*Madera en Portugal*

⑤

⑥

⑦

Los **barrios de las ciudades europeas** han ido evolucionando a lo largo de la historia. Generalmente, crecen a partir de un casco histórico. Más tarde, los ensanches han sido decisivos en los planes de ordenación urbana de las ciudades europeas.

En las **ciudades hindúes** los barrios son enormes, y en ellos conviven la extrema miseria y la opulencia. Prima el sistema de castas, cada una de las cuatro clases sociales establecidas por el hinduismo, que continúa siendo una característica indeleble de la sociedad india.

Los **barrios de las ciudades africanas** reflejan la dureza del continente. Son viviendas precarias, en estado de abandono o dejadez, sin luz ni agua. A pesar de su miseria, de los problemas, de la ausencia de todo... siempre suele estar presente la solidaridad entre los vecinos.

# CIUDAD

(1)

Es aquella área urbana con una alta densidad poblacional, y en la cual predominan fundamentalmente los servicios y las industrias, oponiéndose a las actividades de tipo agrícola que se realizan en las regiones rurales.

**FUNCIONES DE LA CIUDAD**

### Militar
Ciudades emplazadas en un lugar de fácil defensa y dominio de una zona, en torno a colinas o rodeadas por un río. Además, estas ciudades solían tener murallas o castillos.

### Religiosa
Ciudades que se convierten en centros de peregrinación, o son sede del líder espiritual de una religión, como ocurre con las ciudades de Lourdes, La Meca, Fátima o Ciudad del Vaticano.

### Cultural e histórica
Ciudades relacionadas con el mundo del arte, como Venecia o Salzburgo (museos, teatros, óperas), y de las letras y las ciencias, como Cambridge o Salamanca (institutos, universidades).

### Turística
Ciudades que atraen a gran número de visitantes, bien sea por su atractivo físico, como París o Tokio; artístico, como Roma o Praga; o de ocio, como Florida, La Habana o Puerto Vallarta.

✴ Hace apenas doscientos años, solo una persona de cada cuarenta vivía en una ciudad. Hoy en día, casi la mitad de la población del mundo vive en ciudades... ¡una cantidad que aumenta sin cesar!

Mientras los núcleos rurales se van apagando poco a poco, las ciudades aumentan sus funciones e incrementan la concentración de población en ellas. Este proceso se denomina *éxodo rural;* la gente, generalmente joven, se traslada a vivir del campo a la ciudad.

La falta de servicios, la escasez de empleo y de instituciones en el medio rural hacen que la población se concentre en las ciudades por el aliciente de disfrutar de todos los servicios.

⑥

⑦

⑧

### Administrativa
La ciudad capital de la nación acoge la función administrativa y en ella residen las instituciones del Estado. En ocasiones se sitúa geográficamente en el centro del país, por comodidad organizativa y de comunicación; por ejemplo Madrid (España), Roma (Italia) o Ankara (Turquía).

### Vanguardista
Las ciudades de vanguardia se caracterizan por estar a la última en algún campo como la cultura, la medicina, el medioambiente, la moda, etc. Ejemplo de ello son Ámsterdam, Houston, Berlín, París...

### Industrial
Las ferias y mercados favorecieron el nacimiento de las ciudades en lugares bien comunicados, como cruces de caminos o puertos de mar. La ciudad es el centro de intercambio de productos. Muestra de ello son Bilbao, Mánchester, Barcelona...

## Metrópolis

*Tokio*

*México D. F.*

*Nueva York*

*São Paulo*

# CIUDAD

Las Islas Palmera de Dubái son enormes islas artificiales, construidas por el ser humano ganando terreno al mar y llevadas a cabo con nuevas tecnologías, basadas en la construcción holandesa de diques. Estos islotes se pueden divisar desde el espacio.

## HISTORIA DE LA CIUDAD

### Neolítico
Con la aparición de la agricultura, los hombres dejan de ser nómadas y surgen los primeros asentamientos poblacionales en las zonas mejor dotadas para la agricultura, que son los valles de los principales ríos del planeta.

### Primeras ciudades
Conocemos el origen de las ciudades gracias a los restos arqueológicos de Jericó, Mohenjo Daro o Catal Huyuk. Posteriormente, se construyen las polis griegas y las ciudades romanas, ambas siguiendo los trazos de planos regulares.

### Ciudad medieval
Las murallas protegen las ciudades medievales, en cuyo interior tiene vida propia el burgo, zona donde surgen los nuevos oficios que sustituyen en parte a la actividad agrícola.

### Ciudad renacentista
En la ciudad renacentista toma protagonismo la estética de la ciudad, y los edificios se organizan siguiendo las pautas del clasicismo. Ciudades como Florencia o Venecia son ejemplo del estilo renacentista.

★ La ONU estableció en 1977 los criterios de definición de *ciudad* en 133 países:

Suecia: 200 hab.
Canadá: 1000 hab.
EE. UU.: 2500 hab.
España: 10 000 hab.
Bélgica: 5000 hab.
Japón: 30 000 hab.

★ La ciudad más austral del mundo es Ushuaia, que está situada en Tierra del Fuego, al sur de Argentina.

El **paisaje urbano** está formado por elementos que representan cada ciudad: el empedrado de las aceras como los característicos *panots* de Barcelona o los azulejos de Lisboa. Transportes públicos como el *tuk-tuk* o el *rickshaw* de Nueva Deli o Japón, los *yellow cars* de Nueva York, los autobuses de dos pisos de Londres, los tranvías de Lisboa, Praga, Viena… o las góndolas de Venecia. También forman parte del **mobiliario urbano** las cabinas rojas telefónicas de Londres o las marquesinas del metro de París. Y, sin lugar a dudas, la publicidad en las calles, que se convierte en elemento esencial y relevante del paisaje, como en la londinense Piccadilly Circus o las neoyorquinas Broadway y Times Square, ciudades que son difícilmente imaginables sin estos elementos luminosos publicitarios.

**Paisaje urbano**

*Cabinas en Londres*

*Marquesinas en París*

*Carteles en Nueva York*

*Azulejos en Lisboa*

⑤
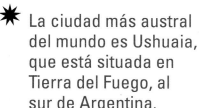

⑥

⑦

**Ciudad industrial**
La revolución industrial llega a las ciudades en forma de ensanches planificados y barrios obreros donde alojar a la nueva población procedente del medio rural.

**Ciudad contemporánea**
Hoy, la ciudad es el centro de las actividades económicas, administrativas y culturales, jugando el transporte un papel fundamental. Crecen las periferias, y asistimos a la llamada *rururbanización*.

**Ciudad del futuro**
En el futuro, siete de cada diez personas del mundo vivirán en ciudades, por lo que estas tendrán que adaptarse a las nuevas tendencias teniendo en cuenta la movilidad, el medioambiente y las energías renovables, entre otras muchas.

# REGIÓN

Es una porción de territorio determinada por ciertas características comunes o circunstancias especiales, como pueden ser el clima, la topografía o la forma de gobierno. Es una división territorial, definida por cuestiones geográficas, históricas y sociales, que cuenta con varias subdivisiones, como departamentos, provincias, ciudades y otras.

**Región natural**

Se conoce como *región natural* al tipo de región determinada por la geografía física que la conforma. Así, para plantear la división se tiene en cuenta el relieve, la vegetación o la hidrografía, entre otros factores.

**Región económica**

Este tipo de región viene definida por la economía que predomina en un determinado territorio. Ejemplo de ello es el Cottonbelt ('cinturón de algodón' en EE. UU.), la región agropecuaria de La Pampa, en Argentina, o la industrial del Rhur en Alemania.

**Región histórica-cultural**

Está formada por un territorio donde los habitantes comparten aspectos básicos de su cultura, como la lengua o la religión. Ejemplo de región histórica es el Magreb del mundo musulmán.

**Macrorregión**

Área que agrupa a territorios de varias regiones, con características comunes o con una misma finalidad. Así, nos encontramos macrorregiones como la Unión Europea, regiones del sudoeste europeo (Castilla y León, Galicia, norte de Portugal).

## Gastronomía

Döner Kebab *en Turquía*

Curry *en la India*

Turrón en España

Sushi *en Japón*

✴ Una región administrativa es una división regional organizada por el Estado nacional para facilitar la administración y el gobierno de un país. Estas regiones tienen un origen artificial, dispuesto por una ley, más allá de que la división tenga en cuenta criterios geográficos o culturales.

# REGIÓN

Los biomas son regiones delimitadas por condiciones climáticas y geográficas. Generalmente se definen por el tipo de vegetación dominante, resultado de las características climatológicas.

REGIONES NATURALES

### Taiga
Concentra la mayor masa forestal de tierra compuesta por bosques de coníferas (pinos y abetos). Se localiza en América del Norte y en zonas del norte de Europa y Asia, además de en algunas zonas montañosas. Animales como el oso, zorro, reno, ciervo... habitan estas zonas.

### Tundra
Comprende las regiones del norte de Alaska, Canadá y Rusia. Tundra en ruso significa «llanura pantanosa», y se caracteriza por tener el suelo helado y estar desprovista su superficie de árboles. La fauna propia de esta región la componen el oso polar, la foca y el zorro ártico, entre otros.

### Bosque templado y pradera
El bosque templado cubre el oriente de EE. UU., Gran Bretaña, Asia oriental y el centro de Europa. En esta región, la vegetación es caducifolia (roble, arce, haya, olmo) y la fauna, muy diversa, con ratones, ciervos, jabalíes, oropéndolas, horneros, ardillas, murciélagos, etc.

### Desierto
Zonas de la tierra donde prácticamente no llueve, las temperaturas son muy altas y la vegetación es muy escasa, con predominio de palmeras y cactus. Aquí solo sobreviven arañas, serpientes, coyotes y lagartijas. El desierto más extenso del mundo es el Sahara (África).

✳ Podemos encontrarnos desde una región económica, que es la que desarrolla un producto específico destinado a comercializar con otras regiones del país, hasta una región de tipo cultural, que será en la que se suceden festividades, bailes…, característicos y originarios, y que, por tradición, supieron mantener hasta convertirse, a lo largo de los años, en una zona que básicamente aúna y resalta dichos aspectos culturales.

Cada país se divide en diferentes entidades territoriales. Francia posee 100 **departamentos**, que se corresponden con el código postal, siendo también las circunscripciones electorales. Suiza cuenta con 26 **cantones** (Estados dentro del Estado), Portugal se divide en 20 **distritos**, Estados Unidos de América está fraccionado en 50 **Estados**, y en España existen 17 **CC. AA.**, donde cada una posee competencias administrativas, legislativas, etc.

Folclore

*Danza hindú*

*Rodeo americano*

*Máscara africana*

*Semana Santa en España*

⑤

⑥

⑦

**Sabana**
Región propia de los trópicos, que cubre importantes áreas de África, Asia, Australia y América del Sur. Se caracteriza por tener una estación seca y otra húmeda. Son árboles típicos de sabana los baobabs o palmeras.

**Estepa**
Se suele definir como *desierto frío*, con veranos cálidos e inviernos fríos. Predominan las gramíneas y los arbustos. Los animales que habitan estas zonas son el caballo de Przewalski o caballo salvaje mongol, el águila de las estepas y el hámster, entre otros.

**Selva**
Ocupa zonas próximas al ecuador. Predominan árboles de gran altura con ejemplares de hasta 40 metros. Los animales selváticos son desde las aves, que anidan en las copas de los árboles, hasta monos y tucanes. En el suelo nos encontramos felinos, reptiles, insectos…

# PAÍS

Un país es una zona de tierra independiente, que tiene una frontera y un nombre reconocido por otros países. También posee su propia bandera y un himno nacional.

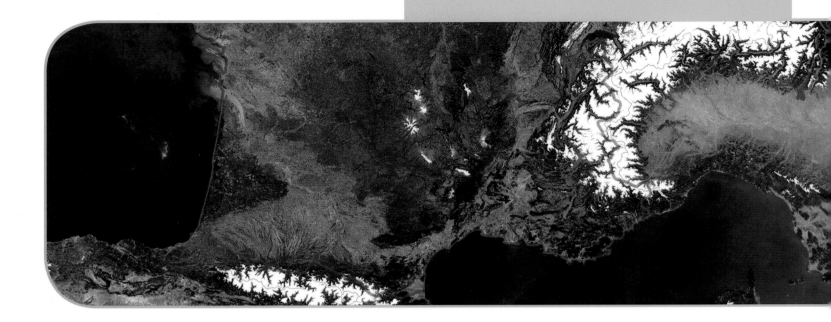

Hay unos 15 millones de personas que no viven en países, viven en **dependencias**. Las dependencias son como países, pero están regidas desde algún otro lugar. Por ejemplo, Guyana es una dependencia de Francia.

El país más pequeño del mundo, **Ciudad del Vaticano**, tiene el tamaño aproximado de 100 campos de fútbol. La lista de países más pequeños del mundo son: Ciudad del Vaticano (0,44 km$^2$), Mónaco (1,9 km$^2$), Nauru (21 km$^2$), Tuvalu (26 km$^2$) y San Marino (61 km$^2$).

Los países se encuentran divididos por líneas imaginarias que determinan su territorio. A estas líneas se las conoce como *fronteras*, y son las encargadas de delimitar un país y otro. Además, se prolongan hacia arriba para delimitar el **espacio aéreo** de un Estado.

Casi todas las **banderas** de los países del mundo son rectangulares, con varios colores o figuras. La de Libia es la única de un solo color (verde), la de Suiza y Ciudad del Vaticano son cuadradas, y la bandera de Nepal tiene dos triángulos.

★ Nación: conjunto de personas de un mismo origen y que, generalmente, hablan un mismo idioma y tienen una tradición común.

**Antigua bandera de la Unión de Repúblicas Socialistas Soviéticas (URSS)** o Unión Soviética: fue un país europeo que existió durante gran parte del siglo XX (1922-1991). Lo integraban Armenia, Azerbaiyán, Bielorrusia, Estonia, Georgia, Kazajistán, Kirguistán, Letonia, Lituania, Moldavia, Rusia, Tayikistán, Turkmenistán, Ucrania y Uzbekistán.

★ Estado: porción de territorio cuyos habitantes se rigen por leyes propias, aunque estén sometidos en ciertos asuntos a las decisiones de un gobierno común.

Real Academia Española.

**Países extintos.** Hay países que no has llegado a conocer, ya que desaparecieron por diversas razones (modificación de fronteras, cambio de nombre, unificación, etc.). Los países más conocidos que ya no existen son:

-Con el nombre *Zaire* fue conocido, entre el 27 de octubre de 1971 y el 17 de mayo de 1997, el país africano llamado *República Democrática del Congo*.

-**Yugoslavia** (1945-1992), antiguo país europeo de la península balcánica formado por Eslovenia, Croacia, Bosnia-Herzegovina, Serbia, Montenegro, Macedonia y Kosovo.

-Otros países extintos son: **Checoslovaquia,** entre 1918 y 1992 (República Checa, Eslovaquia); República Democrática Alemana (**RDA**) y República Federal de Alemania (**RFA**), entre 1957 y 1990, reunificadas en la actual Alemania.

⑥

⑦

⑧

⑨

*Nación* hace referencia a aquel grupo de personas que comparte un sentimiento de pertenencia común, así como lengua, tradición, folclore y cultura. *Estado* es la delimitación geográfica caracterizada por tener cabida unas leyes y un gobierno propios.

Actualmente son 192 los países independientes y reconocidos por la **ONU** (Organización de las Naciones Unidas). El último país en ser admitido fue Montenegro en 2006; y un caso especial es Ciudad del Vaticano, que es miembro observador.

La mayor parte de los países del mundo pertenecen a **Naciones Unidas**. Esta organización fue creada para mantener la paz entre los países y fomentar la ayuda internacional. La bandera de la ONU muestra un mapa del mundo rodeado por una rama de olivo, que simboliza la paz.

La mayor parte de los países del mundo son independientes, pero cuando están controlados por otras naciones se les llama *colonias*. Algunos ejemplos son Bermudas, Gibraltar, Anguila...

# PAÍS

A lo largo de los siglos, las guerras, revoluciones y movimientos independentistas han dado forma al mundo. Los países han cambiado sus nombres, se han unido con sus vecinos y han ganado o perdido territorio.

**1** Rusia es el país más grande del mundo, con una **extensión** de 17 075 200 km², seguido de Canadá (9 984 670 km²), Estados Unidos (9 631 420 km²) y China (9 596 960 km²). Rusia ocupa más de la octava parte de la tierra firme del planeta.

**2** La **Antártida** es el único continente que no está dividido en países. Numerosos Estados reclaman su soberanía sobre este territorio, entre ellos Argentina, Chile, Australia, Francia y Reino Unido.

**3** Una **embajada** es la representación diplomática de un Gobierno nacional ante el Gobierno de otro país. El **consulado** es la representación de la administración pública; ambos protegen y custodian los intereses de sus naciones.

**4** Todos los países tienen **Gobiernos** que deciden cómo dirigir el país. Hoy, la mayoría de los países son repúblicas democráticas; esto quiere decir que la gente ha elegido su Gobierno de entre varios partidos políticos.

✱ El estudio de las banderas se llama *vexiología*. Esta palabra procede del latín *vexillum,* que era el estandarte o bandera que identificaba a los soldados romanos, y del griego *logos,* 'conocimiento'.

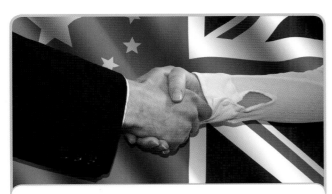

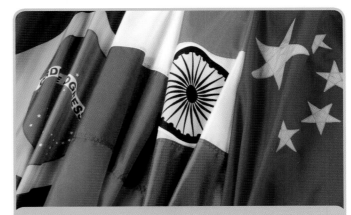

**Diplomacia**. Los contactos entre los países son un elemento básico del devenir histórico y del desarrollo de los mismos. Las relaciones exteriores son una parte fundamental de las tareas del Gobierno de un país. Gracias a las relaciones diplomáticas se estimula el comercio, se establecen alianzas y entran en contacto diferentes culturas.

Los colores elegidos para la **bandera** de un país encierran una fuerte carga simbólica, que está relacionada con el pasado de dicho país. Existen criterios de tipo histórico, político, religioso, simbólico, etc. Un mismo color en banderas distintas puede tener significados diferentes: el **rojo**, en la bandera de China, significa «revolución», y «sangre» en la de Tailandia; el **blanco**, «paz» en las banderas de Chipre y Nigeria; «nieve» en las de Canadá, Chile y Finlandia, y «pureza» en las de Myanmar, Argelia o Kuwait. Muchas banderas incorporan a sus colores algún escudo, símbolo religioso o animales y plantas típicas de ese país.

**5**

**6**

**7**

**8**

Dentro del territorio de un país, la ciudad designada **capital** se constituye como centro de la administración política de un Estado. Por lo general, en la capital se administran las relaciones exteriores del país y se ubican las embajadas de los demás países.

Nombre geográfico o **topónimo** es la denominación con la que se designa un lugar o entidad geográfica. Ecuador lleva este nombre por estar situado sobre la línea del ecuador; o Colombia, bautizada así en honor al almirante Cristóbal Colón.

Muchos países utilizan el mismo nombre para su **dinero** y **moneda**. EE. UU., Australia y Singapur tienen dólares. Los dinares se emplean en Argelia, Irak, Jordania, Serbia...; Portugal, Francia Alemania, España... tienen euros. Otras monedas, como el *zloty* polaco o el yen japonés, son únicas.

Países de **facto** (Estados dentro de otros Estados) son los que no reciben el reconocimiento internacional y permanecen desconocidos a pesar de su capacidad para gobernar y mantener el control del territorio. En la imagen, la bandera de Kosovo.

# CONTINENTE

Los continentes son grandes extensiones de tierra separadas por los océanos. Cada continente lo integran muchos países.

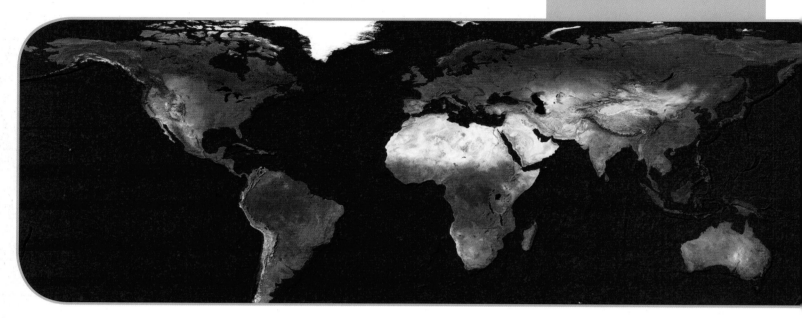

②

③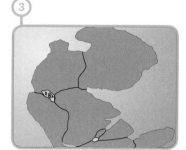

④

⑤

**②** Existen **seis continentes**: África, América, Antártida, Asia, Europa y Oceanía, que cubren el 30 % de la superficie de la Tierra. Asia, el continente más grande, es cuatro veces mayor que Europa y ocupa casi un tercio de la superficie terrestre.

**③** Los continentes no siempre han sido como los conocemos. Se sabe que hace unos 275 millones de años estaban unidos en uno solo llamado *Pangea*. En el futuro, todos los continentes del planeta volverán a unirse en un único y gigantesco supercontinente.

**④** ¿Sabías que *Eurasia* es el nombre que se le da a la unión del continente europeo y asiático? Rusia, por ejemplo, es un país bicontinental, pues está en los dos continentes. *Eurafrasia* es el nombre del supercontinente formado por la unión de Asia, Europa y África.

**⑤** El continente con mayor número de **países** es África, con 54, seguido de Europa, con 47, Asia, con 45, América, con 38, y Oceanía, con 14. África es el segundo continente más grande del mundo, después de Asia.

Las fotografías de los satélites muestran la Tierra desde el espacio. La teledetección es un conjunto de técnicas utilizadas para obtener información de la superficie terrestre.

# CONTINENTE

La **Antártida** es el único continente que no está dividido en países. No obstante, una treintena de estos poseen bases científicas en este continente. Alberga alrededor del 80 % del agua dulce del planeta.

En **África** se encuentran las mejores reservas de animales salvajes, que miles de turistas de todo el mundo visitan. Sin embargo, en este continente se sitúa el mayor número de países subdesarrollados del mundo.

La cordillera de los Andes es la más larga del mundo, con casi 7500 km que bordean el oeste del continente **americano**. La altitud media de la cordillera es de 4000 m, y el Aconcagua es la altura máxima del continente, con 6962 m.

**Europa** es el continente más urbanizado del mundo, ya que la mayoría de los europeos viven en ciudades; son los ciudadanos del mundo con la esperanza de vida más alta y con la natalidad más baja.

# ORIGEN DEL NOMBRE DE LOS CONTINENTES

### África

Nombre de una diosa representada por una mujer bizarra, de porte oriental, sentada sobre un elefante y que sujeta en una mano el cuerno de la abundancia y, en la otra, un escorpión.

### América

Debe su nombre al navegante, de origen italiano, Américo Vespucio. En uno de los cuatro viajes que realizó al Nuevo Mundo, exploró y cartografió las costas de Brasil y Argentina, llegando a la conclusión de que aquello no podía ser Asia, sino que se trataba de un continente nuevo. En honor a este hallazgo, las originalmente llamadas *Indias Occidentales* tomaron su nombre.

### Antártida

El caso de este nombre es especial. Su apelativo proviene de la voz griega *antartikos*, por oposición a *artikos*, que a su vez deriva de la palabra *arktos*, que significa «oso», por encontrarse la Estrella Polar en la constelación de la Osa Menor.

### Asia

Recibe su nombre de la diosa homónima Asia, deidad oceánica fruto del matrimonio entre Océano y Tetis, madre de las fuentes y los ríos.

### Europa

Recibe este nombre en honor a una princesa fenicia de gran belleza que despertó el amor de Zeus (padre de todos los dioses del Olimpo), quien se transformó en toro para poder raptarla y llevársela a Creta. En un principio, el nombre de Europa se aplicó solo a la parte continental de Grecia, en oposición al Peloponeso y a las islas.

### Oceanía

Proviene de Océano, el dios-río universal cuya corriente lo baña todo para volver finalmente sobre sí mismo.

✳ Continente: cada una de las grandes extensiones de tierra separadas por los océanos.
Real Academia Española.

✳ ¿Sabías que el continente de la Antártida en invierno duplica su tamaño al congelarse los mares?

En **Asia** se encuentra el monte Everest, cuya cima, la más alta del planeta, se ubica en la cordillera del Himalaya, marcando la frontera entre Nepal y China. En Siberia se localiza el lago Baikal, el más profundo del mundo y el séptimo más grande.

**Oceanía** es el continente más pequeño de la Tierra, y el menos poblado, a excepción de la Antártida; Oceanía posee una pirámide de población muy joven. Aunque el sector primario sigue siendo clave para las exportaciones, la mayor parte trabaja en el sector servicios.

# ÁFRICA

## FÍSICA

Superficie:
*30 319 000 km²*
Habitantes:
*1 000 000 000*
Punto más elevado:
*Kilimanjaro (Tanzania), 5895 m*
Punto más bajo:
*Lago Assal (Yibuti), 173 m bajo el nivel del mar*
Río más largo:
*Nilo, 6671 km*
Mayor desierto:
*Sahara, 9 100 000 km²*
Lago más grande:
*Lago Victoria, 69 484 km²*
País más grande:
*Argelia*
País más pequeño:
*Seychelles*

✴ La isla más grande de África y la cuarta del mundo es Madagascar, en el océano Índico.

① 

El **elefante africano** es más voluminoso y tiene orejas más grandes que el asiático. Las orejas de los elefantes cumplen una función refrigerante en este paquidermo. Estos elefantes están en peligro de extinción por la caza excesiva y por la deforestación.

EUROPA

Mar Mediterráneo

OCÉANO ATLÁNTICO

metros
3000
2000
1000
500
200
0

0    500    1000    1500    2000 km

**Río Nilo a su paso por Egipto**. Es el mayor río de África (6756 km), además de ser considerado por estudios recientes el segundo más largo del mundo después del Amazonas.

**Reserva Amboseli**. La sabana africana y, al fondo, el pico Kilimanjaro (Tanzania), el más alto de África (5895 m). El mítico monte africano, debido al calentamiento global, va perdiendo su capa de nieves perpetuas.

✳ ¿Sabías que una grieta gigante en el desierto de África se convertirá en un nuevo océano? El mar Rojo será parte de un nuevo mar dentro de un millón de años. El nuevo océano tendrá conexión con el mar Rojo y el golfo de Adén, entre Yemen y Somalia.

Después de Asia, África es el segundo continente más grande del mundo. Se extiende desde el mar Mediterráneo, por el norte, hasta el cabo de Buena Esperanza, por el sur, y está compuesto por más de 50 países. Además de por el mar Mediterráneo, sus costas están bañadas por el océano Atlántico, en el oeste, y el mar Rojo y el océano Índico, en el este.

La transición entre paisajes es muy brusca: de la fértil costa mediterránea se pasa a la cordillera del Atlas, y de esta al **desierto del Sahara**, el mayor del mundo. Este gran desierto constituye una barrera natural que dificultó siempre el intercambio entre África del norte y el resto del continente. Siguiendo hacia el sur aparece la **sabana**, extensa llanura salpicada de árboles donde viven cebras, jirafas, ñus, leones, hienas y leopardos. En torno al ecuador, hay espesas **selvas tropicales** que dejan paso a los desiertos de Kalahari y Namibia, para terminar en las montañas Drakensberg. El este de África está dominado por una serie de fracturas en la corteza terrestre. El **Gran Valle del Rift** discurre de norte a sur, formando en determinados lugares lagos largos y profundos.

El **Nilo** es el principal río de África: sus aguas son muy importantes para los países que atraviesa, porque hace que sus tierras sean fértiles. Otros ríos son: el Congo o Zaire, el Níger y el Zambeze. El lago más largo de África es el lago Victoria, que se extiende entre Kenia y Tanzania.

La mayor parte del continente se sitúa entre los trópicos, por lo que su **clima** en general es cálido. El clima en África varía mucho en función de la latitud en la que nos encontremos.

# ÁFRICA
## POLÍTICA

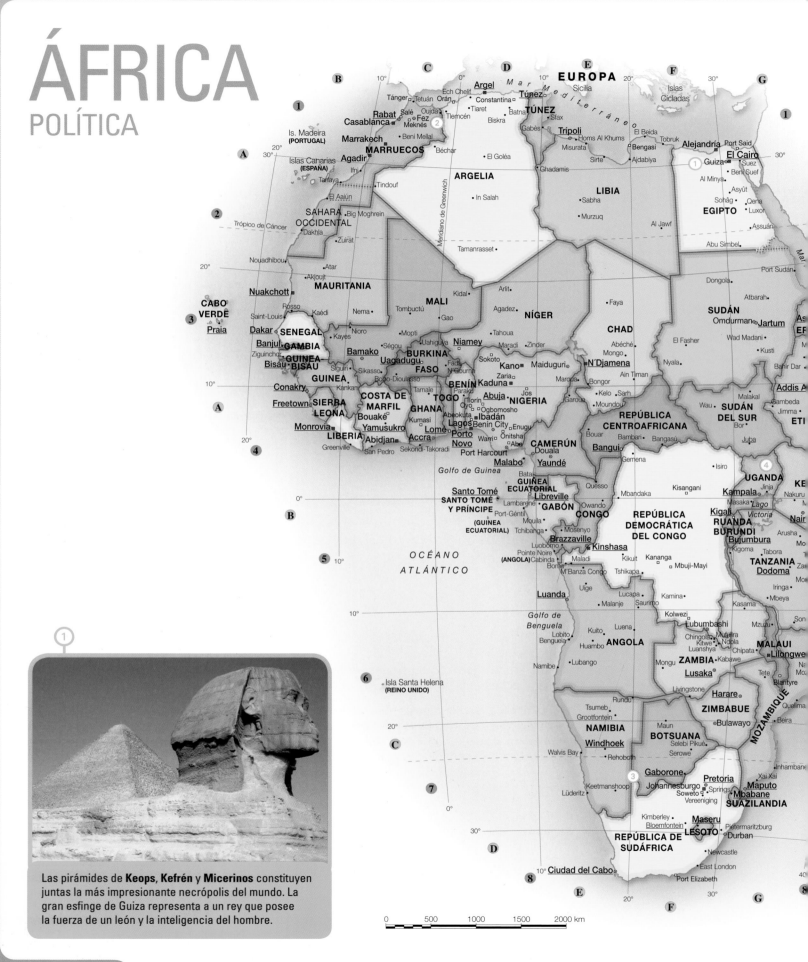

**EUROPA**

*Mar Mediterráneo*

Islas Cicladas

Sicilia

**MARRUECOS**
Tánger • Tetuán • Orán • Ech Chelif • Argel • Constantina • Tiaret • Batna • **TÚNEZ** • Túnez
Rabat • Salé • Oujda • Tlemcén • Biskra • Gabès • Sfax
Casablanca • Fez • Meknès
Marrakech • Beni Mellal
Agadir • Béchar • El Goléa
Ifni • Ghadamis
Tarfaya • Tindouf • In Salah • **LIBIA** • Trípoli • Homs Al Khums
Is. Madeira (PORTUGAL)
Islas Canarias (ESPAÑA)
El Aaiún • Misurata
Sirte • Ajdabiya
Bengasi • Tobruk • El Beida
Alejandría • Port Said
**SAHARA OCCIDENTAL**
Trópico de Cáncer • Dakhla • Zuirat
Tamanrasset
**EGIPTO**
El Cairo • Suez
Guiza • Beni Suef
Al Minya
Asyût
Sohâg • Qena • Luxor
Assuán
Abu Simbel

Nouadhibou • Atar
Akjoujt
Nuakchott • **MAURITANIA**
Al Jawf
Murzuq
Sabha
Dongola
Port Sudán

Rosso • Nema • Kidal • Arlit
Saint-Louis • Kaédi
**CABO VERDE**
Praia
Dakar • **SENEGAL**
Banjul • **GAMBIA**
Ziguinchor • **GUINEA-BISAU**
Bisáu
**GUINEA**
Conakry
Freetown • **SIERRA LEONA**
Monrovia
**LIBERIA**
Greenville
San Pedro

Nioro • Ségou • **MALÍ**
Kayes • Mopti
Bamako • **BURKINA FASO**
Sikasso • Uagadugu
Bobo-Dioulasso • Fada
Siguiri • N'Gourma
Kankan • Tamale
**COSTA DE MARFIL**
Bouaké • Kumasi
Yamusukro • **GHANA**
Abidjan • Accra
Sekondi-Takoradi

Tombuctú • Gao • Tahoua
**NÍGER**
Agadez
Maradi • Zinder
Niamey
Sokoto
Kano • Maiduguri
Zaria
Kaduna
**BENÍN**
Parakou
**TOGO** • **NIGERIA**
Abuja
Lomé • Oyo • Jos • Ogbomosho
Porto Novo • Ibadán • Enugu
Lagos • Benín City • Onitsha
Abeokuta • Warri • Aba
Port Harcourt

Faya
Mongo
Abéché • El Fasher
N'Djamena • Ain Timan
**CHAD**
Kelo • Sarh
Moundou • Bongor
Maroua • Garoua

El Obeid • Wad Madani
**SUDÁN**
Omdurman • Jartum
Atbarah
Kusti
Bahir Dar
Nyala

**CAMERÚN**
Douala • Yaundé
Malabo
**GUINEA ECUATORIAL**
Bata

**REPÚBLICA CENTROAFRICANA**
Bouar • Bambari • Bangasú
Bangui
Gemena

Addis A
ETI
**SUDÁN DEL SUR**
Wau • Malakal • Bambeda
Bor • Jimma
Juba

Santo Tomé
**SANTO TOMÉ Y PRÍNCIPE**
Libreville
Lambaréné • **GABÓN**
Port-Gentil
(GUINEA ECUATORIAL)
Tchibanga
Mosenyo
Moanda

**CONGO**
Owando
Quesso

Isiro
Kisangani
Mbandaka

**UGANDA**
Kampala • Jinja
Masaka • Nakuru
Lago Victoria

KE
Nair

Brazzaville • Kinshasa
Pointe Noire
(ANGOLA) Cabinda • Matadi
M'Banza Congo • Borna
Luobomo

**REPÚBLICA DEMOCRÁTICA DEL CONGO**
Kikuit • Kananga
Mbuji-Mayi
Tshikapa

**RUANDA**
Kigali
Bujumbura
**BURUNDI**
Kigoma
Arusha
Tabora
**TANZANIA**
Dodoma
Iringa • Mbeya

Luanda
Uíge
Lucapa • Kamina
Malanje • Saurimo
Kolwezi
Kasama

Son

Kuito • Luena
Benguela • Huambo
**ANGOLA**
Lobito
Namibe • Lubango
Lubumbashi
Chingola • Mufulira • Ndola
Kitwe • Chipata
Luanshya • Kabwe
Mzuzu

**MALAUI**
Lilongwe

Mongu • **ZAMBIA**
Lusaka
Tete
Blantyre • Mo

Livingstone • Harare
Rundú
**ZIMBABUE**
Quelimane
Tsumeb
Grootfontein
Maun • Bulawayo
Beira
**MOZAMBIQUE**

**NAMIBIA**
Windhoek • **BOTSUANA**
Walvis Bay • Selebi Pikué • Serowe
Rehoboth

Gaborone
Keetmanshoop
Johannesburgo • **Pretoria**
Soweto • Springs
Vereeniging
Lüderitz
Xai Xai • Inhambane
Maputo
Mbabane
**SUAZILANDIA**

Kimberley • Maseru
Bloemfontein • **LESOTO**
Pietermaritzburg
Durban
**REPÚBLICA DE SUDÁFRICA**
Newcastle
Ciudad del Cabo
East London
Port Elizabeth

*OCÉANO ATLÁNTICO*
Isla Santa Helena (REINO UNIDO)
*Golfo de Benguela*
*Golfo de Guinea*
*Meridiano de Greenwich*

Las pirámides de **Keops**, **Kefrén** y **Micerinos** constituyen juntas la más impresionante necrópolis del mundo. La gran esfinge de Guiza representa a un rey que posee la fuerza de un león y la inteligencia del hombre.

0   500   1000   1500   2000 km

**Curtiduría de al-Chauara**. Los pellejos de oveja, cordero, camello o dromedario se tiñen en tinas profundas en esta tenería de la ciudad marroquí de Fez. Pronto se transformarán en los artículos de cuero que han dado fama a Marruecos.

En el desierto del Kalahari (Namibia) habita la tribu de los *bushman*. Se caracteriza por ser un pueblo fundamentalmente cazador.

✸ ¿Sabías que por los fósiles hallados en el Gran Valle del Rift se revela que la raza humana se originó en este continente? Todos compartimos un pasado africano.

**Poblado en Uganda.** Las chozas rurales se construyen con los materiales disponibles: adobe (barro seco) y hojas de palmera. Tienen gruesas paredes y ventanas pequeñas para mantenerlas frescas.

El continente africano estuvo habitado desde siempre, aunque no era demasiado conocido; por eso lo llamaban *el **continente misterioso.*** Los primeros en tratar de desvelar sus misterios fueron los navegantes portugueses que, en su búsqueda de una ruta marítima hacia la India, recorrieron el cabo de Buena Esperanza.

Poco a poco, marineros europeos fueron acercándose a África, sobre todo para capturar **esclavos** (esclavitud), en su mayoría procedentes de países situados en la costa. En el siglo XIX, los países europeos se fueron adueñando de las regiones más ricas de África. A ello contribuyeron las expediciones de exploradores como David Livingstone, que se adentró en África.

Se crearon **colonias** (colonialismo) y se introdujeron modos de vida muy diferentes a los que allí existían. Muchos países europeos se enriquecieron explotando las tierras y adueñándose de los recursos de África.

A partir de 1960, los pueblos africanos reclamaron su **independencia** y comenzaron a gobernarse a sí mismos, tarea nada fácil porque la ocupación extranjera había propiciado aleatorios trazados de frontera y consecuentes enfrentamientos entre tribus. Esto ha provocado y sigue provocando muchas guerras y conflictos entre los diferentes pueblos.

# ÁFRICA
## CULTURAL

**Grandes grupos lingüísticos**

- Malgache
- Camítica
- Germánica
- Khoisán
- Bantú
- Semítica (árabe, bereber)
- Sudanesa

**Religiones**

- † Catolicismo
- ☪ Islam

**Raza**

- Blanca
- Blanca india
- Mestiza
- Mulata
- Negra

**Idioma oficial o predominante**

- Español
- Francés
- Inglés
- Portugués
- Árabe

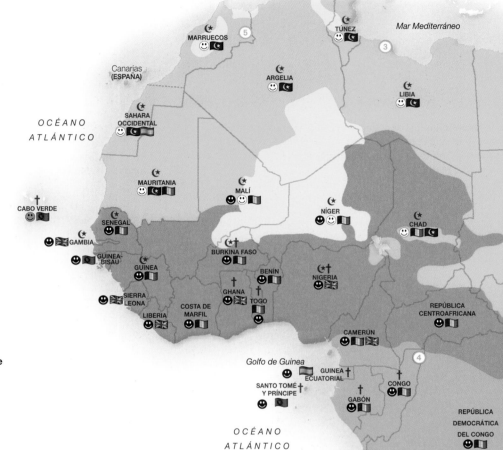

Mar Mediterráneo

OCÉANO ATLÁNTICO

MARRUECOS

TÚNEZ

Canarias (ESPAÑA)

ARGELIA

LIBIA

EGIPTO

Mar Rojo

SAHARA OCCIDENTAL

CABO VERDE

MAURITANIA

MALÍ

NÍGER

CHAD

SUDÁN

ERITREA

SENEGAL

GAMBIA

GUINEA-BISAU

GUINEA

BURKINA FASO

BENÍN

NIGERIA

SUDÁN DEL SUR

ETIOPÍA

SIERRA LEONA

LIBERIA

COSTA DE MARFIL

GHANA

TOGO

REPÚBLICA CENTROAFRICANA

CAMERÚN

Golfo de Guinea

GUINEA ECUATORIAL

CONGO

UGANDA

KENIA

SANTO TOMÉ Y PRÍNCIPE

GABÓN

RUANDA

BURUNDI

REPÚBLICA DEMOCRÁTICA DEL CONGO

TANZANIA

OCÉANO ATLÁNTICO

Isla Santa Helena (REINO UNIDO)

ANGOLA

ZAMBIA

MALAUI

ZIMBABUE

MOZAMBIQUE

Canal de Mozam...

NAMIBIA

BOTSUANA

SUAZILANDIA

REPÚBLICA DE SUDÁFRICA

LESOTO

OCÉA...

Las **mujeres africanas** tienen un gran sentido de la elegancia. Sus medios son escasos, pero su imaginación resplandece por todas partes. Los vestidos, los adornos y su modo de pintarse la cara y el cuerpo cambian según su religión o la tribu a la que pertenecen.

**Guerreros masái** bailando danza tradicional (Kenia). Los masái viven en asentamientos llamados *manyattas*, chozas construidas a base de excrementos de animales, paja y barro. Son nómadas pero se han visto obligados a participar en la economía, dedicándose de nuevo a la agricultura. La familia es la unidad básica y el ganado simboliza el poder y la riqueza.

**Leptis Magna** (Libia). Fue una célebre ciudad africana a orillas del mar Mediterráneo, llegando a ser una de las principales de su tiempo. Es patrimonio de la humanidad y sus ruinas son consideradas las más impresionantes del Imperio romano.

**Máscara africana.** Las diferentes etnias que pueblan África hacen usos bien distintos de las máscaras, que pueden ir desde el carácter funerario al cómico. El material más empleado para su fabricación es la madera, seguido del latón, el bronce, la tela, etc.

**Djema-el-Fna de Marrakech** es una de las plazas más famosas del mundo. Su atractivo radica en sus gentes y sus costumbres. Fue declarada patrimonio cultural universal en 2001.

La *kora* es un instrumento musical africano compuesto por 21 cuerdas de diferentes grosores, hecha de calabaza y piel de vaca. Está muy extendida en África occidental.

**Templo de Ramsés II, en Abu Simbel** (Egipto). Excavado totalmente en la roca, cuatro estatuas monumentales sedentes de Ramsés II dominan desde su perspectiva el discurrir del río.

Existen dos zonas culturales muy diferenciadas en este continente: el **Magreb**, en la costa mediterránea, y el **África subsahariana** o **negra.** El Magreb es una región que ha recibido muchas influencias europeas y asiáticas en oposición al interior, que ha permanecido más aislado. Algunas importantes civilizaciones antiguas, muy influyentes en la historia, se desarrollaron en el norte de África, como la **egipcia** y la **cartaginense**. También esas zonas pertenecieron al Imperio romano y, más tarde, recibieron la influencia musulmana (**islam**), dejando impresionantes muestras de arte en esos estilos. Las diferentes creencias religiosas han determinado las formas artísticas. Los animistas piensan que, tras la muerte, los espíritus quedan libres y pueden hacer daño a los vivos, por lo que tallaban estatuillas en las que quedaban sujetos los espíritus de los antepasados difuntos a los que se rendía culto en el hogar. Hasta la I Guerra Mundial, todo el norte de África pertenecía al Imperio turco, pero la debilidad de este y la ambición de los europeos dieron lugar a su destrucción.

El **África subsahariana o negra** se llama así por el color de la piel de sus habitantes, y es una zona ajena al discurrir de la historia universal. La dificultad de penetración al interior de su territorio fue manifiesta hasta la llegada de los colonizadores, con los portugueses a la cabeza, en el siglo XV.

África presenta una gran variedad lingüística, calculándose aproximadamente que en su territorio se hablan unas 800 **lenguas**. En las antiguas colonias son oficiales lenguas europeas como el inglés, francés, portugués y español. En la República de Sudáfrica (Organización para la Unidad Africana) se habla el afrikáans, de origen holandés.

# ÁFRICA
## ECONÓMICA

**Materias primas**
- Gas Natural
- Madera
- Minería
- Petróleo
- Áreas agrícolas
- Áreas ganaderas
- Áreas pesqueras
- Principales puertos

**Principales producciones agrícolas y ganaderas**
- Algodón
- Cacao
- Café
- Cítricos
- Especias
- Industria agroalimentaria
- Legumbres
- Palma
- Tabaco
- Té
- Viñedos

**Industrias**
- Aeroespacial
- Astilleros
- Automotriz
- Electrónica
- Hierro y acero
- Metalúrgica
- Papelera
- Química
- Textil
- Áreas industriales y Centros industriales y de servicios
- Ciudades industriales

**Principales áreas urbanas**
- 1 millón de habitantes
- Turismo

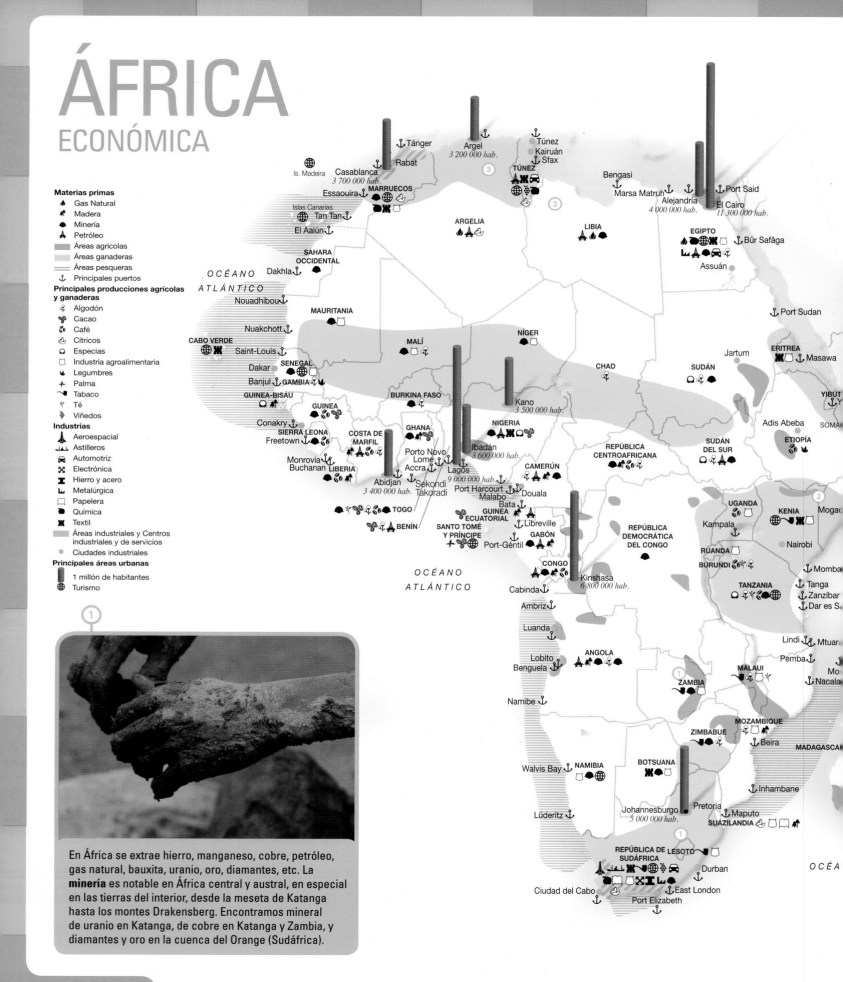

OCÉANO ATLÁNTICO

Is. Madeira
Islas Canarias
Tánger
Rabat
Casablanca 3 700 000 hab.
MARRUECOS
Essaouira
Tan Tan
El Aaiún
SAHARA OCCIDENTAL
Dakhla
Nouadhibou
MAURITANIA
Nuakchott
CABO VERDE
Saint-Louis
Dakar
SENEGAL
Banjul GAMBIA
GUINEA-BISÁU
GUINEA
Conakry
SIERRA LEONA
Freetown
Monrovia
Buchanan LIBERIA
COSTA DE MARFIL
Abidjan 3 400 000 hab.
Sekondi Takoradi
TOGO
BENÍN
Porto Novo
Lomé
Accra
GHANA
BURKINA FASO
MALÍ
NÍGER
Kano 3 500 000 hab.
NIGERIA
Ibadán 3 600 000 hab.
Lagos 9 000 000 hab.
Port Harcourt
CAMERÚN
Malabo
Bata
GUINEA ECUATORIAL
Douala
Libreville
SANTO TOMÉ Y PRÍNCIPE
GABÓN
Port-Gentil
CONGO
Cabinda
Kinshasa 6 800 000 hab.
Ambriz
Luanda
Lobito
Benguela
ANGOLA
Namibe
Walvis Bay
NAMIBIA
Lüderitz
BOTSUANA
Johannesburgo 5 000 000 hab.
Pretoria
REPÚBLICA DE SUDÁFRICA
Ciudad del Cabo
Port Elizabeth
East London
Durban
LESOTO
SUAZILANDIA

ARGELIA
Argel 3 200 000 hab.
TÚNEZ
Túnez
Kairuán
Sfax
Bengasi
Marsa Matruh
LIBIA
Alejandría 4 000 000 hab.
El Cairo 11 300 000 hab.
Port Said
EGIPTO
Bûr Safâga
Assuán
Port Sudan
Jartum
SUDÁN
ERITREA
Masawa
YIBUT
SUDÁN DEL SUR
ETIOPÍA
Adis Abeba
SOMA
REPÚBLICA CENTROAFRICANA
UGANDA
Kampala
KENIA
Nairobi
Mogad
RÚANDA
BURUNDI
REPÚBLICA DEMOCRÁTICA DEL CONGO
TANZANIA
Momba
Tanga
Zanzíbar
Dar es S.
Lindi
Mtuar
Pemba
Mo
Nacala
MALAUI
ZAMBIA
MOZAMBIQUE
ZIMBABUE
Beira
MADAGASCAR
Inhambane
Maputo

CHAD

OCÉANO ATLÁNTICO

OCÉA

### 1

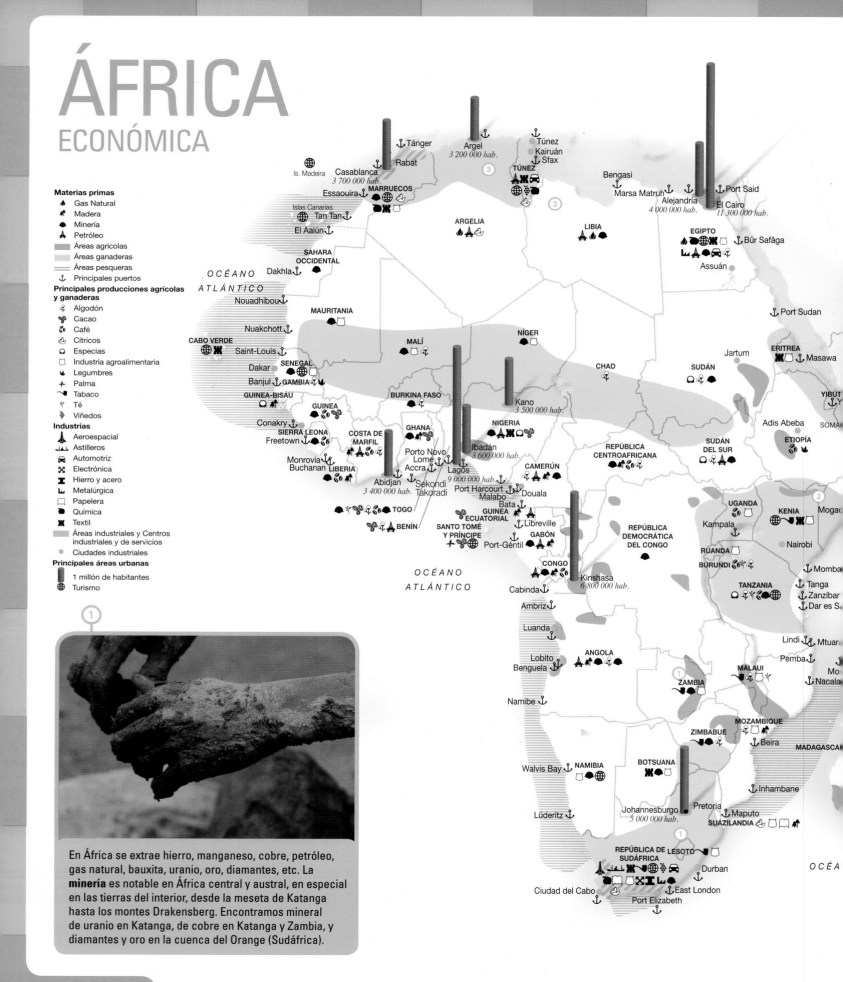

En África se extrae hierro, manganeso, cobre, petróleo, gas natural, bauxita, uranio, oro, diamantes, etc. La **minería** es notable en África central y austral, en especial en las tierras del interior, desde la meseta de Katanga hasta los montes Drakensberg. Encontramos mineral de uranio en Katanga, de cobre en Katanga y Zambia, y diamantes y oro en la cuenca del Orange (Sudáfrica).

**Ganadería en Kenia**. La mayoría de la población africana vive de la agricultura que, igual que la ganadería, se practica aún en muchas regiones con métodos muy rudimentarios.

El hallazgo de **petróleo**, **gas natural** y **minerales** (hierro, cinc, fosfatos, uranio, manganeso, etc.) ha transformado la economía de Argelia y Libia. Su explotación ha originado cierto desarrollo industrial, pero también revueltas y conflictos por las escasas mejoras sociales.

SEYCHELLES

Victoria

*OCÉANO*
*ÍNDICO*
RES

MAURICIO

Saint-Denis    Port Louis

DICO

✳ El canal de Suez conecta el mar Rojo con el mar Mediterráneo y permite recortar distancias entre Europa y Asia. La apertura del canal de Suez convirtió a Egipto en el centro de la economía africana.

África es quizá el continente más rico del planeta. En su subsuelo se encuentra una enorme cantidad de recursos naturales, a pesar de que su economía se basa fundamentalmente en la agricultura y ganadería, eje de su sustento.

El escaso desarrollo económico de África es consecuencia de su **dependencia colonial**, ya que las metrópolis de las que dependía convirtieron el continente en mero proveedor de materias primas y mano de obra, y al mismo tiempo en receptor de productos manufacturados. La enorme **deuda externa** lo hace depender totalmente de las inversiones extranjeras.

Sin embargo, es el **mayor productor mundial** de caña de azúcar y tiene importantes cultivos de cacao, café, té y algodón.

Los **recursos mineros** proporcionan más del 90% de la producción mundial de diamantes (Sudáfrica) y más del 50% de oro (Sudáfrica y Zimbabue). Son importantes los yacimientos de cobre de la República Democrática del Congo y Zimbabue. El principal productor de coltan es la República Democrática del Congo con el 80% de las reservas mundiales. El coltan es esencial para el desarrollo de las nuevas tecnologías (teléfonos móviles, ordenadores, televisores, videoconsolas, MP3, etc.). Los grandes yacimientos petrolíferos que hay en el Sahara argelino y libio han hecho posible la transformación de algunas regiones septentrionales.

# ÁFRICA
## ACTUALIDAD

**Estados**

1975 Año de independencia

**Independizados de:**

- Reino Unido
- Francia
- Portugal
- Bélgica
- España
- Italia
- Alemania
- Sudán
- Etiopía

**Conflictos sociopolíticos**

- Revueltas en el Mundo Árabe
- Conflictos en el último siglo
- Violencia étnica

**Problemas de salud**

- Principales zonas de hambre en los últimos 30 años
- Graves problemas de sida
- Malaria
- Tuberculosis

Mar Mediterráneo

1956

1956 TÚNEZ

3

1956 MARRUECOS

1

Canarias (ESPAÑA)

1969

1962 ARGELIA

1951 LIBIA

1922 EGIPTO

OCÉANO ATLÁNTICO

1975 SAHARA OCCIDENTAL

1974 CABO VERDE

1960 MAURITANIA

1960 NÍGER

1993 ERITREA

1956 SUDÁN

1965 SENEGAL GAMBIA

1960

GUINEA-BISÁU 1974

1960 MALÍ

1960 BURKINA FASO

1960 CHAD

YIB

1958 GUINEA

1960 TOGO

1960 NIGERIA

ETIOPÍA

SIERRA LEONA 1961

1957 GHANA

1960 BENÍN

SO

LIBERIA

COSTA DE MARFIL

Biafra

1960 CAMERÚN

1960 REPÚBLICA CENTROAFRICANA

2011 SUDÁN DEL SUR

Golfo de Guinea

GUINEA ECUATORIAL 1968

1962 UGANDA

1963 KENIA

SANTO TOMÉ Y PRÍNCIPE 1975

1960 GABÓN

1960 CONGO

1960 REPÚBLICA DEMOCRÁTICA DEL CONGO

1962 RUANDA

1962 BURUNDI

Pemba Zanzíbar

OCÉANO ATLÁNTICO

Cabinda

1961 TANZANIA

Isla Santa Helena (REINO UNIDO)

1975 ANGOLA

1964 ZAMBIA

1967 MALAUI

Ma (FR

1965 ZIMBABUE

1975

MOZAMBIQUE

Canal de Mozambique

1966 BOTSUANA

1990 NAMIBIA

1968 SUAZILANDIA

1926 REPÚBLICA DE SUDÁFRICA

1966 LESOTO

2

OCÉA

**Emigración hacia países europeos.** La crisis económica, las guerras, la miseria, la hambruna y las dictaduras son causa de la huida de los habitantes africanos hacia el sur de Europa. España, por su proximidad geográfica, recibe un gran número de ellos.

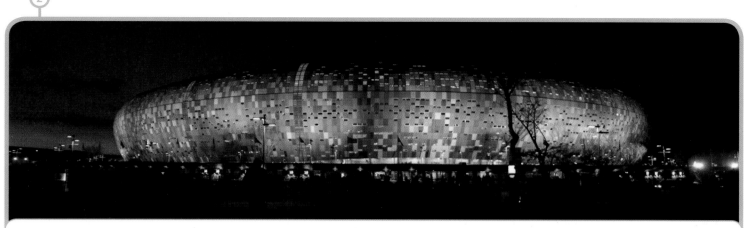

**Estadio Soccer City en Johannesburgo, Sudáfrica**. En 2010, se celebró por primera vez en el continente africano un Mundial de Fútbol. El estadio albergó, el 11 de junio de 2010, el partido inaugural del campeonato entre la selección del país anfitrión y la selección de México.

**Libia**. A comienzos de 2011, la policía dispersa una manifestación opositora al régimen en Bengasi, la segunda ciudad del país y bastión de los opositores al régimen. El Consejo de Seguridad de la ONU sanciona a Gadafi y a sus allegados. Gadafi amenaza con «miles de muertos» si las potencias occidentales intervienen militarmente.

**Revolución de los jazmines**. Los problemas políticos surgidos en Túnez a inicios de 2011 provocaron una oleada de revueltas populares que contagiaron al resto de países del Magreb y Próximo Oriente.

 ¿Sabías que Liberia y Etiopía son los únicos países de África que nunca han sido colonizados?

El continente africano es la zona del mundo más golpeada por las **guerras**. En la década de los noventa del pasado siglo, 32 de los 54 países que forman el continente sufrieron algún tipo de conflicto armado. Durante estos últimos años ha habido imágenes aterradoras de las consecuencias de estas guerras: genocidios como el que vivió Ruanda y guerras civiles sangrientas como las de Angola, Mozambique, el Congo o la más reciente de Libia han marcado la historia oscura de África.

Durante buena parte del siglo XX, en Sudáfrica se desarrolló el *apartheid*, sistema de segregación racial que impusieron los dirigentes políticos de los coaligados Partido Nacionalista y Partido Afrikáans. El *apartheid*, instaurado con una ley del año 1950 y abolido en 1994, crea 10 bantustanes o reservas tribales. Según ello, bancos de plazas, playas, hospitales, escuelas y autobuses eran objeto de este terrible acto de discriminación, no pudiéndose usar por las personas de raza negra o afroamericana. **Nelson Mandela** fue el primer presidente de Sudáfrica en ser elegido por medios democráticos mediante sufragio universal.

OCÉANO
ÍNDICO

1976
SEYCHELLES

1968
MAURICIO

Reunión
(FRANCIA)

# ÁFRICA
## SEPTENTRIONAL y el MAGREB

Argelia
Chad
Egipto
Gambia
Libia
Malí
Marruecos
Mauritania
Níger
Senegal
Sudán
Túnez

Sahara Occ. (MA)

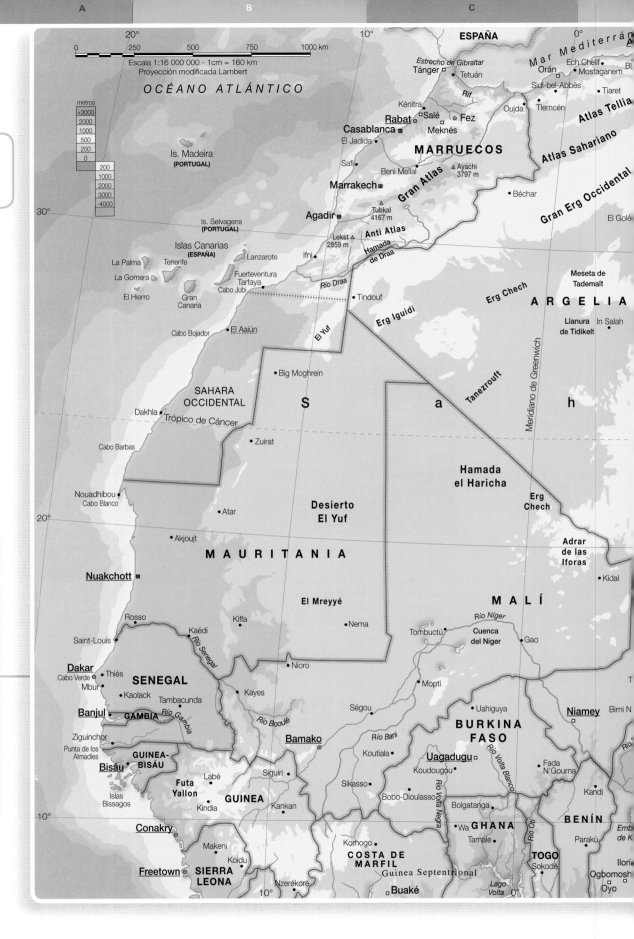

Algeria
Argelia

Chad
Chad

Egypt
Egipto

Gambia
Gambia

Libya
Libia

Mali
Malí

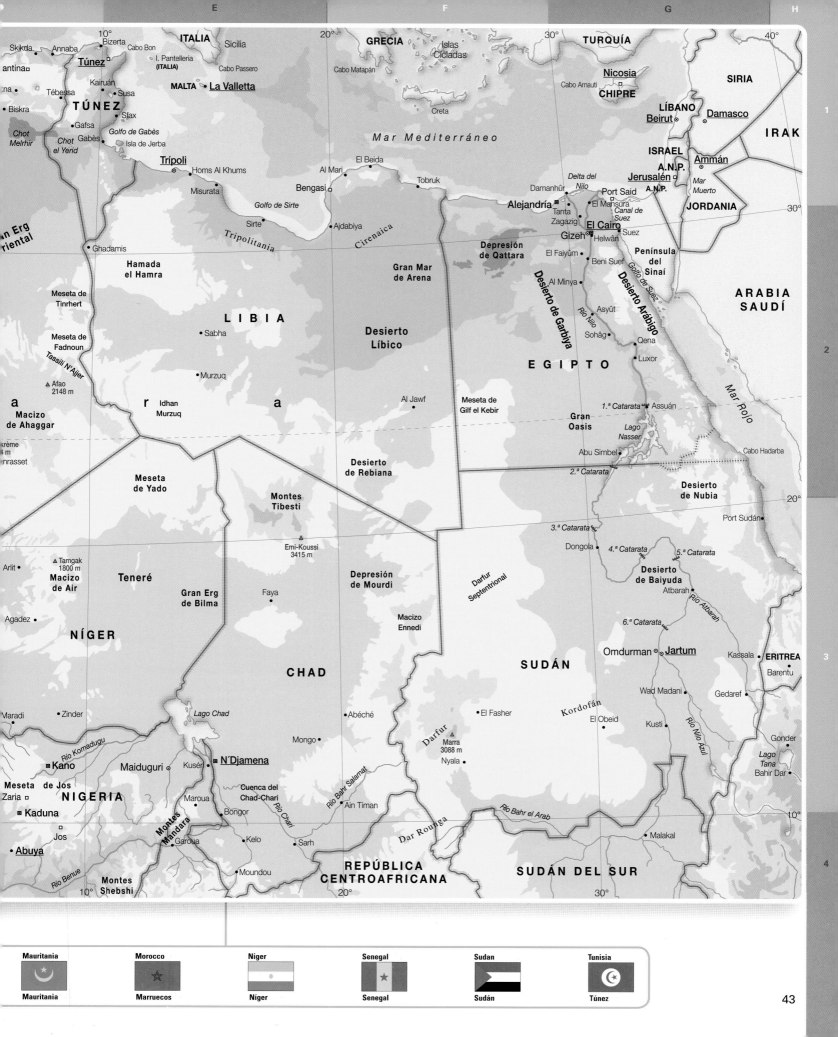

Map content (geographic labels):

**Columns:** E · F · G · H

**Latitude/Longitude markers:** 10° · 20° · 30° · 40° · 1 · 2 · 3 · 4

Skikda · Annaba · Bizerta · Cabo Bon · ITALIA · Sicilia · GRECIA · Islas Cícladas · TURQUÍA
antina · Túnez · I. Pantelleria (ITALIA) · Cabo Passero · Cabo Matapán · Nicosia · SIRIA
na · Tébessa · Kairuán · Susa · MALTA · La Valletta · Creta · Cabo Arnauti · CHIPRE
Biskra · TÚNEZ · Sfax · LÍBANO · Damasco
Gafsa · Beirut · IRAK
Chot Melrhir · Chot el Yerid · Gabès · Golfo de Gabès · Isla de Jerba · Mar Mediterráneo · ISRAEL · Ammán
Trípoli · Homs Al Khums · El Beida · Delta del Nilo · A.N.P. · Mar Muerto
Misurata · Al Marj · Tobruk · Damanhûr · Port Said · Jerusalén · A.N.P. · JORDANIA
Bengasi · Alejandría · Tanta · El Mansura
Sirte · Ajdabiya · Zagazig · El Cairo · Canal de Suez · 30°
Golfo de Sirte · Gizeh · Helwân · Suez
Ghadamis · Tripolitania · Cirenaica · Depresión de Qattara · El Faiyûm · Beni Suef · Península del Sinaí
an Erg riental · Hamada el Hamra · Gran Mar de Arena · Al Minya · ARABIA SAUDÍ
Meseta de Tinrhert · LIBIA · Desierto Líbico · Río Nilo · Asyût · Golfo de Suez · Desierto Arábigo
Meseta de Fadnoun · Sabha · Sohâg · Qena
Tassili N'Ajjer · Afao 2148 m · Murzuq · EGIPTO · Luxor
a · r · Idhan Murzuq · a · Al Jawf · Meseta de Gilf el Kebir · 1.ª Catarata · Assuán · Mar Rojo
Macizo de Ahaggar · Gran Oasis · Lago Nasser · Cabo Hadarba
krème m · Desierto de Rebiana · Abu Simbel · 2.ª Catarata
nrasset · Meseta de Yado · Montes Tibesti · Desierto de Nubia · 20°
Arlit · Tamgak 1800 m · Emi-Koussi 3415 m · 3.ª Catarata · Port Sudán
Macizo de Air · Teneré · Depresión de Mourdi · Dongola · 4.ª Catarata · 5.ª Catarata · Dongola
Agadez · Gran Erg de Bilma · Faya · Darfur Septentrional · Desierto de Baiyuda
NÍGER · Macizo Ennedi · Atbarah · Río Atbarah · 6.ª Catarata
Maradi · Zinder · Lago Chad · CHAD · SUDÁN · Omdurman · Jartum · Kassala · ERITREA
Kano · Abéché · El Fasher · Kordofán · Wad Madani · Barentu · Gedaref
Meseta de Jos · Zaria · Maiduguri · Kuséri · N'Djamena · Mongo · Darfur · Marra 3088 m · El Obeid · Kusti · Gonder
Kaduna · Maroua · Cuenca del Chad-Chari · Nyala · Lago Tana · Bahir Dar
Jos · Bongor · Río Chari · Río Bahr Salamat · Ain Timan · Río Bahr el Arab
Abuya · Río Benue · Garoua · Kelo · Sarh · Dar Rounga · Malakal
Montes Mándara · Moundou · REPÚBLICA CENTROAFRICANA · SUDÁN DEL SUR
Montes Shebshi · Río Nilo Azul · Río Komadugu

**Flags / legend:**

| Mauritania | Morocco | Níger | Senegal | Sudan | Tunisia |
|---|---|---|---|---|---|
| Mauritania | Marruecos | Níger | Senegal | Sudán | Túnez |

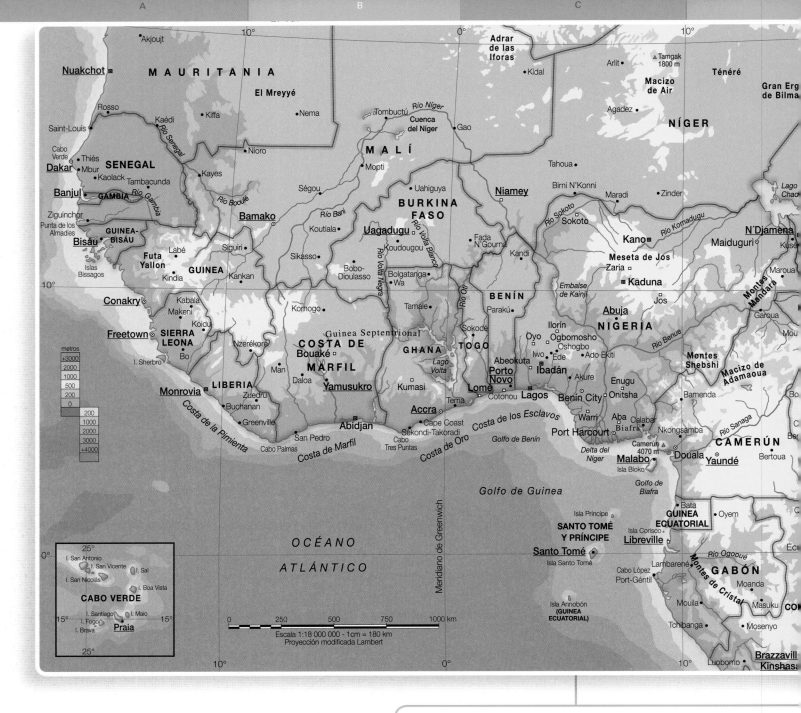

# ÁFRICA

## CENTRAL
Golfo de Guinea
África Ecuatorial
Cuerno de África

| | |
|---|---|
| Benín | Eritrea |
| Burkina Faso | Etiopía |
| Burundi | Gabón |
| Cabo Verde | Ghana |
| Camerún | Guinea |
| Congo | Guinea-Bisáu |
| Costa de Marfil | Guinea Ecuatorial |

**Benin**
Benín

**Burkina Faso**
Burkina Faso

**Burundi**
Burundi

**Cameroon**
Camerún

**Cape Verde**
Cabo Verde

**Central African Republic**
República Centroafricana

**Congo**
Congo

**Democratic R. of the Congo**
R.D. del Congo

**Djibouti**
Yibuti

**Equatorial Guinea**
Guinea Ecuatorial

**Eritrea**
Eritrea

**Ethiopia**
Etiopía

**Gabon**
Gabón

**Ghan**
Ghan

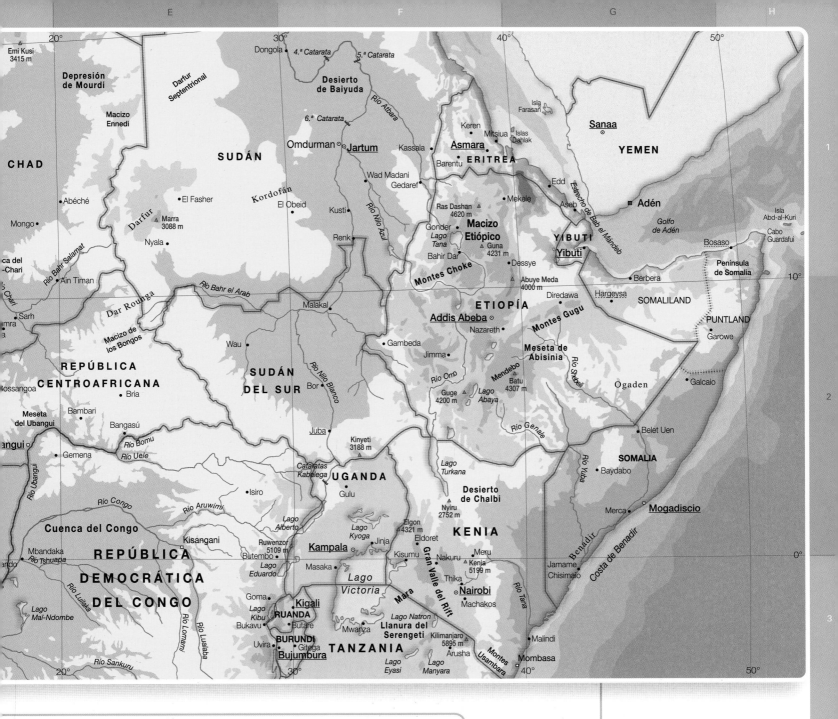

Kenia
Liberia
Nigeria
Rep. Centroafricana
Rep. D. del Congo
Ruanda
Santo Tomé y Príncipe

Sierra Leona
Somalia
Sudán del Sur
Togo
Uganda
Yibuti

Ascensión (UK)

Guinea

Guinea-Bissau
Guinea-Bisáu

Ivory Coast
Costa de Marfil

Kenya
Kenia

Liberia
Liberia

Nigeria
Nigeria

Rwanda
Ruanda

Sao Tome and Principe
Santo Tomé y Príncipe

Sierra Leone
Sierra Leona

Somalia
Somalia

Southern Sudan
Sudán del Sur

Togo
Togo

Uganda
Uganda

# ÁFRICA

Los *himba* son un pueblo ganadero que habita en la región árida de Kunene (Namibia). Las mujeres untan pasta de polvo de ocre y grasa animal sobre su piel y cabello para protegerse de la luz solar. Añaden además unas hierbas aromáticas para disimular el olor.

**Vista aérea de las cataratas Victoria**. El río Zambeze se precipita con furia en las cataratas Victoria, entre la frontera de Zimbabue y Zambia, levantando una gran nube de espuma. Descubiertas por David Livingstone (1855), las bautizó con el nombre de la reina Victoria de Inglaterra.

Twyfelfontein (Namibia) es patrimonio mundial desde 2007. Es un lugar caracterizado por sus **petroglifos**, que son representaciones gráficas grabadas en rocas o piedras hechas por nuestros antepasados prehistóricos.

**Baobabs en la isla de Madagascar**. El inmenso árbol tiene el tronco en forma de botella. Sus fibras internas son capaces de absorber la humedad de la tierra. Este abastecimiento de agua le permite sobrevivir a las sequías.

¿Sabías que Anse Lazio, en las **islas Seychelles**, es considerada como una de las mejores playas del mundo? Arena blanca, aguas turquesas, palmeras y árboles *takanaka* son las notas características de esta playa.

Angola

Angola

Botswana

Botsuana

Comoros

Comores

Lesotho

Lesoto

Madagascar

Madagascar

Malawi

Malaui

Mauritius

Mauricio

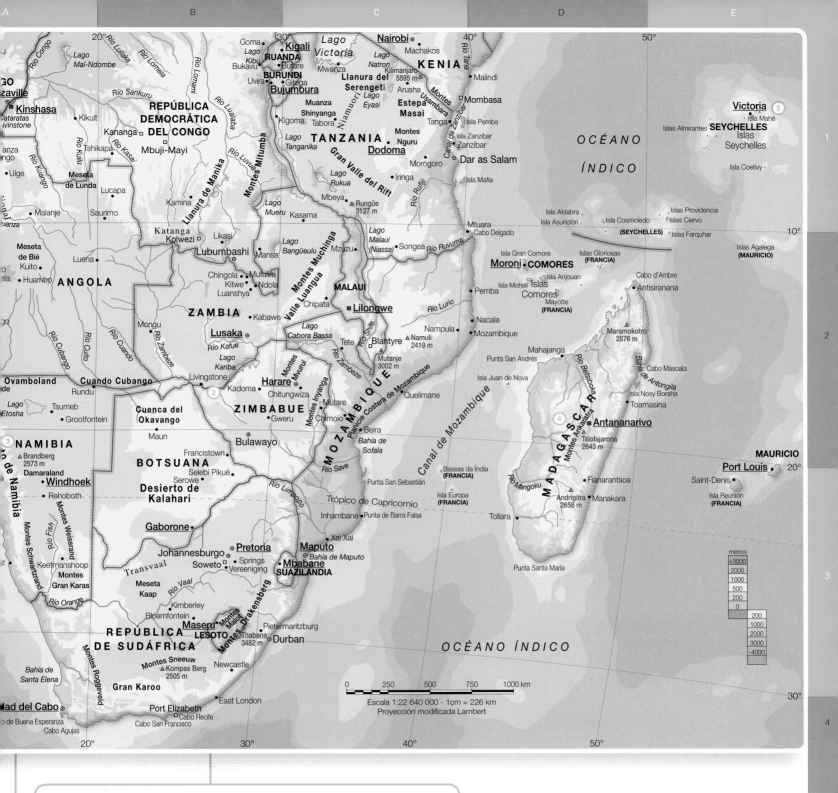

| A | B | C | D | E |

**20°** Río Lulaba 20° Río Lomela 30° Goma Lago Kigali **Nairobi** 40° Victoria 5
Río Congo Lago Lago Kibu RUANDA Lago Natron Machakos SEYCHELLES
Lago Lago Lomami Bukavu Butare Victoria **KENIA** Islas Almirantes Islas Mahé
Maï-Ndombe Río Sankuru BURUNDI Mwanza Kilimanjaro Seychelles
Kikuit Río Lualaba Uvira Gitega Llanura del 5895 m Malindi OCÉANO Isla Coetivy
Kinshasa **REPÚBLICA** Bujumbura Serengeti Arusha Mombasa ÍNDICO
Kataratas DEMOCRÁTICA Muanza Lago Montes
Kanamga **DEL CONGO** Shinyanga Eyasi Estepa Usambara
Mbuji-Mayi Kigoma Tabora **TANZANIA** Masai Tanga Isla Pemba
Lago Lago Dodoma Montes Isla Zanzíbar
Meseta Río Luvuga Tanganika Nguru Zanzíbar
de Lunda Lucapa Kamina Dar as Salam
Saurimo Lago Gran Valle del Rift Iringa Isla Mafia
Katanga Mueru Kasama Morogoro
ANGOLA Kolwezi Lago Lago Río Rufiji
Meseta Likasi Bangüeulu Rukua Mbeya Rungüe Isla Aldabra Islas Providencia
de Bié Lubumbashi Mansa 3127 m Mtuara Isla Asunción Isla Cosmoledo Islas Ciervo
Huambo Chingola Mzuzu Cabo Delgado (SEYCHELLES) Islas Farquhar 10°
Mutofira Lago Lago Songea Río Ruvuma Islas Agalega
Kitwe Bangüeulu Malaui Isla Gran Comore Islas Gloriosas (MAURICIO)
ZAMBIA Ndola Montes Muchinga (Niassa) Moroni COMORES (FRANCIA)
Luanshya MALAUI Pemba Islas Isla Anjouan Cabo d'Ambre
Mongu Río Zambeze Chipata Valle Luangua Río Lurio Comores Isla Moheli Antisiranana
Kabawe Lilongwe Nacala Mayotte
Lusaka Lago Nampula Mozambique (FRANCIA) Maramokotro
Río Kafue Cabora Bassa Río Shire Namuli 2876 m
Lago Tete Blantyre 2419 m Mahajanga
Kariba Mutanje Punta San Andrés Río Betsiboka
Cuando Cubango Kadoma 3002 m Quelimane Isla Juan de Nova Cabo Masoala
Río Cuito Livingstone Montes Isla Nosy Boraha
Rundu Harare Muruti Planicie Costera de Mozambique Toamasina
Lago Cuenca del ZIMBABUE Chitungwiza Mutare Antananarivo
Etosha Tsumeb Okavango Gweru Chimoio Antananarivo Tsiofajarona
Grootfontein Montes Inyanga Beira 2643 m
NAMIBIA Maun Bulawayo Bahía de Canal de Mozambique MADAGASCAR
Brandberg BOTSUANA Sofala Montes Ankaratra
2573 m Francistown Río Save MAURICIO
Damaraland Selebi Pikué Punta San Sebastián Port Louis
Windhoek Serowe Bassas da India Fianarantsoa Saint-Denis
Rehoboth Desierto de (FRANCIA) Andrigitra Manakara Isla Reunión
Montes Weissrand Kalahari Río Limpopo Isla Europa 2658 m (FRANCIA)
Montes Fish Gaborone (FRANCIA) Toliara
Montes Schwartzrand Trópico de Capricornio
Montes Río Vaal Inhambane Punta de Barra Falsa
Gran Karas Johannesburgo Pretoria Xai Xai
Río Orange Springs Maputo
Meseta Soweto Vereeniging Bahía de Maputo
Kaap Mbabane Punta Santa María
Kimberley SUAZILANDIA
Bloemfontein OCÉANO ÍNDICO
REPÚBLICA Maseru Montes
Bahía de DE SUDÁFRICA LESOTO Malotí Pietermaritzburg
Santa Elena Thabana Durban
Montes Sneeuw 3482 m metros
Kompas Berg Newcastle +3000
dad del Cabo Gran Karoo 2505 m 2000
de Buena Esperanza East London 1000
Cabo Aguijas Port Elizabeth 500
Cabo Recife 200
20° Cabo San Francisco 0
30° 40° 0
Escala 1:22 640 000 - 1cm = 226 km 200
Proyección modificada Lambert 1000
50° 2000
3000
4000
30°

0 250 500 750 1000 km

**El Gran Valle del Rift es una fractura geológica que atraviesa casi toda África.**

| Angola | Malaui | Seychelles |
| Botsuana | Mauricio | Suazilandia |
| Comores | Mozambique | Tanzania |
| Lesoto | Namibia | Zambia |
| Madagascar | Rep. de Sudáfrica | Zimbabue |

# AMÉRICA

## FÍSICA

**Superficie:**
*42 028 106 km²*
**Habitantes:**
*910 000 000*
**Punto más elevado:**
*Aconcagua (Argentina) 6959 m*
**Punto más bajo:**
*Valle de la Muerte (EE. UU.),*
*86 m bajo el nivel del mar*
**Río más largo:**
*Amazonas 6800 km*
**Lago más grande:**
*Superior (EE. UU.) 84 131 km²*
**País más grande:**
*Canadá*
**País más pequeño:**
*San Cristóbal y Nieves*

(1) Los glaciares son ríos de hielo. El **glaciar Perito Moreno** es el más conocido de los 356 glaciares del Parque Nacional Los Glaciares de Argentina, declarado patrimonio de la humanidad en 1981. El glaciar tiene 230 km² de superficie, un frente de cinco kilómetros y una altura de 50 a 70 metros sobre el nivel del Lago Argentino.

**Cataratas de Iguazú** (*Iguazú*, en idioma guaraní, significa $agua grande$). Están consideradas una de las bellezas naturales más maravillosas del planeta y forman parte del patrimonio natural de la humanidad. El Iguazú es un río de Brasil de 1230 km de longitud; nace en la Serra do Mar y desagua en el río Paraná, en la frontera entre Argentina, Brasil y Paraguay. Allí se forman estas espectaculares cataratas, con 275 saltos que superan los 70 metros de altura.

**Gran Cañón del Colorado**. El río Colorado ha erosionado esta hendidura en la superficie de la Tierra, ejemplo primordial de erosión fluvial, atravesando el desierto de Arizona (EE. UU.). Tiene una longitud de 350 km, y en algunos lugares llega a tener 20 km de ancho y hasta 2 km de profundidad. El Gran Cañón es Parque Nacional de los EE. UU. y fue declarado patrimonio de la humanidad en 1979.

 La cordillera de los Andes, la más larga de la Tierra, se extiende de norte a sur del continente americano durante 7250 kilómetros.

América es un continente formado por dos grandes bloques situados entre el océano Atlántico y el océano Pacífico, unidos por el **istmo de Panamá**, una estrecha franja de tierra que ocupa prácticamente todo el territorio de Panamá y un conjunto de islas que integran América Central y el mar Caribe. Tiene una extensión de 42 millones de km² y se extiende desde el océano Glaciar Ártico, por el norte, hasta el cabo de Hornos, en el sur.

El continente americano presenta una enorme variedad de paisajes: llanuras de escasa elevación, como el **escudo canadiense**, cuya superficie ha sido trabajada por los glaciares; altas y largas cordilleras, como la de los Andes; extensas llanuras como **La Pampa** argentina; áreas de vegetación densa, como la **selva virgen del Amazonas** en América del Sur; o áridos **desiertos**, como los de América del Norte, y Atacama, en América del Sur.

Las costas bañadas por el océano Atlántico suelen ser bajas y suaves; y las del Pacífico, altas y acantiladas debido a la proximidad de las cadenas montañosas con respecto al mar.

El **río Amazonas** es el más largo y caudaloso del mundo, y sus afluentes forman una amplia cuenca: la Amazonia, región de clima cálido y húmedo, cubierta por una densa vegetación ecuatorial.

América se extiende desde muy cerca del Polo Norte hasta las tierras frías del hemisferio sur, dándose por tanto en el continente americano todos los **climas**.

En América del Sur, cada una de las llanuras extensas que no tienen vegetación arbórea reciben el nombre de *pampa*.

# AMÉRICA
## POLÍTICA

1. Islas Caimán (Reino Unido) - George Town
2. Islas Turcas y Caicos (Reino Unido) - Cockburn Town
3. Islas Vírgenes (EE. UU.) - Charlotte Amalie
4. Islas Vírgenes (Reino Unido) - Road Town
5. Anguila (Reino Unido) - The Valley
6. San Martín - **Philipsburg**
7. San Cristóbal y Nieves - **Basse Terre**
8. Montserrat (Reino Unido) - Plymouth
9. Antigua y Barbuda - **Saint John's**
10. Guadalupe (Francia) - Basse-Terre
11. Dominica - **Roseau**
12. Martinica (Francia) - Fort-de-France
13. Santa Lucía - **Castries**
14. San Vicente y las Granadinas - **Kingstown**
15. Barbados - **Bridgetown**
16. Granada - **Saint George's**
17. Trinidad y Tobago - **Puerto España**
18. Curasao - **Willemstad**
19. Aruba - Oranjestad

**Barack Hussein Obama** es el cuadragésimo cuarto presidente de los Estados Unidos de América. Premio Nobel de la Paz en 2009 por sus esfuerzos diplomáticos en el desarme nuclear, la paz en Oriente Próximo y el fomento de la lucha contra el cambio climático.

0  1000  2000  3000  4000 km

Los incas de Perú construyeron una población, **Machu Picchu** ('Montaña Vieja'), que supuestamente sirvió como residencia de descanso al primer emperador inca y, también, como santuario religioso. Fue redescubierta por el arqueólogo estadounidense Hiram Bingham y es considerada una gran obra arquitectónica y de ingeniería. Situada a 2350 metros de altitud, la ciudad consta de un recinto amurallado, con unos 150 edificios en el interior comunicados por escaleras y pasillos.

✸ ¿Sabes que la bandera de Estados Unidos tiene 13 líneas horizontales, que representan las 13 colonias que se rebelaron contra el poder británico, y 50 estrellas blancas que representan sus Estados?

✸ La Guerra de Secesión (1861-1865) es el nombre que se dio a la guerra civil de los Estados Unidos. En ella se enfrentaron los Estados antiesclavistas del norte con los Estados agrícolas y esclavistas del sur.

El nombre de este continente deriva del cartógrafo y navegante italiano **Américo Vespucio**, quien realizó los primeros mapas de la región. Desde el punto de vista político, América se compone de tres subcontinentes: **América del Norte, América Central (istmo centroamericano) y Caribe** y **América del Sur.**

Los primeros habitantes de estas tierras se establecieron aquí hace más de 11 000 años, desarrollando culturas muy avanzadas, entre ellas las de los **incas**, **mayas**... Desaparecieron muchas de ellas en el siglo XVI, con la llegada de los conquistadores europeos.

El continente americano alberga una población muy variada, resultado de la mezcla de distintos grupos étnicos. Alcanza su población un total de más de 900 millones de habitantes, distribuidos de manera irregular y concentrándose la mayoría en las zonas costeras, donde se levantan grandes ciudades como la denominada megalópolis atlántica **BosWash**, que incluye varias áreas metropolitanas como Boston, Nueva York, Filadelfia, Baltimore y Washington, reuniendo una población aproximada de 50 millones de personas.

A causa de los diferentes orígenes de la población, las **lenguas** habladas son el español, portugués, francés, inglés y otros idiomas europeos. También se conservan lenguas autóctonas como el aimara, quechua, etc.

# AMÉRICA
## CULTURAL

**Religiones**
- † Catolicismo
- ※ Protestantismo
- ॐ Hinduismo

**Raza**
- ☺ Blanca
- ☺ Mestiza
- ☺ Hindú
- ☺ Negra

**Idioma oficial o predominante**
- ⚑ Español
- ⚑ Francés
- ⚑ Holandés
- ⚑ Inglés
- ⚑ Portugués

**Lenguas autóctonas**
- Araucana o mapuche
- Arawak
- Aimara
- Caribe
- Cherokee
- Chibcha
- Creóle
- Inuik
- Inuktitut
- Mataco-guaicurú
- Maya
- Náhuatl
- Navajo y apache
- Pano
- Quechua
- Sioux
- Tehuelche
- Tupí
- Tupí-guaraní

Mar de Bering

Mar de Beaufort

Alaska (EE. UU.)

Groenlandia (Dinamarca)

Bahía de Baffin

OCÉANO PACÍFICO NORTE

Bahía de Hudson

CANADÁ

ESTADOS UNIDOS DE AMÉRICA

Bermudas

OCÉANO ATLÁNTICO NORTE

Golfo de México

MÉXICO

BAHAMAS

CUBA

REPÚBLICA DOMINICANA

BELICE

JAMAICA

HAITÍ

GUATEMALA

HONDURAS

EL SALVADOR

NICARAGUA

COSTA RICA

PANAMÁ

VENEZUELA

GUYANA

SURINAM

Guayana Francesa (Francia)

COLOMBIA

ECUADOR

PERÚ

BRASIL

BOLIVIA

PARAGUAY

OCÉANO PACÍFICO SUR

CHILE

ARGENTINA

URUGUAY

Mar Argentino

OCÉANO ATLÁNTICO SUR

1. Islas Caimán ※ ☺ ⚑
2. Turcas y Caicos ※ ☺ ⚑
3. Islas Vírgenes (EE. UU.) † ※ ☺ ⚑
4. Islas Vírgenes (Reino Unido) † ※ ☺ ⚑
5. Anguila ※ ☺ ⚑
6. San Martín ☺ ☺ ⚑
7. San Cristóbal y Nieves ※ ☺ ⚑
8. Montserrat ☺ ☺ ⚑
9. Antigua y Barbuda ※ ☺ ⚑
10. Guadalupe † ☺ ☺ ⚑
11. Dominica † ☺ ☺ ⚑
12. Martinica † ※ ☺ ⚑
13. Santa Lucía † ☺ ⚑
14. San Vicente y las Granadinas ※ ☺ ⚑
15. Barbados ※ ☺ ⚑
16. Granada ※ ※ ☺ ⚑
17. Trinidad y Tobago † ※ ॐ ☺ ☺ ⚑
18. Curasao † ☺ ⚑
19. Aruba † ☺ ⚑

**Universidad Nacional Autónoma de México.** Fundada en 1910 y ubicada al sur de Ciudad de México, es considerada la universidad más grande e importante de la ciudad, además de presentar un gran reconocimiento académico en toda América del Sur.

**Tótem de Canadá.** En los antiguos poblados indígenas de la costa pacífica canadiense, los jefes de la tribu establecían tótems de madera que representaban espíritus guardianes o leyendas. Su función es conmemorar el antepasado común de una familia o clan y recordar acontecimientos.

**Cristo Redentor**. Monumento emblemático de Brasil, ubicado en el cerro del Corcovado en Río de Janeiro. Construido entre 1926 y 1931, es una estatua de estilo *art déco* que mide 38 m de altura, de los cuales ocho son pedestal. Está considerada una de las siete nuevas maravillas del mundo.

**Chichén Itzá (México).** El pueblo maya construía ciudades de piedra, palacios y templos decorados con refinadas esculturas. Los sacerdotes celebraban ceremonias en la parte superior de los templos, ofreciendo sacrificios animales o humanos a sus dioses.

**Barcos de cañas (Perú).** El pueblo uru, que habita en torno al lago navegable más alto del mundo, el Titicaca, que hace frontera entre Perú y Bolivia, construye sus barcas y hogares con cañas de totora, planta acuática autóctona de la zona.

**Toronto (Canadá).** Capital de Ontario y ciudad más poblada de Canadá. *Toronto* deriva de una palabra india del pueblo hurón que significa «punto de encuentro». Su perfil moderno está dominado por la Torre CN.

**Isla de Pascua (Chile).** Isla en la que existen 600 estatuas esculpidas en piedra llamadas moáis. Parece que los primeros habitantes polinesios de la isla las esculpieron hace 1000 años. Les atribuían poderes mágicos.

**Bebida popular.** El mate es una bebida caliente, ligeramente amarga, muy popular en todo el sur del subcontinente sudamericano. Se hace con hojas de mate y se bebe de una calabaza con una pajita o tubito de metal.

**Tupís.** Los indios americanos son los nativos de América, el primer pueblo que habitó allí. Se les llamó *indios* porque cuando Cristóbal Colón desembarcó en América en 1492 creyó haber llegado a la India.

---

✶ Eugene O'Neill en 1936, Pearl S. Buck en 1938, William Faulkner en 1939, T.S. Eliot en 1948, Ernest Hemingway en 1954, John Steinbeck en 1962 y Toni Morrison en 1993 tienen algo en común: haber sido galardonados con el Premio Nobel de Literatura.

En la zona conocida como *Mesoamérica*, se desarrollan algunas de las más importantes culturas previas a la llegada de los españoles; **los toltecas (Teotihuacán),** predecesores de los aztecas, los mayas y los incas. En la península del Yucatán y en Guatemala se desarrolló la cultura maya, considerada hoy en día como la madre de las primeras civilizaciones precolombinas. Los **mayas** construyeron ciudades de piedra, templos y pirámides, y estaban instruidos en astronomía y matemáticas.

El imperio de los **aztecas** fue una gran civilización asentada en México y América Central. Construyeron grandes pirámides con anchas escaleras que conducían a un templo situado en la cumbre. Allí, mucha gente era sacrificada como ofrenda a su dios.

Por su parte, los **incas** tenían el centro de su imperio en Perú; en el siglo XV, el imperio creció y se extendió miles de kilómetros hasta Ecuador y Chile. Construyeron grandes ciudades-fortaleza como Cuzco y Machu Picchu, y adoraban al sol y otros dioses de la naturaleza.

Los exploradores europeos de los siglos XV y XVI pensaron que América del Norte era la India, por eso llamaron *indios* a sus habitantes. Hoy en día se utiliza el término ***nativo americano*** para referirse a los habitantes originales del continente, entre los que están: *inuits*, iroqueses, *cherokees*, siux, apaches, náhualts, quechuas, kunas o los tupís.

# AMÉRICA
## ECONÓMICA

**Materias primas**
- 🔥 Gas
- 🌲 Madera
- ⬤ Minería
- ⛏ Petróleo
- ▬ Áreas agrícolas
- ▬ Áreas ganaderas
- ▭ Áreas pesqueras
- 🦐 Marisco

**Principales producciones agrícolas y ganaderas**
- 🌿 Algodón
- 🥜 Cacahuete
- 🌱 Cacao
- ☕ Café
- 🌾 Caña de azúcar
- ⊙ Caucho
- 🌾 Cereales
- 🍋 Cítricos
- 🍎 Fruta
- 🥬 Frutas y verduras
- 🌽 Maíz
- ➤ Pesca
- 🍌 Plátanos
- 🌰 Soja
- 🍷 Vino
- 🍂 Tabaco
- 🐑 Ovejas
- 🐄 Vacas

**Industrias**
- ✈ Aeroespacial
- ⬚ Alimentaria
- ⚓ Astilleros
- 🚗 Automotríz
- 🖋 Editorial
- ✕ Electrónica
- 🧪 Farmacéutica
- ▮ Frigorífica
- ⚒ Hierro y acero
- ⦿ Mecánica
- ㇗ Metalúrgica
- ⬠ Química
- ▬ Tecnológica
- ✗ Textil
- · Centro industrial

**Principales áreas urbanas**
- ▮ 1 millón de habitantes
- Ⓢ Principales puertos
- ⚓ Plaza financiera
- 🌐 Turismo

**Wall Street, Nueva York (EE. UU.).** La bolsa es un edificio público donde se reúnen los comerciantes y financieros para tratar sus negocios. La bolsa de Nueva York es un importante mercado internacional de valores donde se compran y venden acciones de las empresas. Está en Wall Street, centro económico de Nueva York. El término *Wall Street* ahora se utiliza para describir el mundo financiero estadounidense en general.

**Cinturón del maíz o *corn belt*.** Estados Unidos inició su historia económica como una nación agrícola, y actualmente los equipos de cosechadoras recorren el país trabajando para recoger la cosecha a tiempo. La agricultura está altamente tecnificada y es muy productiva, situándose hoy en día como el primer productor mundial de maíz y trigo.

**Chullos peruanos.** El chullo es un gorro con orejeras, tejido en lana de alpaca, que luce dibujos multicolores. El sector textil peruano cuenta con una larga tradición y durante años ha sido reconocido por la calidad de sus fibras naturales. Es considerado uno de los motores de desarrollo y uno de mayores generadores de empleo.

✳ En 1867 los Estados Unidos compraron Alaska a Rusia por 7, 2 millones de dólares, lo que a día de hoy serían 60 millones de euros, bastante menos de lo que cuestan algunos futbolistas del panorama actual.

✳ Las Vegas, ciudad situada en el desierto del Estado de Nevada, es conocida por las centelleantes luces de neón de sus casinos y clubes nocturnos. Este importante centro turístico es un paraíso del juego.

Desde el punto de vista económico y humano, las diferencias existentes entre América del Norte y América del Sur son notables. Es un continente donde se hallan los extremos de la riqueza y la pobreza absolutas.

**Canadá** y **EE. UU.** son regiones ricas, que cuentan con importantes recursos naturales y un gran desarrollo industrial. La agricultura es intensiva y muy mecanizada, y principalmente se cultiva algodón, trigo, maíz, caña de azúcar... La industria está altamente tecnificada y desarrollada gracias a la abundancia de fuentes de energía y de yacimientos mineros.

Mientras los países del norte cuentan con un gran nivel económico, los países de **América del Sur** y **México**, **América Central y Caribe** viven casi exclusivamente de la agricultura y la ganadería, con predominio de los cultivos de maíz, caña de azúcar, banano, tabaco o algodón. La ganadería constituye la principal riqueza de Argentina y Uruguay. Solo algunos países como Chile, Brasil, Argentina y Venezuela han conseguido un mayor despegue industrial.

Para la expansión económica es necesario que haya buenas **vías de comunicación**. El desarrollo de estas es también diferente en el norte y en el sur.

EE. UU. y Canadá cuentan con numerosas vías férreas atraviesan algunas el continente de océano a océano. Dos vías de comunicación sobresalientes en el continente son la gran carretera **panamericana** que va desde Alaska hasta Buenos Aires cruzando 19 países; y el **canal de Panamá**, que une los océanos Atlántico y Pacífico.

# AMÉRICA
## ACTUALIDAD

**Organizaciones Internacionales**

- Mercosur (Mercado Común del Sur)
- ALCA (Área de Libre Comercio de las Américas)
- ALBA (Alternativa Bolivariana para los Pueblos de Nuestra América)
- CAN (Comunidad Andina de Naciones)
- CARICOM (Comunidad del Caribe)

**Estados**

1921 Año de la independencia

**Independizados de:**

- Reino Unido
- Francia
- Portugal
- Países Bajos
- España

✳ Principales conflictos del siglo XIX

Mar de Bering

Mar de Beaufort

Groenlandia (Dinamarca)

Alaska (EE. UU.)

Bahía de Baffin

Islas Aleutianas

Bahía de Hudson

Isla Vancouver

1867 CANADÁ

Isla Terranova

San Pedro y Miquelón (FRANCIA)

OCÉANO PACÍFICO NORTE

1776 ESTADOS UNIDOS DE AMÉRICA

OCÉANO ATLÁNTICO NORTE

Islas Bermudas

Isla de Guadalupe

Golfo de México

1821 MÉXICO

BAHAMAS

1902 CUBA

1844 REPÚBLICA DOMINICANA

ARUBA, 1986
CURASAO, 2010
SAN CRISTÓBAL Y NIEVES, 1983
SAN MARTÍN, 2010
ANTIGUA Y BARBUDA, 1981
MONTSERRAT
DOMINICA, 1978
SANTA LUCÍA, 1979
SAN VICENTE Y LAS GRANADINAS, 1979
GRANADA, 1974
BARBADOS, 1966

Islas Revillagigedo

Clipperton

1981 BELICE

1821 GUATEMALA

1821 HONDURAS

1962 JAMAICA

1804 HAITÍ

Puerto Rico (EE. UU.)

Invasión de Granada

TRINIDAD Y TOBAGO 1962

1821 EL SALVADOR

1821 NICARAGUA

Mar Caribe

1966 GUYANA

1821 COSTA RICA

1830 PANAMÁ

1830 COLOMBIA

1830 VENEZUELA

1975 SURINAM

Guayana Francesa (Francia)

Guerrilla

Archipiélago de Galápagos

1830 ECUADOR

Guerra del Cenepa

1824 PERÚ

1822 BRASIL

1825 BOLIVIA

Guerra del Chaco

OCÉANO PACÍFICO SUR

Guerra del Pacífico

1811 PARAGUAY

1821 CHILE

1816 ARGENTINA

1828 URUGUAY

Islas Juan Fernández

OCÉANO ATLÁNTICO SUR

Isla de Chiloé

Mar Argentino

Isla Grande de Tierra del Fuego

Guerra de las Malvinas

Malvinas (Fakland) (REINO UNIDO)

**Cambio climático.** América está padeciendo algunos de los efectos más graves del cambio climático: inundaciones, sequías, erosión de los suelos, deforestación, y retroceso y derretimiento de los glaciares. Un ejemplo es el devastador terremoto en Haití en 2010, que dejó al país con miles de muertos y totalmente destruido. El año 2010 fue uno de los años más cálidos jamás registrados, según la Organización Meteorológica Mundial (OMM).

**Homenaje de luz en Nueva York.** El 11 de septiembre de 2001 un ataque terrorista en el World Trade Center marcó un antes y un después en la historia de EE. UU. y del mundo entero. Miles de víctimas quedaron sepultadas bajo los escombros de las Torres Gemelas, centro de finanzas mundial.

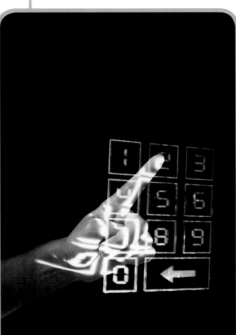

**Silicon Valley** (en español *Valle del Silicio*). Zona del norte de California (EE. UU.) donde se localizan muchas empresas que desarrollan productos informáticos. Debido a que este lugar es abundante en silicio, muy empleado en informática y electrónica, ha recibido el nombre de *Silicon Valley*.

**Terremoto en Chile.** Un fuerte terremoto acontecido en febrero de 2010 sacude Chile dejando miles de víctimas. Las zonas más afectadas como Valparaíso, Maule o Biobío acumulan más de la mitad de la población del país con lo cual muchas fueron las personas que sufrieron las terribles consecuencias.

✹ ¿Sabías que los alasqueños, cuando quieren referirse al resto de Estados de los Estados Unidos, lo hacen usando la expresión *the lower 48* ('los 48 de abajo')?

✹  En 2011, el presidente estadounidense Barack Obama anuncia la muerte del líder de Al Qaeda, Osama bin Laden, considerado el mayor enemigo de EE. UU.

La entrada del nuevo milenio irrumpió en América de forma catastrófica con los atentados terroristas del 11 de septiembre de 2001 a las Torres Gemelas del World Trade Center de Nueva York y al Pentágono. Comenzó así una invasión a países como Afganistán e Irak, denominada ***guerra contra el terrorismo***, campaña liderada por Estados Unidos y apoyada por varios miembros de la OTAN y otros aliados con el objetivo de derrotar a terroristas como Osama Bin Laden y sus organizaciones.

Los **golpes de Estado** han sido una constante en América Latina. En los últimos dieciocho años se han registrado once golpes, pero en todo el siglo XX fueron cerca de 250. El más destacado sucedió en 1973, cuando Salvador Allende fue derrocado por tropas dirigidas por el general Augusto Pinochet, amparado este por los Estados Unidos. El golpe de Estado más reciente es el de Honduras, que aconteció el 28 de junio de 2009.

En 2011 con la firma de los doce presidentes del Tratado Constitutivo entró en vigor la Unión de Naciones Suramericanas (**UNASUR**) para el proceso sudamericano de integración. Sus principales objetivos son la integración regional y velar por el respeto y vigencia del sistema democrático. Los países miembros de UNASUR son Brasil, Paraguay, Argentina, Bolivia, Chile, Colombia, Ecuador, Guyana, Perú, Surinam, Uruguay y Venezuela.

# AMÉRICA

## NORTE

América del Norte la integran Canadá, Estados Unidos, México y Bahamas. El oeste de los Estados Unidos y Canadá está atravesado por la gran cordillera de las Montañas Rocosas (**1**), que con una longitud de 3200 km se extiende de norte a sur. El este está atravesado por la cadena montañosa de los Apalaches (**2**). La mayor altura de América del Norte es el monte McKinley, con 6194 metros. Este territorio cuenta con importantes ríos como el Misisipi, el Mackenzie, el Misuri, el Yukón, el Nelson y el San Lorenzo.

**Parque Nacional de Yosemite**. Se localiza al este de San Francisco, California, ocupando aproximadamente 3100 km². Famosos son sus acantilados de granito, bosques de secuoyas y la gran diversidad biológica que en él se puede encontrar. Fue nombrado patrimonio de la humanidad en 1984.

**Cataratas del Niágara**. Son las que forma el río Niágara en América del Norte. Están situadas entre la frontera de Estados Unidos y Canadá, y constituyen uno de los centros de atracción turística más importantes del continente.

**Bahamas**
**Canadá**
**Estados Unidos**
**México**

**Bermudas (UK)**
**Groenlandia (DK)**
**San Pedro y Miquelón (FR)**

Bahamas
Bahamas

Canada
Canadá

Mexico
México

United States of America
Estados Unidos de América

# AMÉRICA

Una estrecha franja de tierra montañosa y en gran parte volcánica une México con América del Sur. El **canal de Panamá (1)** es un canal de navegación que comunica los océanos Atlántico y Pacífico.

El **tucán** es un pájaro que habita en América Central y Caribe, y se caracteriza por su vistoso y colorido pico de gran tamaño.

El **canal de Panamá** une el océano Atlántico con el Pacífico, mide casi 80 kilómetros de longitud y tiene una anchura de hasta 300 metros en el lago Gatún. Ha estado bajo control estadounidense hasta 1999.

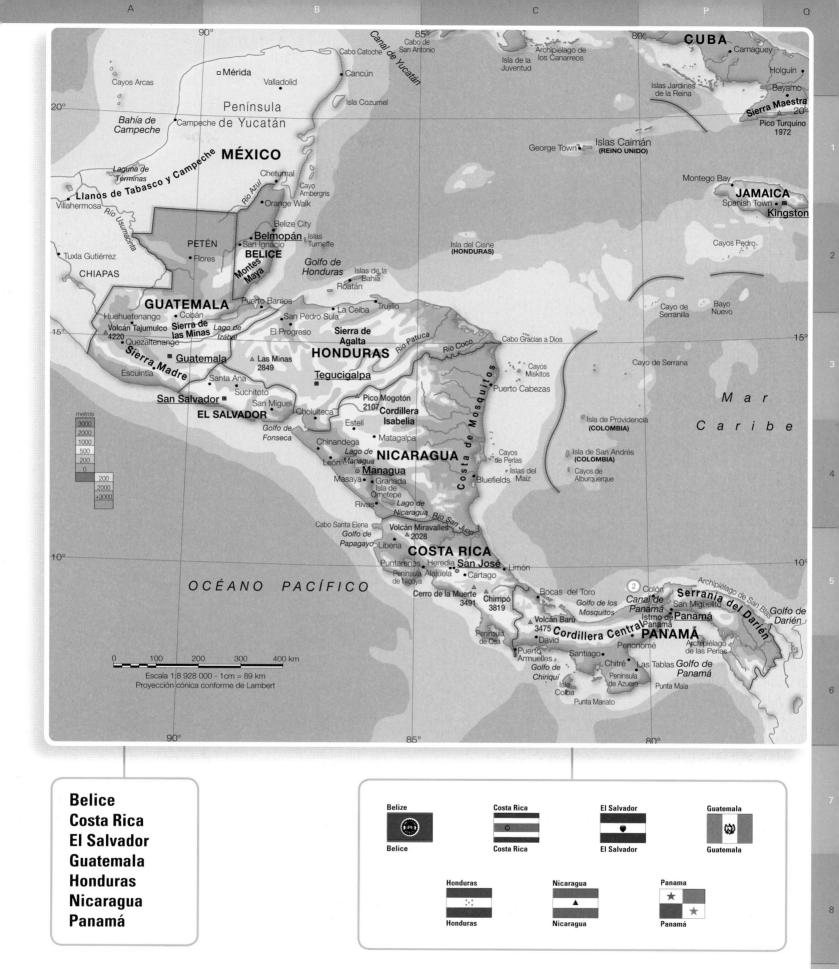

**Belice**
**Costa Rica**
**El Salvador**
**Guatemala**
**Honduras**
**Nicaragua**
**Panamá**

Belize — Belice
Costa Rica — Costa Rica
El Salvador — El Salvador
Guatemala — Guatemala
Honduras — Honduras
Nicaragua — Nicaragua
Panama — Panamá

# AMÉRICA

## ANTILLAS y CARIBE

Antigua y Barbuda
Aruba
Barbados
Cuba
Curasao
Dominica
Granada
Haití
Jamaica
Rep. Dominicana
San Cristóbal y Nieves
San Martín
San Vicente
  y las Granadinas
Santa Lucía
Trinidad y Tobago

Anguila (UK)
Caimán (UK)
Guadalupe (FR)
Martinica (FR)
Montserrat (UK)
S. Eustaquio y Saba (NL)
Turcas y Caicos (UK)
Vírgenes (UK/US)

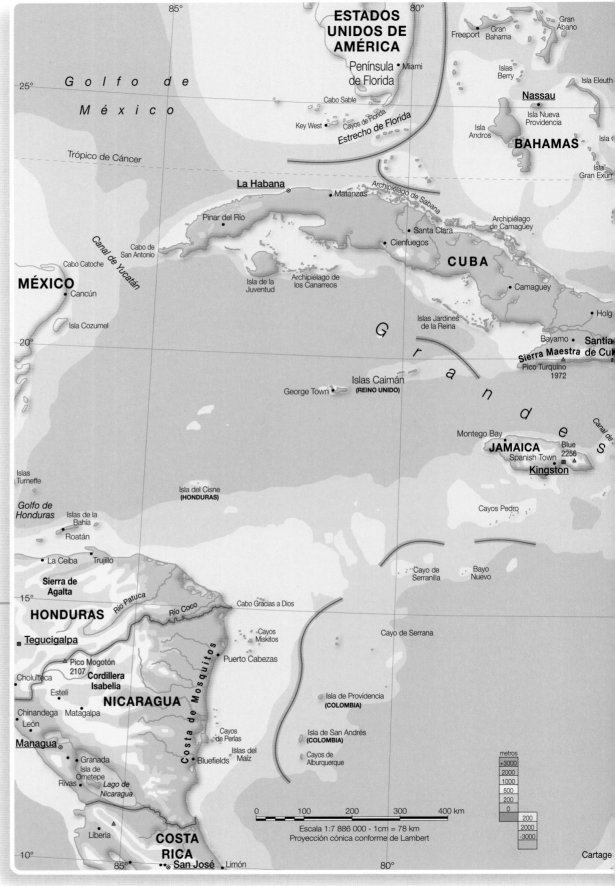

ESTADOS UNIDOS DE AMÉRICA

Golfo de México

Península de Florida
• Miami
Cabo Sable
Key West • Cayos de Florida
Estrecho de Florida

Freeport • Gran Bahama
Gran Ábano
Islas Berry
Isla Eleuth

Nassau
Isla Nueva Providencia
BAHAMAS
Isla Andros
Isla Gran Exum

Trópico de Cáncer

La Habana
• Matanzas
Archipiélago de Sabana
• Pinar del Río
• Santa Clara
Archipiélago de Camagüey
• Cienfuegos
CUBA

Canal de Yucatán
Cabo de San Antonio
Cabo Catoche

MÉXICO
• Cancún
Isla de la Juventud
Archipiélago de los Canarreos
• Camaguey
• Holg

Isla Cozumel
Islas Jardines de la Reina
G
Bayamo
Santia
Sierra Maestra
de Cu
Pico Turquino 1972

Islas Caimán
(REINO UNIDO)
George Town •

r
a
n
d

Montego Bay
Blue 2256
JAMAICA
Spanish Town
Canal de
Kingston

Islas Turneffe

Isla del Cisne
(HONDURAS)

Golfo de Honduras
Islas de la Bahía
Roatán

Cayos Pedro

• La Ceiba • Trujillo

Cayo de Serranilla
Bayo Nuevo

Sierra de Agalta

Río Patuca
Río Coco
Cabo Gracias a Dios

HONDURAS
Cayos Miskitos
Cayo de Serrana

Tegucigalpa
Pico Mogotón 2107
Cordillera Isabelia
Puerto Cabezas

Cholulteca
Estelí
NICARAGUA
Isla de Providencia
(COLOMBIA)

Chinandega Matágalpa
León
Cayos de Perlas
Isla de San Andrés
(COLOMBIA)

Managua
• Granada
Isla de Ometepe
Bluefields
Islas del Maíz
Cayos de Alburquerque

Rivas
Lago de Nicaragua

metros
+3000
2000
1000
500
200
0

0   100   200   300   400 km
Escala 1:7 886 000 - 1cm = 78 km
Proyección cónica conforme de Lambert

200
2000
-3000

• Liberia

COSTA RICA
San José • Limón

Cartage

 Antigua and Barbuda
Antigua y Barbuda

 Aruba
Aruba

 Barbados
Barbados

 Cuba
Cuba

 Curaçao
Curasao

 Dominica
Dominica

 Dominican Republic
República Dominicana

**Playa en Barbados**

Curasao

OCÉANO ATLÁNTICO

San Salvador

Isla Crooked

Isla Mayaguana

Isla
Acklins

Isla Gran
Iguana

Islas Turcas
y Caicos • Cockburn Town
(REINO UNIDO)

Baracoa

*Mar de los*

*Sargazos*

de
namo
JU.)

Isla de
la Tortue

Paso de Barlovento

Gonaïves

Cap-Haïtien

Santiago de
los Caballeros

Isla de la
Gonâve

HAITÍ

Pico Duarte
3175

REPÚBLICA
DOMINICANA

Jérémie

Puerto Príncipe

Pic Macaya
2347

Jacmel

Morne LaSelle
2674

Santo
Domingo

San Pedro

La Romana

San Juan

Mayagüez

Cordillera
Central

Caguas

Charlotte
Amalie

Islas Vírgenes
(REINO UNIDO)

Road Town

Anguila
(REINO UNIDO)

The Valley

Guadalupe
(FRANCIA)

Philipsburg

SAN MARTÍN

Paso de Anegada

Islas de Sotavento

Ponce

Puerto Rico
(EE. UU.)

Isla de
la Nona

Isla de
la Nona

Vieques

Islas
Vírgenes
(EE. UU.)

Saba

San Eustaquio
(PAÍSES BAJOS)

Basseterre

ANTIGUA
Y BARBUDA

Saint John's

Cabo Beata

SAN CRISTÓBAL Y NIEVES

Plymouth

Paso de Guadalupe

Guadalupe
(FRANCIA)

*Antillas*

Canal de la Mona

Pasaje de la Virgen

Montserrat
(REINO UNIDO)

Basse-Terre

Basse-Terre
1457

Isla María Galante

Isla Aves
(VENEZUELA)

Portsmouth

DOMINICA

Roseau

Paso de Martinica

*Mar Caribe*

Martinica
(FRANCIA)

Fort-de-France

Canal de Santa Lucía

Castries

SANTA
LUCÍA

Mount Gimi
950

Soufrière
1234

BARBADOS

Speightstown

Kingstown

SAN VICENTE Y
LAS GRANADINAS

Bridgetown

*Pequeñas Antillas*

*Islas de Barlovento*

GRANADA

ARUBA

Oranjestad

CURASAO

Willemstad

Bonaire
(PAÍSES BAJOS)

Kralendjk

Saint George's

Punta Gallinas

Isla Orchila

Islas
Los Roques

Isla Blanquilla

Isla
Tobago

COLOMBIA

Golfo de
Venezuela

Isla de
Margarita

Puerto España

TRINIDAD
Y

Pico
Cristóbal Colón
5775

Cordillera
de Mérida

VENEZUELA

Maracaibo

Isla La Tortuga

Isla
Trinidad

TOBAGO

Sierra Nevada
de Santa Marta

Caracas

San Fernando

anquilla

Valencia

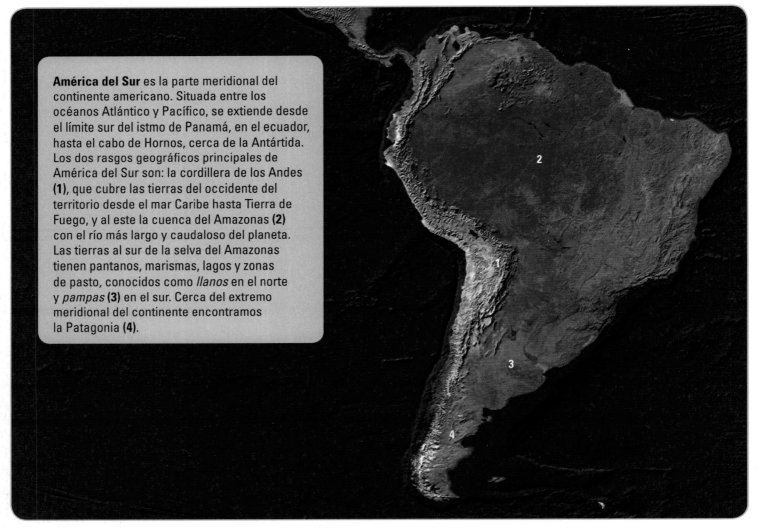

**América del Sur** es la parte meridional del continente americano. Situada entre los océanos Atlántico y Pacífico, se extiende desde el límite sur del istmo de Panamá, en el ecuador, hasta el cabo de Hornos, cerca de la Antártida. Los dos rasgos geográficos principales de América del Sur son: la cordillera de los Andes **(1)**, que cubre las tierras del occidente del territorio desde el mar Caribe hasta Tierra de Fuego, y al este la cuenca del Amazonas **(2)** con el río más largo y caudaloso del planeta. Las tierras al sur de la selva del Amazonas tienen pantanos, marismas, lagos y zonas de pasto, conocidos como *llanos* en el norte y *pampas* **(3)** en el sur. Cerca del extremo meridional del continente encontramos la Patagonia **(4)**.

São Paulo (Brasil)

Volcán Cotopaxi (Ecuador)

| Argentina | Bolivia | Brazil | Chile | Colombia | Ecuador |
|---|---|---|---|---|---|
|  |  |  |  |  |  |
| Argentina | Bolivia | Brasil | Chile | Colombia | Ecuador |

**Argentina**
**Bolivia**
**Brasil**
**Chile**
**Colombia**
**Ecuador**
**Guyana**
**Paraguay**
**Perú**
**Surinam**
**Uruguay**
**Venezuela**

**Georgias**
 **del Sur (UK)**
**Guayana**
 **Francesa (FR)**
**Malvinas /**
 **Falkland (UK)**

Escala 1:31 380 000 - 1cm = 313 km
Proyección Lambert

| metros | |
|---|---|
| +4000 | |
| 3000 | |
| 2000 | |
| 1000 | |
| 500 | |
| 200 | |
| 0 | |
| | 200 |
| | 1000 |
| | 2000 |
| | 3000 |
| | +4000 |

Guyana
Guyana

Paraguay
Paraguay

Peru
Perú

Suriname
Surinam

Uruguay
Uruguay

Venezuela
Venezuela

65

# ASIA
## FÍSICA

Superficie:
*44 580 000 km²*
Habitantes:
*3 900 000 000*
Punto más elevado:
*Everest (Nepal), 8848 m*
Punto más bajo:
*Mar Muerto (Jordania),*
*395 m bajo el nivel del mar*
Río más largo:
*Changjiang (Yangtzé), 5800 km*
Mayor desierto:
*Arabia, 1 300 000 km²*
Lago más grande:
*Caspio, 430 000 km*
País más grande:
*Rusia asiática*
País más pequeño:
*Maldivas*

El **tigre blanco** es una variedad rara del tigre ordinario *(Panthera tigris)*, con una condición genética que casi elimina el pigmento en la piel normalmente naranja. Vive en los bosques de Asia e Indonesia, y actualmente es una especie en serio peligro de extinción.

EUROPA

ÁFRICA

Océano Glacial Ártico

Mar de Barents
Mar de Kara
Mar de Laptev
Mar de Siberia Oriental
Mar de Bering
Estrecho de Bering

Península de Chukotka
Península de Yamal
Península de Taimir
Península de Kamchatka

Nueva Zembla
Islas de Nueva Siberia

Narodnaia 1894
Pobeda 3147
Keljivum 1775
Ledianaia 2562

Montes Urales
Montes de Cherski
Montes de Verjoyansk
Montes de Kolima
Montes Stanovoi
Montes Siljote Alin
Montes Gran Jingán
Montes de Jangai

Llanura de Siberia Occidental
Llanura de Siberia Septentrional
Meseta de Siberia Central
Meseta de Siverma

Río Obi
Río Yenisei
Río Lena
Río Amur
Río Irtish
Río Don
Río Ural
Río Sir Daria
Río Amu Daria

Mar de Azov
Mar Negro
Mar Caspio
Mar de Aral
Mar Mediterráneo
Mar Rojo

Cáucaso
Erciyas 3916
Ararat 5165
Damavand 5604
Zara Kuh 4547

Montes Zagros
Meseta del Irán

Lago Baikal
Lago Hulun
Lago Janka
Desierto de Gobi
Altai Mongol
Lago Baljash

Belujar 4506
Pobedy 7439
Karlik Shan 4925
Isnail Samani 7495

Meseta de Kazajistán
Tian Shan
Desierto de Takla Makan
Hindukush
Karakórum
K2 8611
Nanga Parbat 8126

Montes Nan
Montes Kuenlún
Lago Qinghai
Gonga Shan 7555
Gran Llanura China

Meseta del Tíbet
Himalaya
Dhaulagiri 8172
Everest 8848
Kangchenjunga 8586
Nanchá Barwa 7756

Río Eúfrates
Río Tigris
Golfo Pérsico
Estrecho de Ormuz
Kuh-e-Taftán 4045

Río Indo
Río Sutlej
Llanura del Ganges
Río Ganges
Río Narmada
Río Godavari
Río Krishna

Península Arábiga
Yabal Sham 3018
Ras al Had
Golfo de Omán
Ras Mandraka

Golfo de Adén
Isla Socotora
Cabo Hafún

Mar Arábigo

Península del Indostán
Bocas del Ganges
Victoria 3053
Anai Mudi 2698
Islas Laquedivas
Islas Laquedivas
Estrecho de Palk
Ceilán
Pidurutalagala 2524
Cabo Dondra

Huang (Río Amarillo)
Río Mekong
Meseta de China Meridional
Estrecho de Formosa
Cabo Engaño
Luzón

Península de Corea
Shikoku
Kyushu
Cabo Sata
Mar de Japón
Iwate 2041
Honshú
Fujiyama 3776
Hokkaido

Mar de Ojotsk
Cabo Lapatka
Cabo Elisabeth
Sajalín
Islas Kuriles
Cabo Shiretoko

Islas Ryukyu
Trópico de Cáncer
Océano Pacífico

Meseta de Yunán
Phou Bia 2820
Hainán
Cabo Yulin
Península de Indochina

Mar de China Meridional
Golfo de Siam
Punta Ca Mau
Mindanao
Apo 2954

Península de Malaca
Río Mekong
Río Kapuas
Borneo

Mar de China
Kinabala 4101
Bukit Malino 2707
Célebes
Mar de Célebes
Mar de Banda
Rantekombola 3455

Golfo de Bengala
Islas Andamán
Archipiélago de Mergui
Mar de Andamán
Islas Nicobar

Estrecho de Malaca
Sumatra
Java
Mar de Java
Mar de Flores
Islas Mentawai

Océano Índico
Ecuador

metros
+4000
3000
2000
1000
500
200
0

0   400   800   1200   1600 km

Círculo Polar Ártico
Cabo Cheliuskin
Cabo Oljutorskij

**Cordillera del Himalaya.** *Himalaya* significa «morada de las nieves» y es la cadena montañosa más alta del mundo. Tiene 2800 km de longitud y una anchura máxima de unos 500 km. Allí se encuentra el punto más elevado de la Tierra: el monte Everest (8848 m), llamado así desde 1865 en honor a sir George Everest, quien dirigió una expedición entre 1830 y 1843 para trazar los primeros mapas de la zona.

### ¿Sabías que las diez montañas más altas del mundo están situadas en Asia?

Everest: 8848 m (Nepal)
Qogir (K2): 8611 m (Pakistán)
Kangchenjunga: 8586 m (Nepal)
Lhotse: 8516 m (Nepal)
Makalu I: 8462 m (Nepal)

Cho Oyu: 8201 m (Nepal)
Dhaulagiri: 8172 m (Nepal)
Manaslu I: 8156 m (Nepal)
Nanga Parbat: 8126 m (Pakistán
Annapurna I: 8091 m (Nepal)

20°

**4**

0°

Nueva
Guinea
ncak Jaya
5030

**5**

140°

**OCEANÍA**

**Asia es el continente más grande del mundo**: casi una tercera parte de la superficie total de la Tierra está ocupada por el continente asiático. Es más grande que África y Europa juntos. El océano Glacial Ártico limita Asia por el norte, el Pacífico lo hace por el este y el Índico por el sur. El límite por el oeste Europa y los mares Mediterráneo y Rojo. No es fácil delimitar dónde acaba Europa y dónde comienza Asia, porque ocupan un mismo bloque de tierra (**Eurasia**), pero suelen señalarse los montes Urales como frontera natural entre ambos continentes.

El paisaje es muy variado, desde elevadas cordilleras como el **Karakórum** y el **Himalaya**, hasta la zona más baja de las tierras emergidas del planeta, las orillas del mar Muerto. También mesetas como la del **Tíbet**, desiertos arenosos en el centro del continente, tierras heladas en el norte (tundra) y costas soleadas en el sur.

El clima es caluroso y seco durante una parte del año y muy lluvioso en los meses de verano. En esta época, los vientos borrascosos llamados ***monzones*** recogen humedad de los océanos del sur y la vierten sobre la tierra.

Los **ríos** que recorren Asia son largos y caudalosos: Changjiang (Yangtsé), Mekong, Ganges, Indo, Obi, etc. También encontramos extensos lagos como el mar Caspio y el mar de Aral.

En Asia hay animales de todas las formas y tamaños, como el elefante asiático, el camello bactriano y el panda gigante.

# ASIA
## POLÍTICA

La isla de **Hong Kong** es una zona moderna que concentra la mayoría de las empresas de su región administrativa. El Reino Unido devolvió Hong Kong a China en 1997, después de 99 años como colonia británica.

Abreviaturas:
ANP: Autoridad Nacional Palestina, Ramala
EAU: Emiratos Árabes Unidos

**Tíbet**. Esta región de China está situada en las cordilleras de mayor altitud de la Tierra. Ocupado por la República Popular China, es una de las naciones con clara identidad histórica, cultural y religiosa que reclama su independencia a través del líder espiritual que reside en su exilio: el Dalái Lama, Tenzin Gyatso. Considerada por China como región autónoma, algunos Estados como EE. UU., Japón y Francia apoyan tímidamente las tesis del Dalái Lama.

**Vietnam**, tras la II Guerra Mundial, quedó dividido en dos países: Vietnam del Norte y Vietnam del Sur. Desde mediados de los años cincuenta hasta 1975, ambos países estuvieron en guerra. Mientras que a Vietnam del Norte lo apoyaban URSS y China, a Vietnam del Sur lo hacía EE. UU. A finales de la década de los noventa comenzaron las negociaciones para restablecer relaciones diplomáticas con EE. UU. A finales de la década de los noventa, y ya nuevamente unificado, Vietnam comenzó a recibir ayuda estadounidense.

Un ***torii*** es una estructura que sirve como punto de entrada a los santuarios sintoístas; podría decirse que marca un hito entre una zona sagrada y una zona impura. Miyajima guarda una de las imágenes más famosas de Japón: el *torii* sobre el agua, que cambia su aspecto según suben y bajan las mareas, alcanzando uno de los momentos más deslumbrantes durante la puesta de sol.

✴ Los países más poblados de la Tierra se encuentran en Asia: China y la India. Dos de cada cinco habitantes del mundo son chinos o indios.

✴ ¿Sabías que -*stán* al final del nombre de países como Pakistán, Afganistán, Kazajistán... significa «país de»?

En Asia surgieron las primeras civilizaciones, que se desarrollaron en **Mesopotamia**, en el valle ubicado entre los ríos Tigris y Éufrates, siendo cuna de otras culturas antiquísimas como la babilónica, la china o la del valle del Indo.

La influencia europea fue aumentando a partir del siglo XV, aunque durante varios siglos China y Japón cerraron sus puertas al comercio y a la cultura occidental puesto que la consideraban dañina. A finales del siglo XIX, la mayor parte de Asia estaba gobernada por los europeos.

Durante la I Guerra Mundial y el período de entreguerras, los territorios de Oriente Próximo fueron los más afectados. El avance de la oposición a la presencia europea en los países de Asia occidental propició la creación de nuevas formas de dominación en la zona, llamadas ***protectorados***. Incluso países ya independientes como Irán, Afganistán, Turquía... fueron víctimas de la intromisión francesa o británica en sus asuntos internos.

Tras la II Guerra Mundial se abre el proceso descolonizador en toda su magnitud, escapando Asia al control europeo y norteamericano. En Asia comenzaron a actuar grupos y partidos nacionalistas para instaurar no solo la independencia sino llevar a cabo una transformación social.

# ASIA
## CULTURAL

**Grandes grupos lingüísticos**

- Árabe
- Austronésica
- Coreana
- Dravídicas
- Eslavas
- Hebreo
- Indoarias
- Iranias
- Japonés
- Manchú-tungús
- Miao-yao
- Mon-jemeres
- Mongólicas
- Munda
- Paleosiberianas
- Papúes
- Siníticas
- Thais
- Tibeto-birmanas
- Turcas
- Urálicas

**Religiones**
- ☾ Islam
- ☸ Budismo
- † Catolicismo
- ॐ Hinduismo
- ★ Judaismo
- † Ortodoxos
- ★ Otras

**Razas**
- 😊 Árabes
- 😊 Hindúes
- 😊 Orientales
- 😊 Hebreos
- 😊 Varias/otras

Abreviaturas:
ANP: Autoridad Nacional Palestina
EAU: Emiratos Árabes Unidos

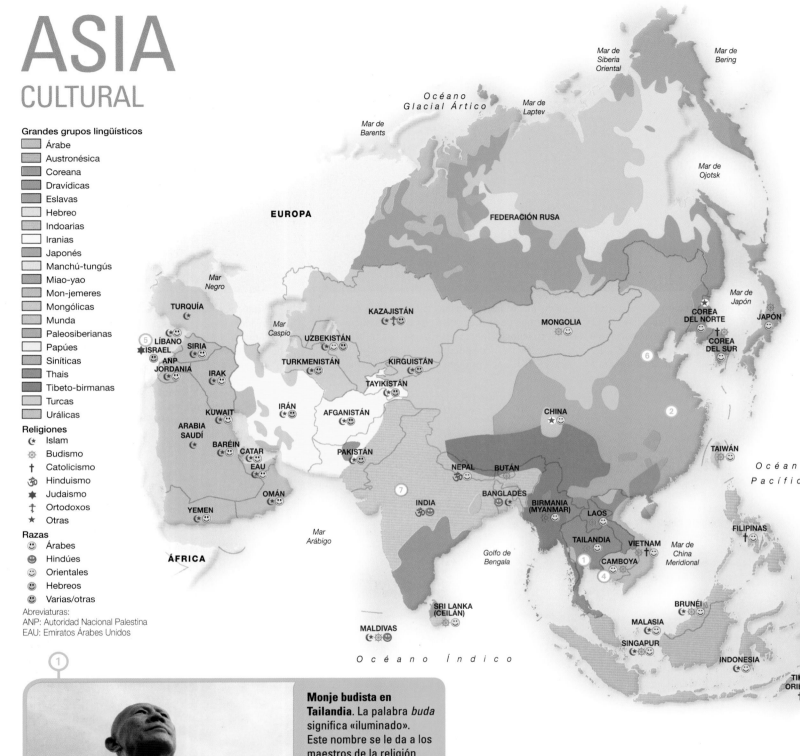

Océano Glacial Ártico
Mar de Barents
Mar de Laptev
Mar de Siberia Oriental
Mar de Bering
Mar de Ojotsk
EUROPA
FEDERACIÓN RUSA
Mar Negro
TURQUÍA
KAZAJISTÁN
MONGOLIA
Mar de Japón
COREA DEL NORTE
JAPÓN
LÍBANO
ISRAEL
SIRIA
ANP
JORDANIA
IRAK
Mar Caspio
UZBEKISTÁN
TURKMENISTÁN
KIRGUISTÁN
TAYIKISTÁN
COREA DEL SUR
KUWAIT
IRÁN
AFGANISTÁN
CHINA
TAIWÁN
ARABIA SAUDÍ
BARÉIN
CATAR
EAU
PAKISTÁN
NEPAL
BUTÁN
INDIA
BANGLADÉS
BIRMANIA (MYANMAR)
LAOS
Océano Pacífico
OMÁN
Mar Arábigo
TAILANDIA
VIETNAM
Mar de China Meridional
FILIPINAS
YEMEN
CAMBOYA
Golfo de Bengala
BRUNÉI
MALASIA
SINGAPUR
SRI LANKA (CEILÁN)
MALDIVAS
INDONESIA
Océano Índico
TIMOR ORIENTAL

**Monje budista en Tailandia.** La palabra *buda* significa «iluminado». Este nombre se le da a los maestros de la religión budista. El budismo se basa en las enseñanzas de Siddharta Gautama: la única manera de obtener la verdadera felicidad es siendo pacífico y bondadoso, tratando a las personas y animales con consideración y evitando el mal.

✴ Los japoneses llaman a su país *Nippon*, que significa «sol naciente». Este nombre explica la presencia de un disco rojo en su bandera, que representa un sol naciente.

India es el primer productor mundial de películas. Su centro es Bombay, conocido también como *Bollywood*.

La **Gran Muralla China** es una de las más antiguas y monumentales construcciones del ser humano, erigida en el s. III a. C. por el emperador Shi Huangdi para proteger su país de los ataques de las tribus de las estepas. La muralla tiene una extensión de 8851 kilómetros.

**Cucarachas fritas**. La entomofagia es el hábito de comer insectos, costumbre muy extendida en Asia. Estudios de algunas agencias de alimentación opinan que los insectos podrían ser la fuente principal de proteínas en la alimentación humana del futuro.

El templo hindú de **Angkor Wat**, levantado en Camboya, y construido entre 1113 y 1150, es la construcción religiosa de mayor extensión del mundo. Sus cinco torres representan los picos del monte Meru, hogar de los dioses hindúes. Está rodeado por un foso de 183 metros.

**Muro de las Lamentaciones (Jerusalén)**. Es el muro oriental del templo de Salomón, utilizado en tiempos bíblicos. Hoy muchos judíos peregrinan hasta allí para orar, y en él la gente deja notas con sus deseos.

**Ópera china**. Los actores llevan hermosos trajes de seda y maquillaje para actuar en la ópera de Pekín. Este es el estilo dramático más popular y representa historias tradicionales de príncipes y princesas, héroes y villanos.

La henna es un tinte de color rojizo muy usado en la India para adornar las manos y los pies. A esta técnica se la denomina *mehandi* y es utilizada por las novias hindúes en sus ritos nupciales.

Las religiones más importantes del mundo nacieron en Asia: judaísmo, cristianismo, islamismo, hinduismo, budismo, confucionismo y sintoísmo. El **hinduismo** es la religión más antigua del mundo que aún sigue practicándose, pues comenzó con las más antiguas civilizaciones en el valle del Indo, en torno al 2500 a. C. A lo largo de los siglos se extendió luego por toda la India y Sri Lanka, hasta las islas del sudeste de Asia. También fue en India donde Siddharta Gautama, más tarde conocido como *Buda*, fundó el budismo, extendido por los monjes budistas a China y Asia Central a lo largo de la ruta de la seda, a partir del siglo I d. C. Hoy en día, la mayor parte de los budistas vive en Asia, aunque es una religión que se está extendiendo por Europa y América.

Su historia, tradición y riqueza han fascinado a ciudadanos de todos los rincones del mundo, dejando claro que Occidente todavía tiene mucho que aprender de ella.

No existe una única cultura homogénea a lo largo del continente asiático, más bien lo que se da es una **diversidad de culturas** con algunos rasgos similares pero, que en el fondo muestran grandes diferencias. Esto también sucede dentro de cada país, donde podemos encontrar peculiaridades propias entre las costumbres y tradiciones de un lado u otro del mismo. La cultura de Asia básicamente destaca por sus lenguas, su gastronomía, sus religiones, sus tribus y sus festivales. Todos los países asiáticos ofrecen una riqueza cultural que a día de hoy permanece bastante oculta para el mundo occidental.

# ASIA
## ECONÓMICA

**Materias primas**
- 🔥 Gas Natural
- 🌲 Madera
- ⛏ Minería
- ⚒ Petróleo
- ▬ Áreas agrícolas
- ▬ Áreas ganaderas
- ≈ Áreas pesqueras

**Principales producciones agrícolas y ganaderas**
- 🍶 Aceite
- Algodón
- Arroz
- Café
- Caucho
- Cereales
- Cítricos
- Coco
- Dátiles
- Patatas
- Remolacha
- Tabaco
- Té
- Trigo
- Vino
- Cabras
- Ovejas
- Vacas

**Industrias**
- Aeroespacial
- Alimentaria
- Astilleros
- Automotriz
- Electrónica
- Energía hidroeléctrica
- Hierro y acero
- Metalúrgica
- Química
- Textil
- ▬ Áreas industriales

**Principales áreas urbanas**
- ▮ 1 millón de habitantes
- 💲 Plaza financiera
- 🌐 Turismo

Abreviaturas:
ANP: Autoridad Nacional Palestina
EAU: Emiratos Árabes Unidos

Océano Glacial Ártico
Mar de Barents
Mar de Siberia Oriental
Mar de Bering
Mar de Laptev
Mar de Ojotsk

EUROPA

FEDERACIÓN RUSA

Mar Negro
Mar Caspio
Mar Mediterráneo

TURQUÍA
LÍBANO
ISRAEL
SIRIA
ANP
JORDANIA
IRAK
KUWAIT
ARABIA SAUDÍ
BARÉIN
CATAR
EAU
OMÁN
YEMEN

IRÁN
Teherán 12 183 000 hab.

KAZAJISTÁN
UZBEKISTÁN
TURKMENISTÁN
KIRGUISTÁN
TAYIKISTÁN
AFGANISTÁN
PAKISTÁN

MONGOLIA

CHINA
Pekin 11 859 000 hab.
Shanghái 14 871 000 hab.

COREA DEL NORTE
COREA DEL SUR
Seúl 22 173 000 hab.

Mar de Japón
Tokio 33 413 000 hab.
JAPÓN

TAIWÁN

Océano Pacífico

Delhi 17 367 000 hab.
NEPAL
BUTÁN
BANGLADÉS
Calcuta 14 326 000 hab.

INDIA
Bombay 17 327 000 hab.

BIRMANIA (MYANMAR)
LAOS
TAILANDIA
CAMBOYA
VIETNAM

Manila 14 140 000 hab.
FILIPINAS

Mar de China Meridional

BRUNÉI
MALASIA
SINGAPUR

Mar Arábigo
Golfo de Bengala

SRI LANKA (CEILÁN)
MALDIVAS

Océano Índico

INDONESIA
Yakarta 18 206 000 hab.

ÁFRICA

Países asiáticos como Japón, Filipinas, China... presentan terrenos montañosos y agrestes, por lo que los agricultores adaptan sus cultivos mediante el sistema de **terrazas**. Los campos de arroz en terrazas permiten la máxima utilización de las laderas de las colinas, ya que retienen la tierra y la humedad del agua de lluvia o de riego.

✹ La península Arábiga contiene las mayores reservas de petróleo del mundo y enormes depósitos de gas natural.

Domesticado desde hace miles de años, el elefante asiático es de gran utilidad para la **industria maderera** en muchos países de Asia. Gracias a él, se evita trazar costosas rutas en los bosques, indispensables para el paso de las máquinas pesadas. Los elefantes trabajan en relieves difíciles, donde ninguna máquina puede acceder. Las ventajas económicas y ambientales de la utilización del elefante en la explotación forestal son numerosas.

Japón es un país líder en tecnología punta. La región de Keihin (Tokio) es la principal zona industrial de alta tecnología del mundo. Japón presenta varias **tecnópolis** o ciudades especializadas en la investigación e industrias de alta tecnología. El **vehículo eléctrico** es ya una realidad: se recarga por la noche, siendo la electricidad mucho más barata, y produce cero emisiones contaminantes. Por primera vez en su historia, un vehículo que no utiliza combustibles fósiles para desplazarse, sino energía eléctrica, ha sido elegido Coche del Año en Europa 2011.

✴ Hong Kong, Singapur, Corea del Sur y Taiwán son conocidos como *los tigres asiáticos* debido a su rápido crecimiento económico y su agresiva expansión industrial en Asia.

✴ Asia contiene dos tercios de las reservas mundiales de petróleo y gas, concentradas en Siberia y la península arábiga; y el 60 % del carbón mundial, sobre todo en China, Siberia e India.

**OCEANÍA**

✴ Las exportaciones y, primordialmente, la inversión han sido los motores del impresionante crecimiento de la economía china, conocido como *fenómeno chino*.

La economía asiática está en auge a pesar de la enorme desigualdad existente en el continente: hay países inmensamente ricos, como los del Golfo Pérsico, que tienen en el **petróleo** su mayor fuente de riqueza, mientras otros apenas sacan del suelo lo suficiente para subsistir como Yemen, Bután, Afganistán, Nepal y Camboya. Estos viven casi exclusivamente de la **agricultura**, sobre todo del cultivo del arroz, base alimentaria de la población.

La **pesca** también es importante sobre todo para países como Corea del Norte, China y Japón, y es base además de su alimentación.

Otra actividad que destaca es la **minera**, porque el subsuelo de Asia es muy rico en recursos minerales como el carbón, estaño, cobre, manganeso, níquel, plomo, cinc, y piedras preciosas como rubíes y zafiros.

La **Asociación de Naciones del Sureste Asiático** (ASEAN), fundada en 1967, trata de promover el comercio para fomentar el crecimiento económico y la estabilidad política entre sus diez miembros (Indonesia, Tailandia, Filipinas, Malasia, Singapur, Vietnam, Brunéi, Birmania, Laos y Camboya).

# ASIA
## ACTUALIDAD

**Conflictos sociopolíticos**
- Revueltas en el Mundo Árabe
- Conflictos recientes

**Principales asociaciones económicas**
- ASEAN (Asociación de Naciones del Sudeste Asiático)
- Sede ASEAN
- ASCR (Asociación Sudasiática de Cooperación Regional)
- Sede ASCR
- Consejo de Cooperación de los Estados Árabes del Golfo (sede rotativa)

**Estados**
- 1921 Año de independencia

**Independizados de:**
- Reino Unido
- Francia
- Portugal
- Países Bajos
- España
- URSS
- China
- Pakistán
- India
- Japón

Abreviaturas:
ANP: Autoridad Nacional Palestina
EAU: Emiratos Árabes Unidos

EUROPA

FEDERACIÓN RUSA

Océano Glacial Ártico

Mar de Siberia Oriental

Mar de Bering

Mar de Laptev

Mar de Barents

Mar de Ojotsk

Mar Negro

Mar Caspio

TURQUÍA

1943 LÍBANO
1944 SIRIA
1948 ISRAEL
ANP
JORDANIA
1946
1932 IRAK

1961 KUWAIT
ARABIA SAUDÍ 1926
BARÉIN 1971
CATAR 1971
EAU 1971
1971 OMÁN
YEMEN

ÁFRICA

IRÁN

KAZAJISTÁN 1991

1991 UZBEKISTÁN
1991 TURKMENISTÁN
1991 KIRGUISTÁN
1991 TAYIKISTÁN

1921 MONGOLIA

1945 COREA DEL NORTE

COREA DEL SUR 1945

Mar de Jap

1919 AFGANISTÁN
Cachemira

1947 PAKISTÁN

NEPAL
Katmandú
Tíbet
BUTÁN
1949

CHINA
(1949 República Popular China)

TAIWÁN (1949 República China)

1947 INDIA

Mar Arábigo

BANGLADÉS 1971
1948 BIRMANIA (MYANMAR)
1949 LAOS
TAILANDIA
1945 VIETNAM
CAMBOYA 1949

Mar de China Meridional

FIL

Golfo de Bengala

MALDIVAS 1965

1948 SRI LANKA (CEILÁN)

1983 BRUNÉI
1957 MALASIA
1973 SINGAPUR

1945

I N D O N E S I

Yakarta

Océano Índico

El este de Asia sufre más del 70 % de los desastres naturales del mundo, y sus ciudades están amenazadas por el clima extremo y la elevación del nivel del mar. Japón sufrió en marzo de 2011 un terremoto, seguido de un **tsunami**, con enormes consecuencias, como el fallo de la central nuclear de Daiichi, en Fukushima.

En 2002, Timor Oriental, gobernada a la fuerza por Indonesia desde 1975, consigue la independencia y se incorpora a las Naciones Unidas.

Los **conflictos de Oriente Próximo** son de diversa índole: territoriales como Israel y Palestina, o Pakistán y la India, que se disputan la región de Cachemira; nucleares, como en Irán; étnicos, como entre chiíes y sunníes en el Líbano; o de protestas contra el gobierno como Yemen, Siria o Baréin.

**Burj Dubai (Emiratos Árabes)**. Es el edificio más alto del planeta en todas su categorías. Fue inaugurado en enero de 2010, y con sus 818 metros ha sobrepasado con creces todas las estructuras que anteriormente ostentaban ese récord, como el Taipei 101 (Taiwán), que mide 300 metros menos.

*Océano*
*acífico*

**✴** Japón es considerado el país mejor preparado del mundo para afrontar catástrofes como los terremotos. Todo edificio debe seguir unos estrictos parámetros en los que se tienen en cuenta desde la cimentación a la distribución del peso.

Durante el siglo XIX, gran parte de Asia fue **colonizada** por países europeos. Estos nuevos gobernantes se llevaron riquezas, pero no ayudaron a las colonias a desarrollar sus industrias.

Durante el siglo pasado, en Asia se han producido grandes cambios sociales. Muchas colonias se liberaron de sus dominadores creando naciones independientes, como la India y Jordania. En los países donde una mayoría de población era pobre y gobernada por una reducida clase social adinerada, el **comunismo** parecía ser la respuesta. El sistema comunista, que en Asia surgió como la lucha por la liberación del yugo colonial, se implantó en los países del noreste asiático como Corea del Norte y China, y después en los países de Indochina. La idea del comunismo era que el pueblo compartiera los beneficios y el trabajo.

En 1965, EE. UU. bombardea Vietnam del Norte para detener la ayuda que este país daba a las guerrillas comunistas en Vietnam del Sur. En 1991 la Unión Soviética abandona el comunismo y, tras su disolución, repúblicas como Kazajistán y Uzbekistán se convierten en países independientes.

Tras los sucesos acaecidos a principios de 2011 en los países árabes del norte de África, países asiáticos como Jordania o Yemen remodelan sus gobiernos para evitar conflictos mayores. Otros, como Siria o Baréin, mantienen un pulso sobre posibles cambios políticos y sociales.

La **península arábiga** está bordeada por el mar Rojo **(1)** al oeste, los golfos Pérsico **(2)** y de Omán **(3)** al noreste, y el golfo de Adén **(4)** y el mar Arábigo **(5)** al sur. El mar Muerto **(6)** es un mar interior entre Israel, Jordania y los Territorios Palestinos que contiene grandes cantidades de sal, lo que hace su agua tan densa que se puede flotar en ella sin esfuerzo. También se le conoce como *lago Asfaltites*, por la acumulación de asfalto en sus orillas.

Península Arábiga

**Mar Muerto.** Lago de Asia occidental, situado entre Jordania e Israel, de 625 km² de extensión. La salinidad de sus aguas es muy elevada, lo que lo hace poco apto para la vida animal o vegetal, de ahí su nombre. Su superficie está 416 m bajo el nivel del mar, convirtiéndose en el punto más bajo en la superficie de la Tierra.

En **Capadocia**, Turquía central, se ha formado un paisaje extraño como resultado de erupciones de lava del ahora extinto volcán Erciyes. Con el paso del tiempo, la lluvia ha erosionado la roca volcánica, haciendo posibles estas puntiagudas y espectaculares formaciones.

| Bahrain | Iran | Iraq | Israel | Jordan | Kuwait | Lebanon | Oman |
|---|---|---|---|---|---|---|---|
|  |  |  |  |  |  |  |  |
| Bahréin | Irán | Irak | Israel | Jordania | Kuwait | Líbano | Omán |

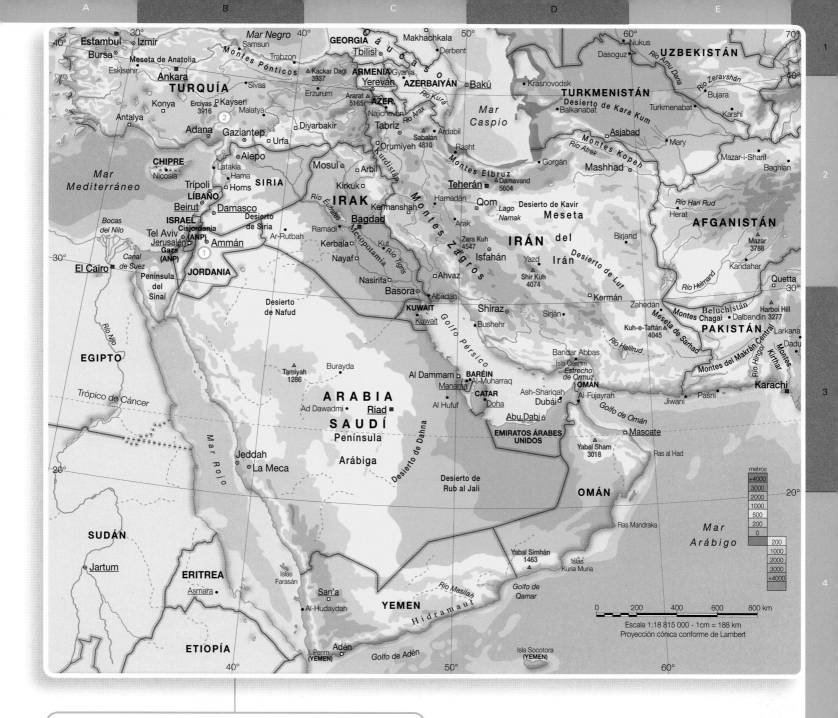

Estambul · 30° · Izmir · Mar Negro · 40° · GEORGIA · Makhachkala · 50° · Nukus · 60° · UZBEKISTÁN · 70°
Bursa · Meseta de Anatolia · Montes Pónticos · Tbilisi · Derbent · Dasoguz · Río Amu Daria · Río Zeravshán
Eskisehir · Samsun · Trabzon · Kackar Dagi · ARMENIA · Gyanja · Krasnovodsk · Río Atrek · Bujara
Ankara · Sivas · 3937 · Yerevan · AZERBAIYÁN · Bakú · TURKMENISTÁN · Turkmenabat · Karshi
TURQUÍA · Erzurum · Ararat · AZER. · Río Kura · Mar · Desierto de Kara Kum · Asjabad · Mary · Mazar-i-Sharif
Konya · Erciyas · Kayseri · 5165 · Najichevan · Tabriz · Río Arax · Caspio · Balkanabat · Montes Kopeh · Baghlan
3916 · Malatya · Orumiyeh · 4810 · Rasht · Gorgán · Mashhad · AFGANISTÁN
Antalya · Adana · Gaziantep · Diyarbakir · Sabalán · Ardabil · Río Hari Rud · Herat
· Urfa · Alepo · Mosul · Arbil · Montes Elbruz · Teherán · Damavand · Birjand · Mazar
CHIPRE · Latakia · SIRIA · Kirkuk · Kurdistán · 5604 · 3788
Nicosia · Hama · Homs · IRAK · Montes · Hamadán · Qom · Desierto de Kavir · Kandahar
Mar · Trípoli · Río Éufrates · Kermanshah · Arak · Lago · Meseta
Mediterráneo · LÍBANO · Bagdad · Zagros · Namak · del · Quetta
Beirut · Damasco · Ramadi · Zara Kuh · IRÁN · Irán · 30°
ISRAEL · Desierto · Ar-Rutbah · Kerbala · Mesopotamia · 4547 · Isfahán · Desierto de Lut · PAKISTÁN
Tel Aviv · de Siria · Nayaf · Río Tigris · Yazd · Beluchistán · Harboi Hill
Jerusalén · Cisjordania · Ammán · Kut · Ahvaz · Shir Kuh · Zahedán · Montes Chagai · Dalbandin 3277
Gaza · (ANP) · Nasirifa · 4074 · Kermán · Kuh-e-Taftán
(ANP) · JORDANIA · Basora · Abadán · Shiraz · Sirján · 4045 · Larkaná
El Cairo · Canal · Busehr · Río Halilrud · Meseta de Sarhad · Dadu
de Suez · KUWAIT · Bandar Abbas · Montes del Makrán Central · Karachi
Península · Kuwait · Golfo · Isla Qeshm · Estrecho · OMÁN
del · Pérsico · de Ormuz
Sinaí · Desierto · Al Dammam · BARÉIN · Ash-Shariqah · Dubái · Al-Fujayrah · Jiwani · Pasni
EGIPTO · de Nafud · Manama · CATAR · Doha · Abu Dabi
Tamiyah · Burayda · Al Hufuf · EMIRATOS ÁRABES · Mascate
1286 · ARABIA · UNIDOS · Yabal Sham · Ras al Had
Trópico de Cáncer · Ad Dawadmi · Riad · SAUDÍ · 3018
Río Nilo · Península · Golfo de Omán
Jeddah · Arábiga · Desierto de Dahna · OMÁN · Mar
La Meca · Arábigo
SUDÁN · 20° · Desierto de · Ras Mandraka
Rub al Jali · Yabal Simhán
Jartum · 1463 · Islas
ERITREA · Islas · Kuria Muria
Farasán
Asmara · San'a · YEMEN · Golfo de
Qamar
ETIOPÍA · Al-Hudaydah · Río Masilah · Isla Socotora
I. Perim · Adén · Hidramaut · (YEMEN)
(YEMEN) · Golfo de Adén

metros
+4000
3000
2000
1000
500
200
0
200
1000
2000
3000
+4000

0 · 200 · 400 · 600 · 800 km
Escala 1:18 815 000 - 1cm = 188 km
Proyección cónica conforme de Lambert

Autoridad Nacional Palestina    Jordania
Arabia Saudí                      Kuwait
Baréin                            Líbano
Catar                             Omán
Emiratos Árabes Unidos            Siria
Irak                              Turquía
Irán                              Yemen
Israel

# ASIA

PRÓXIMO y
MEDIO ORIENTE

Palestinian
National Authority

A.N. Palestina

Qatar

Catar

Saudi Arabia

Arabia Saudí

Syria

Siria

Turkey

Turquía

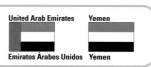
United Arab Emirates    Yemen

Emiratos Árabes Unidos    Yemen

# ASIA

## RUSIA ASIÁTICA

Russian Federation

Federación Rusa

Las **matrioskas** son muñecas de madera pintadas, que se abren por la mitad, cuyo interior hueco guarda otra figura similar, que a su vez acoge a otra y así, hasta la más pequeña que es maciza.

El **transiberiano** es uno de los trenes más famosos del mundo. El recorrido une el este y el oeste de Rusia, desde Moscú a Vladivostok, atravesando Siberia, de ahí su nombre.

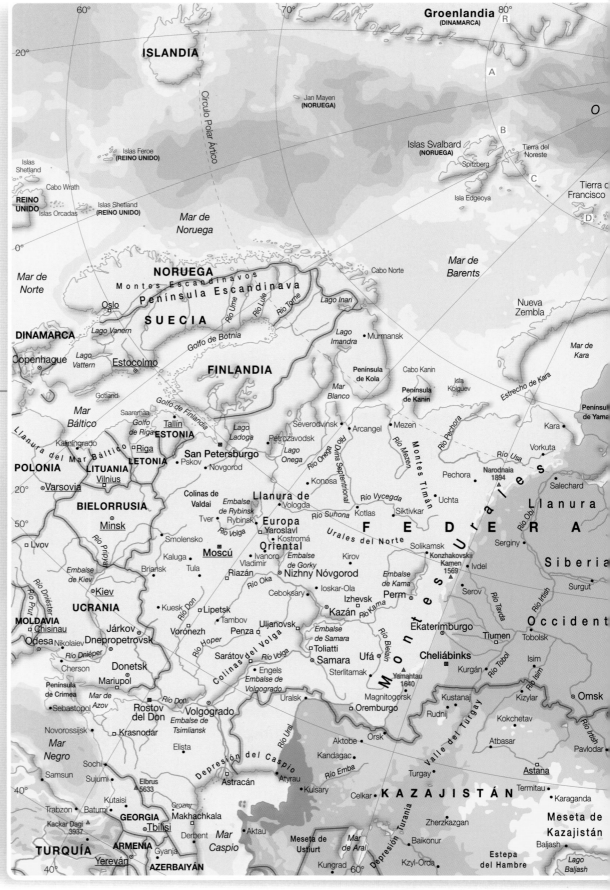

Groenlandia (DINAMARCA)

ISLANDIA

Jan Mayen (NORUEGA)

Islas Feroe (REINO UNIDO)

Islas Svalbard (NORUEGA)

Spitzberg

Tierra del Noreste

Tierra de Francisco

Isla Edgeoya

Islas Shetland

Cabo Wrath

REINO UNIDO

Islas Orcadas

Islas Shetland (REINO UNIDO)

Círculo Polar Ártico

Mar de Noruega

Mar de Barents

Cabo Norte

Mar de Kara

Nueva Zembla

Mar de Norte

NORUEGA

Montes Escandinavos

Península Escandinava

Oslo

SUECIA

Lago Vänern

DINAMARCA

Copenhague

Lago Vättern

Estocolmo

Golfo de Botnia

Río Ume

Río Lule

Río Torne

Lago Inari

Murmansk

Lago Imandra

FINLANDIA

Península de Kola

Cabo Kanin

Península de Kanin

Mar Blanco

Severodvinsk

Arcangel

Mezen

Isla Kolguev

Kara

Vorkuta

Península de Yama

Estrecho de Kara

Gotland

Mar Báltico

Saaremaa

Golfo de Riga

Golfo de Finlandia

Tallín

ESTONIA

Lago Ladoga

San Petersburgo

Pskov

Novgorod

Lago Onega

Petrozavodsk

Konosa

Río Onega

Río Dvina Septentrional

Río Mezen

Río Pechora

Montes Timán

Pechora

Narodnaia 1894

Salechard

Llanura del Mar Báltico

Kaliningrado

Riga

LETONIA

LITUANIA

Vilnius

POLONIA

Varsovia

BIELORRUSIA

Minsk

Colinas de Valdai

Tver

Embalse de Rybinsk

Rybinsk

Río Volga

Llanura de Europa

Vologda

Yaroslavl

Río Suhona

Kotlas

Río Vycegda

Siktivkar

Uchta

Llanura

Río Obi

L R A

FEDERA

Urales del Norte

Solikamsk

Konzhakovski Kamen 1569

Ivdel

Sergiiny

Siberia

Surgut

Lvov

Smolensko

Kaluga

Moscú

Oriental

Ivanoro

Embalse de Gorky

Kirov

Río Irtish

Occident

Briansk

Tula

Riazán

Río Oka

Nizhny Nóvgorod

Ioskar-Ola

Izhevsk

Embalse de Kama

Perm

Serov

Río Tavda

Ekaterimburgo

Tiumen

Tobolsk

Embalse de Kiev

Kiev

UCRANIA

Río Dniéster

Río Prut

MOLDAVIA

Chisinau

Odesa

Nikolaiev

Dnepropetrovsk

Járkov

Río Dniéper

Cherson

Donetsk

Mariupol

Río Prípiat

Kuesk

Río Don

Lipetsk

Tambov

Voronezh

Penza

Uljanovsk

Cebokdary

Kazán

Río Kama

Sarátov del Volga

Río Hoper

Colinas del Volga

Embalse de Samara

Toliatti

Samara

Sterlitamak

Ufá

Cheliábinks

Kurgán

Río Tobol

Isim

Río Isim

Omsk

Río Irtish

Península de Crimea

Mar de Azov

Sebastopol

Rostov del Don

Río Don

Volgogrado

Embalse de Volgogrado

Uralsk

Engels

Embalse de Tsimliansk

Río Volga

Río Ural

Magnitogorsk

Oremburgo

Kustanaj

Rudnij

Kizylar

Kokchetav

Atbasar

Astana

Pavlodar

Novorossijsk

Krasnodar

Mar Negro

Sochi

Samsun

Sujumi

Elista

Depresión del Caspio

Astracán

Atyrau

Kulsary

Río Emba

Aktobe

Orsk

Kandagac

Turgay

Valle del Turgay

Termitau

Karaganda

Elbrus 5633

Kutaisi

Trabzon

Batumí

Kackar Dagi 3937

Grozny

Makhachkala

GEORGIA

Tbilisi

Derbent

Mar Caspio

Aktau

Meseta de Ustiurt

Mar de Aral

Baikonur

Baljash

Lago Baljash

Depresión Turania

Zherzkazgan

KAZAJISTÁN

Meseta de Kazajistán

Celkar

Kungrad

Kzyl-Orda

Depresión Turania

Estepa del Hambre

TURQUÍA

ARMENIA

Yerevan

Gyanja

AZERBAIYÁN

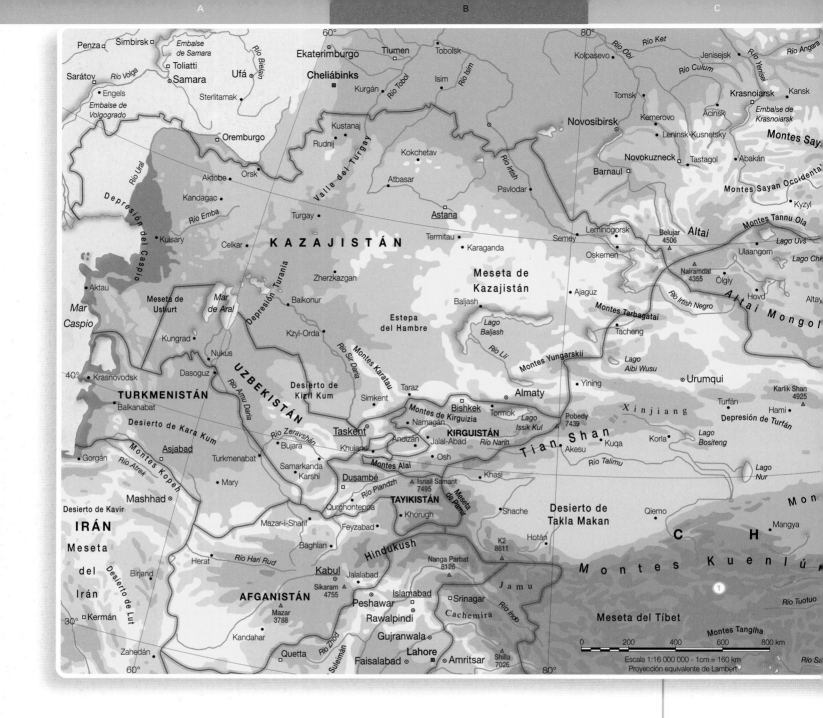

Penza • Simbirsk • □ Embalse de Samara • Ekaterimburgo • Tiumen • Tobolsk • Kolpasevo • Río Obí • Río Ket • Jenisejsk • Río Culum • Río Angara

Sarátov • Toliatti • Ufá • Río Bielaia • Cheliábinks • Río Isim • Río Isim • Tomsk • Ácinsk • Krasnoiarsk • Kansk

Engels • Samara • Sterlitamak • Kurgán • Río Tobol • Isim • Kemerovo • Embalse de Krasnoiarsk

Embalse de Volgogrado • Oremburgo • Rudnij • Kustanaj • Kokchetav • Novosibirsk • Novokuzneck • Leninsk-Kusnetsky • Montes Saya

Río Volga • Aktobe • Orsk • Valle del Turgay • Atbasar • Pavlodar • Barnaul • Tastagol • Abakán • Montes Sayan Occidental

Kandagac • Río Emba • Turgay • Astana • Semey • Leninogorsk • Belujar 4506 • Altai • Kyzyl • Montes Tannu Ola

Kulsary • Depresión del Caspio • Celkar • K A Z A J I S T Á N • Termitau • Karaganda • Oskemen • Oskemen • Nairamdal 4355 • Ölgiy • Ulaangom • Lago Uvs • Lago Chi

Aktau • Zherzkazgan • Meseta de Kazajistán • Baljash • Ajaguz • Montes Tarbagátai • Tacheng • Hovd • Altay

Meseta de Ustiurt • Mar de Aral • Depresión Turania • Baikonur • Estepa del Hambre • Lago Baljash • Río Lií • Montes Yungarskii • Lago Aibi Wusu • Altai Mongol

Mar Caspio • Kungrad • Kzyl-Orda • Río Sir Daria • Montes Karatau • Taraz • Río Irtish Negro • Urumqui • Karlik Shan 4925

Krasnovodsk • Nukus • Dasoguz • U Z B E K I S T Á N • Desierto de Kizil Kum • Simkent • Almaty • Yining • Xinjiang • Turfán • Hami • Depresión de Turfán

TURKMENISTÁN • Balkanabat • Desierto de Kara Kum • Río Amu Daria • Taskent • Namagán • Bishkek • Tormok • Lago Issik Kul • Pobedy 7439 • Tian Shan • Kuqa • Korla • Lago Bositeng

Gorgán • Asjabad • Río Zeravshan • Bujara • Khujand • Andizán • Jalal-Abad • Río Narín • Akesu • Río Talimu • Lago Nur

Montes Kopeh • Turkmenabat • Samarkanda • Montes Alai • Osh • Khasi • Montes de Kirguizia • KIRGUISTÁN

Mashhad • Mary • Karshi • Dusambé • Río Piandzh • Ismail Samant 7495 • Shache • Desierto de Takla Makan • Qiemo • Mangya

Desierto de Kavir • Qurghonteppa • TAYIKISTÁN • Meseta de Pamir • Khorugh • Hotán • Mon

IRÁN • Mazar-i-Sharif • Feyzabad • Shache

Meseta • Baghlan • Hindukush • K2 8611 • C H

Birjand • Herat • Río Hari Rud • Nanga Parbat 8126 • Jamu • Montes Kuenlú

del • Kabul • Jalalabad • Islamabad • Srinagar • Río Indo • Meseta del Tíbet • Río Tuotuo

Irán • Kermán • Sikaram 4755 • Peshawar • Cachemira • ①

AFGANISTÁN • Mazar 3788 • Rawalpindi • Shilla 7026 • Montes Tanglha

Kandahar • Gujranwala • Lahore • Río Se

Zahedán • Quetta • Faisalabad • Amritsar • Shilla 7026 • Escala 1:16 000 000 - 1cm = 160 km • Proyección equivalente de Lambert

Montes Sulemán

Río Zhod

0 200 400 600 800 km

# ASIA

## CENTRAL y LEJANO ORIENTE

| | |
|---|---|
| **Afganistán** | **Kirguistán** |
| **China** | **Mongolia** |
| **Corea del Norte** | **Taiwán** |
| **Corea del Sur** | **Tayikistán** |
| **Japón** | **Turkmenistán** |
| **Kazajistán** | **Uzbekistán** |

Afghanistan  Afganistán

China  China

Japan  Japón

Kazakhstan  Kazajistán

Kyrgyzstan  Kirguistán

Mongolia  Mongolia

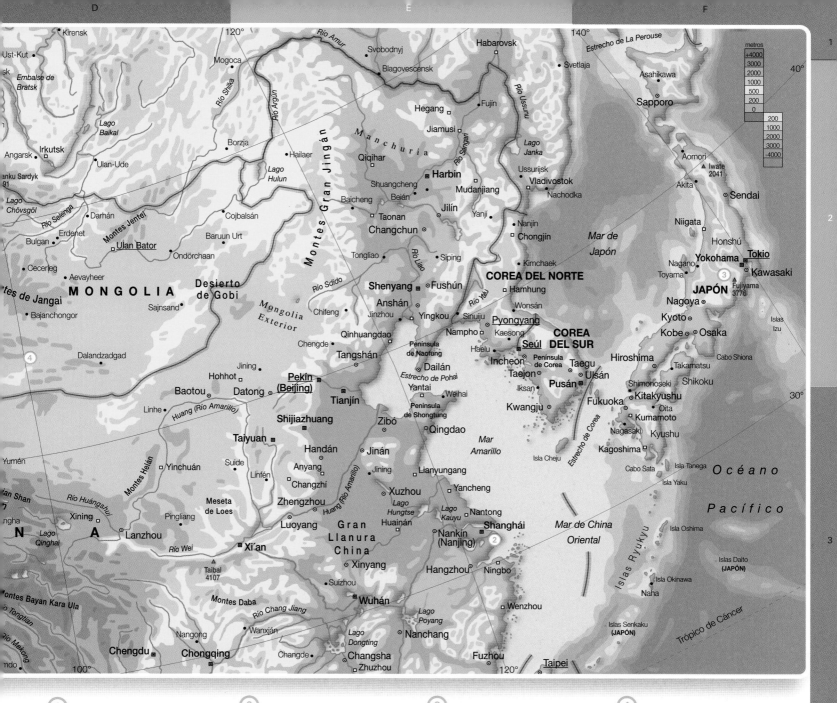

En el **Himalaya** nacen algunos de los ríos más grandes del mundo como el Ganges, Indo, Brahmaputra y Yangtsé, entre otros.

El **maglev** o tren de levitación magnética es un transporte suspendido en el aire por encima de la vía y propulsado por magnetismo.

El **Fujiyama** con 3776 m de altura, en la isla de Honshu, es el volcán y a su vez la cumbre más alta de Japón.

**Camello bactriano** en el desierto de Mongolia. Es una de las especies en mayor peligro de extinción del mundo.

| North Korea | South Korea | Taiwan | Tajikistan | Turkmenistan | Uzbekistan |
|---|---|---|---|---|---|
|  |  |  |  |  |  |
| Corea del Norte | Corea del Sur | Taiwán | Tayikistán | Turkmenistán | Uzbekistán |

# ASIA

## INDOSTÁN y SUDESTE ASIÁTICO

**Bangladés**
**Birmania**
**Brunéi**
**Bután**
**Camboya**
**Filipinas**
**India**
**Indonesia**
**Laos**
**Malasia**
**Maldivas**
**Nepal**
**Pakistán**
**Singapur**
**Sri Lanka**
**Tailandia**
**Timor Oriental**
**Vietnam**

**Chagos (UK)**
**Cocos y Chrismas (AU)**

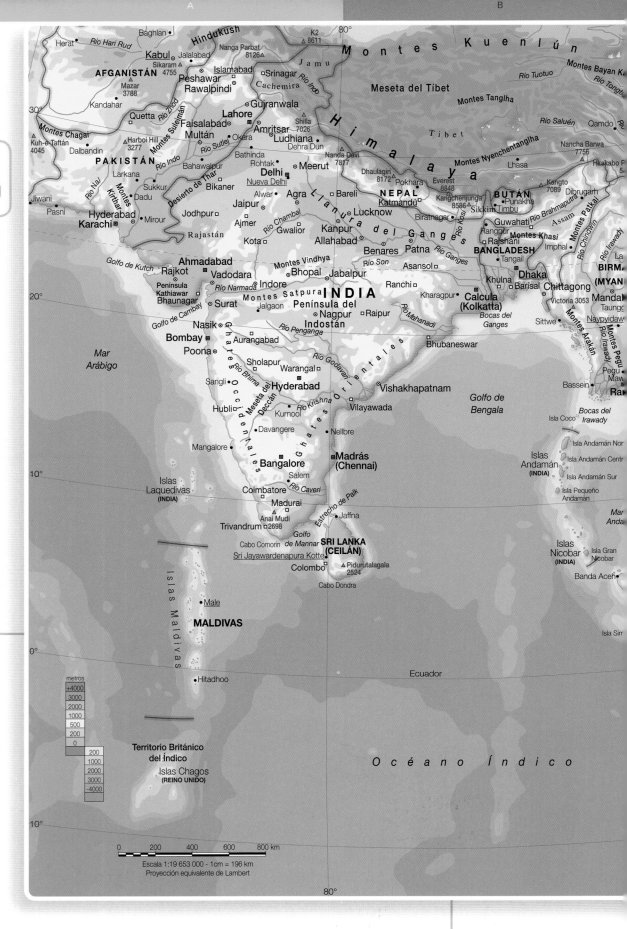

Escala 1:19 653 000 - 1cm = 196 km
Proyección equivalente de Lambert

Bangladesh / Bangladés

Bhutan / Bután

Burma (Myanmar) / Birmania

Brunei / Brunéi

Cambodia / Camboya

India / India

Indonesia / Indonesia

Lao / Laos

Malaysia / Malasia

C D E

Río Wei Taibal 4107 Xi'an Gran Llanura China Xinyang Hangzhou Ningbo Mar de China Oriental Islas Daito (JAPÓN)

Commonwealth de las Marianas Septentrionales (ESTADOS UNIDOS DE AMÉRICA)

Montes Daba Suizhou Isla Okinawa Naha Garapán

Nangong Wanxján Wuhán Lago Poyang Nanchang Trópico de Cáncer

ngdu Chongqing Changde Río Chang Jiang Lago Dongting Changsha Fuzhou Wenzhou Islas Senkaku (JAPÓN) Agaña Guam (ESTADOS UNIDOS DE AMÉRICA)

Zigong Shaoyang Zhuzhou Taipei

Yibín Luzhou Hengyang Ganzhou Xiamén Taichung Yu Shan 3951 TAIWÁN Formosa

Guiyang Anshún Guilín Shaoguán Tainan Kaohsiung Océano Pacífico 10°

Panzhihua Liuzhou Wuzhou Shantou Cabo Oluanpi

nming Nanning Río You Yulín Cantón (Guangzhou) Macao (Aomen) Hong Kong (Xianggag) Islas Pratas (TAIWAN) Isla Batán Cabo Engaño

Río Hongshuí Guangxi Zhanjiang Islas Babuyán ESTADOS FEDERAL DE MICRONESIA

Río Son Hong Tonkín Thai Nguyen Haiphong Península de Luichou Haikou Puloge 2930 Sierra Madre Luzón

nán Hanoi Golfo de Tonkín Hainán Cabo Yulín Baguio Ángeles Quezón City Manila Isla Catanduanes

Luang Prabang Phou Bia 2820 Vinn Cabo Yulín Islas Paracel (CHINA) Olongapo Lucena Legazpi Cálbayog Isla Samar Ngerulmud REPÚBLICA DE PALAOS

Vientiane Hue Da Nang Batangas Isla Mindoro Halcom 2582 Isla Masbate Tacloban

Phu Miang 2300 Khon Kaen Udon Thani Ratchathani Ubon Annam Ngoc Linh 2598 Mar de China Meridional Isla Calamián FILIPINAS Iloilo Cebú Bohol Butuan

LANDIA Meseta de Korat Nakhon Sawan Nakhon Ratchasima VIETNAM Nha Trang Puerto Princesa Isla Palawán Bacolod Negros Cagayán Mindanao Davao

Chon Buri Bat Dambang Da lat Islas Spratly (CHINA) Mar de Sulu Apo 2954

Bangkok (Krung Thep) CAMBOYA Phnom Penh Conchinchina Saigón (Ho Chi Minh) Zamboanga Basilan Golfo del Moro General Santos Jayapura

go Can Tho Estrecho de Balabac Jolo Talaud Biak

Golfo de Siam Bocas del Mekong Sándakán Mar de Célebes Morotai Waigeo Yapen Nueva Guinea

Surat Thani Punta Ca Mau Kota Kinabalu Kinabala 4101 Sabah Manado Halmahera Puncak Jaya 5030

Kota Baharu Lebuan Murud 2423 Bukit Malino 2707 Islas Molucas Dolak

Setar Town Península de Malaca Kuala Terengganu MALASIA Bandar Seri Begawan BRUNEI Golfo de Tomini

Tahán 2170 Kuantán Sibu Sarawak Bukit Ukeng 2988 Isla Banggai Isla Buru Ambon

Ipoh Kuala Lumpur Serenbán Isla Bungurán Kuching Río Kapuas Borneo Samarinda Célebes Mar de Banda

Johor Bahru Islas Anambas Pontianak Río Barito Balikpapán Estrecho de Macasar

Estrecho de Malaca Singapur Singapur Isla Tambelán Montes Shwaner Raja 2278 Montes Meratus Rantekombola 3455 Wetar

Sumatra Pakanbaru Isla Lingga Isla Bangka INDONESIA Banjarmasin Ujung Pandang (Makasar) Mar de Flores Alor Dilí TIMOR ORIENTAL

Montes Barisan Padang Isla Belitung Cabo Puting Cabo Selatan Pantar Lomblen TIMOR ORIENTAL

Bengkulu Bandar Lampung Estrecho de la Sonda Yakarta Semarang Surabaya Isla Lombok Isla Sumbawa Flores Kupang Kupang Mar de Timor

Tangerang Bandung Surakarta Denpasar Isla Bali Isla Sumba Mar de Timor

Java Malang Isla Asmhore (AUSTRALIA) Isla Cartier (AUSTRALIA)

Isla Navidad (Christmas) (AUSTRALIA) AUSTRALIA

(Keeling)

100° 120°

# EUROPA
## FÍSICA

Superficie:
*10 531 623 km²*
Habitantes:
*735 000 000*
Punto más elevado:
*Elbrus (Rusia) 5633 m*
Punto más bajo:
*Mar Caspio (Rusia)
28 m bajo el nivel del mar*
Río más largo:
*Volga 3531 km*
Lago más grande:
*Ladoga (Rusia) 12 388 km²*
País más grande:
*Federación Rusa*
País más pequeño:
*Ciudad del Vaticano*

**Playa de la Marina.** La zona más meridional de Portugal es El Algarve, convertida en los últimos años en uno de los destinos turísticos más visitados de Portugal.

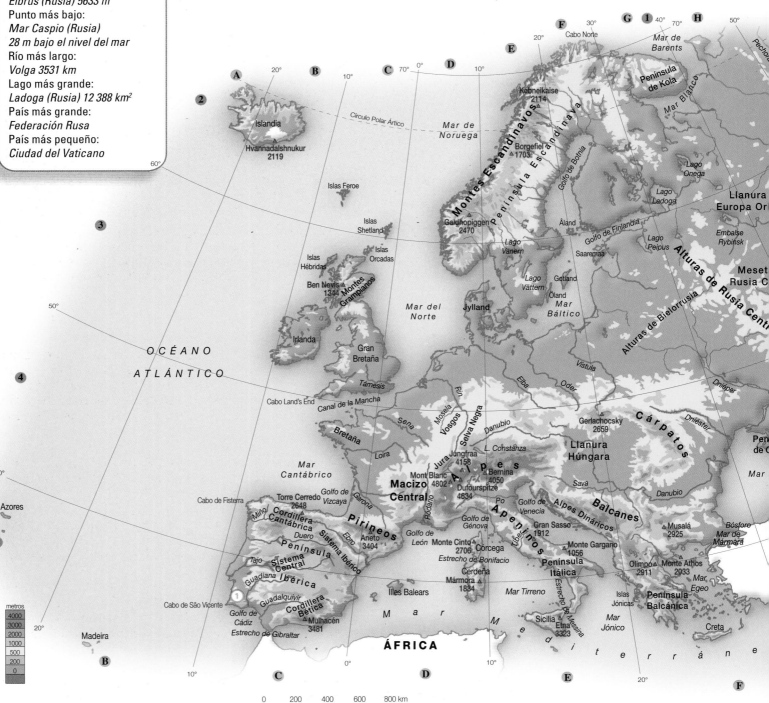

Suiza es uno de los países más accidentados del mundo. Las montañas constituyen más del 70 % de su superficie.

**Europa** está situada en uno de los lugares más favorables para la vida humana, pues casi toda su superficie se encuentra en la zona templada del hemisferio norte. Está rodeada por el océano Glacial Ártico al norte, el Atlántico al oeste, los mares Mediterráneo y Egeo, por el sur, y los mares Negro y Caspio y los montes Urales por el este, siendo sus costas las más recortadas de entre todos los continentes, sobre todo en la franja occidental, donde abundan penínsulas e islas.

Europa es uno de los continentes más pequeños del planeta. Limita al sur con el mar Mediterráneo, al oeste con el océano Atlántico, al norte con el océano Glacial Ártico, al este con el mar Caspio y los montes Urales, frontera natural con el continente asiático, que forma parte de la misma masa terrestre. Europa se compone de una **gran llanura central** bordeada al norte por **montañas viejas** (Montes Escandinavos) y al sur por **montañas jóvenes** (Pirineos, Alpes, Balcanes y Cárpatos).

El **clima** de Europa es variado pero, en general, suave como corresponde a su situación en la zona templada de la Tierra; además, también contribuye a ello su situación respecto al océano Atlántico y su latitud.

La **vegetación** se caracteriza en el extremo septentrional por los arbustos y las plantas con flores, a continuación se suceden los bosques norteños de coníferas, en la Europa central predominan los prados, y ya en la zona meridional, la vegetación mediterránea (encina, roble, matorrales...).

Los **ríos** europeos están determinados por factores geográficos, de ahí sus diferencias, puesto que los situados en la parte oriental, como el Danubio, el Volga o el Ural, son largos y caudalosos; los que discurren por los países occidentales, como el Rin y el Elba, son cortos, y más cortos todavía los que desembocan en el mar Mediterráneo. Existen además numerosos lagos, especialmente en el norte.

Europa también cuenta con un gran número de islas, como Gran Bretaña, Irlanda e Islandia, y otras al sur repartidas por el mar Mediterráneo, entre las que figuran Sicilia, Cerdeña, Chipre, Córcega o Creta, además de archipiélagos como el de las Illes Balears o los del mar Egeo (Jónicas, Eólicas y Cíclicas).

# EUROPA
## POLÍTICA

**Imagen de satélite nocturna**. Las grandes ciudades españolas son las más iluminadas de Europa. Las principales capitales y ciudades europeas son muy fáciles de localizar en el mapa, como Madrid, París, Londres y Berlín.

Las **Casas del Parlamento**, sede del gobierno del Reino Unido, se elevan sobre la ribera del río Támesis a su paso por Londres. El Big Ben es el reloj del palacio de Westminster, declarado patrimonio de la humanidad en 1987.

La acrópolis era el lugar más elevado de las antiguas ciudades helénicas y, casi siempre, fortificado. La más famosa es la de Atenas, notable por su riqueza monumental y su importancia militar desde la Antigüedad hasta la Edad Media. En ella se alza el **Partenón**, construido en honor a Atenea, diosa de la ciudad. Desde esta acrópolis se puede divisar todo el conjunto urbano.

**Venecia** es una ciudad de Italia a orillas del mar Adriático, edificada sob,re una agrupación de 118 islas unidas por, aproximadamente, 400 puentes, y cruzada por casi 200 canales. En lugar de calles hay canales, y para desplazarse por ella, se utilizan las típicas góndolas.

✳ La Torre Eiffel (323 m) fue construida en 1889 para la Exposición Universal de París y en conmemoración del centenario de la Revolución Francesa. Los parisinos también la denominan La Gran Dama.

A lo largo de la historia, Europa ha ejercido gran influencia sobre la política mundial. Los antiguos griegos fueron los primeros en desarrollar la idea de **democracia**, aproximadamente en el 450 a. C. Este sistema, donde el Gobierno es elegido por el pueblo, está muy extendido en la actualidad.

Europa es el continente con mayor **densidad de población** del planeta, pero esta se encuentra desigualmente repartida, concentrándose principalmente en las regiones más industrializadas. Por ejemplo, Bélgica y Países Bajos tienen más de 300 habitantes por km$^2$, mientras que Noruega tiene 13 e Islandia tan solo 2 habitantes por km$^2$.

Dentro de Europa se han creado organizaciones que fomentan la cooperación económica y política entre sus miembros: la **Unión Europea** (EU), que reúne a 27 países, y la **Comunidad de Estados Independientes** (CEI), formada por la mayoría de las antiguas repúblicas soviéticas.

Las **fronteras** políticas de Europa han sido modificadas durante siglos, pero los mayores cambios se han llevado a cabo en el siglo XX. De los 47 países del continente, 22 se constituyeron en el siglo pasado: la unificación de Alemania, la división de la **Unión Soviética** (Armenia, Azerbaiyán, Bielorrusia, Estonia, Georgia, Kazajistán, Kirguistán, Letonia, Lituania, Moldavia, Rusia, Tayikistán, Turkmenistán, Ucrania, Uzbekistán), la división de **Checoslovaquia** (República Checa y Eslovaquia) y la de **Yugoslavia** (Serbia, Eslovenia, Bosnia y Herzegovina, Croacia, Macedonia y Montenegro). Entre los Estados más antiguos se encuentra el de San Marino, que es la república más antigua del mundo.

# EUROPA
## CULTURAL

La **catedral de Florencia** (Santa Maria dei Fiori) es un ejemplo supremo de la arquitectura del Renacimiento: la época del renacer de las artes y la cultura. Fue diseñada por Filippo Brunelleschi en 1420, pero se terminó 15 años después de su muerte.

## Grandes grupos lingüísticos

- Lenguas germánicas y anglosajonas
- Lenguas románicas
- Lenguas eslavas
- Lenguas bálticas
- Lenguas célticas
- Lenguas urálicas
- Griego
- Turco
- Finés y estonio
- Vasco
- Albanés
- Húngaro
- Armenio
- Georgiano · ·
- Abjasio
- Otros

Galés  Lenguas

## Religiones

- † Catolicismo
- ✳ Protestantismo
- ☦ Ortodoxos
- ☪ Islam

Mar de Barents

Lapón

Lapón

Urálicas

Careliano

ISLANDIA
Islandés

OCÉANO ATLÁNTICO

Mar de Noruega

FINLANDIA
Finés

SUECIA
Sueco

Feroe

NORUEGA
Noruego

Sueco

Sueco

ESTONIA
Estonio

FEDERACIÓN RUS
Ruso

LETONIA
Letón

Mar Báltico

LITUANIA
Lituano

Escocés

Mar del Norte

DINAMARCA
Danés

FEDERACIÓN RUSA  Ruso

BIELORRUSIA
Bielorruso

IRLANDA
Irlandés

REINO UNIDO
Inglés

Frisón

Galés

PAÍSES BAJOS
Neerlandés

ALEMANIA
Alemán

POLONIA
Polaco

UCRANIA
Ucraniano

BÉLGICA
LUXEMBURGO

Checo

REPÚBLICA CHECA

Eslovaco

Bretón

AUSTRIA

ESLOVAQUIA

Húngaro

MOLDAVIA

Mar Cantábrico

FRANCIA
Francés

SUIZA

LIECHTENSTEIN

ESLOVENIA
Esloveno

HUNGRÍA

Húngaro

Húngaro

RUMANÍA
Rumano

Mar Negro

OCÉANO ATLÁNTICO

Gallego

Vascos

Occitano

MÓNACO

ANDORRA

Catalán

SAN MARINO

CROACIA

Serbo-Croata

BOSNIA Y HERZEGOVINA

SERBIA

BULGARIA

Búlgaro

TURQUÍA
Turco

ASIA

PORTUGAL
Portugués

ESPAÑA
Castellano  Valenciano

Corso

VATICANO

ITALIA
Italiano

MONTENEGRO

Kosovo
Albanés

MACEDONIA

ALBANIA
Albanés

GRECIA

Mar Egeo

Catalán

Mar Tirreno

Mar Jónico

CHIPRE
Griego
Turco

MALTA
Maltés

Mar Mediterráneo

ÁFRICA

La Unión Europea tiene veintitrés lenguas oficiales: alemán, búlgaro, checo, danés, eslovaco, esloveno, español, estonio, finés, francés, griego, húngaro, inglés, irlandés, italiano, letón, lituano, maltés, neerlandés, polaco, portugués, rumano y sueco.

ASIA

JISTÁN
zako

Mar
Caspio

echeno

año
RGIA   AZERBAIYÁN
RMENIA         Azerí
Armenio
AZER.
Azerí

**2**

La **pirámide del Louvre**, del arquitecto estadounidense de origen chino Leoh Ming Pei, es uno de los principales atractivos turísticos de París. Está realizada en aluminio y vidrio, con una inclinación de sus paredes de 51°, similar a la que tienen las pirámides egipcias.

**3**

**Stonehenge** es un gran templo prehistórico que se levanta en la llanura de Salisbury, en el sur de Inglaterra. La parte principal consiste en un amplio círculo de piedras puestas en pie. Pudo haber sido un calendario gigante, ya que las piedras están alineadas siguiendo el recorrido del sol.

**4**

**Barriles de vino en bodega (Grecia)**. El origen del vino se remonta a miles de años atrás y tuvo lugar en la zona mediterránea, donde aún se encuentran los mejores productores de esta bebida en países como España, Italia, Grecia, Francia y Portugal.

**5**

El *kilt*, o falda tradicional, forma parte del traje nacional masculino de Escocia. Los diferentes colores y tramas varían según los clanes de las regiones que conforman las Highlands. Este diseño específico de los cuadros se denomina *tartán*.

**6**

El **Coliseo** es un anfiteatro erigido en época de los romanos. Está en Roma y su construcción se inició en el año 72, concluyéndose en el 80. Tenía un aforo para 100 000 espectadores, que acudían a presenciar las luchas de los gladiadores. En la Edad Media quedó en ruinas.

**7**

**Torre de Belem**, obra de Francisco de Arruda, construida entre 1515-1519 y situada en Lisboa. Es de estilo manuelino, influido por el arte español y mudéjar. En 1983 fue declarada patrimonio cultural de la humanidad.

Al sur de Europa, el Mediterráneo ha jugado un papel fundamental en la historia como escenario en el que se han desarrollado **grandes civilizaciones** como la fenicia, egipcia, griega, cartaginesa, romana y árabe. Lo que llamamos *civilización occidental* se ha fraguado a orillas del Mediterráneo, propiciando el mar la mezcla de culturas y un enriquecimiento mutuo.

En la **Europa central** encontramos impresionantes castillos en el valle del Loira, así como ciudades repletas de arte e historia (París, Berlín, Bruselas, Brujas, Praga...). En Austria, con los restos históricos de un esplendoroso pasado y una gran sensibilidad musical, destacan las ciudades de Viena y Salzburgo.

La **Europa mediterránea**, la más turística de todas, posee también un rico patrimonio histórico y cultural, fruto de una intensa historia. Destacan las ciudades de Barcelona, Atenas, Marsella, Niza, Roma, Venecia, Florencia, Málaga, La Valeta, Dubrovnik...

La cultura de Europa se ha desarrollado en una misma diversidad de lenguas, historia, poderes... Son exponentes de esta cultura personajes históricos como Goethe, Diderot, Miguel Ángel, Kant, Velázquez, Newton, Cervantes, Galileo, Dante, Mozart, Ghirlandaio...

# EUROPA
## ECONÓMICA

**Central geotérmica de Krafla (Islandia).** La conversión de la energía geotérmica en electricidad consiste en hacer pasar el vapor de agua volcánico subterráneo a través de una turbina conectada a un generador y producir electricidad. Islandia tiene, en la actualidad, el mayor sistema de calefacción geotérmico del mundo.

### Materias primas
- 🔥 Gas
- 🌲 Madera
- ⚫ Minería
- ⛏ Petróleo
- / Energía hidroeléctrica
- ▬ Áreas agrícolas
- ▬ Áreas ganaderas
- ≡ Áreas pesqueras
- Marisco

### Principales producciones agrícolas y ganaderas
- Aceite de oliva
- Vino
- Trigo
- Arroz
- Cereales
- Cítricos
- Flores
- Fruta
- Frutas y verduras
- Lino
- Patatas
- Remolacha
- Tabaco
- Té
- Verduras
- Cerdos
- Ovejas
- Vacas
- Renos
- Centro industrial

### Principales áreas urbanas
- 1 millón de habitantes
- Turismo

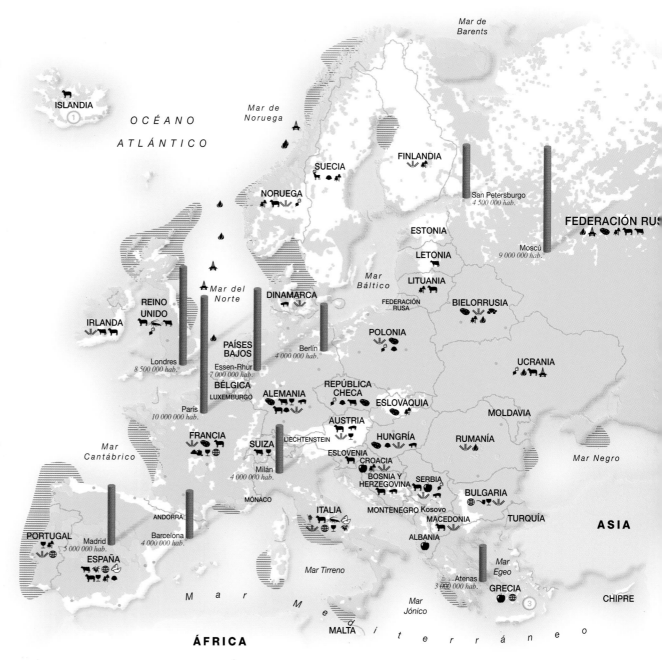

ISLANDIA

OCÉANO ATLÁNTICO

Mar de Barents

Mar de Noruega

SUECIA

FINLANDIA

NORUEGA

San Petersburgo
4 500 000 hab.

FEDERACIÓN RUS

ESTONIA

LETONIA

LITUANIA

Mar Báltico

Moscú
9 000 000 hab.

DINAMARCA

FEDERACIÓN RUSA

BIELORRUSIA

Mar del Norte

IRLANDA

REINO UNIDO

Londres
8 500 000 hab.

PAÍSES BAJOS

Essen-Rhur
7 000 000 hab.

BÉLGICA

LUXEMBURGO

París
10 000 000 hab.

Berlín
4 000 000 hab.

POLONIA

ALEMANIA

REPÚBLICA CHECA

UCRANIA

ESLOVAQUIA

AUSTRIA

Mar Cantábrico

FRANCIA

SUIZA

LIECHTENSTEIN

HUNGRÍA

RUMANÍA

MOLDAVIA

ESLOVENIA

CROACIA

Milán
4 000 000 hab.

MÓNACO

BOSNIA Y HERZEGOVINA

SERBIA

Mar Negro

OCÉANO ATLÁNTICO

ANDORRA

Barcelona
4 000 000 hab.

ITALIA

MONTENEGRO Kosovo

BULGARIA

MACEDONIA

TURQUÍA

ASIA

PORTUGAL

Madrid
5 000 000 hab.

ESPAÑA

ALBANIA

Mar Tirreno

Atenas
3 000 000 hab.

Mar Egeo

GRECIA

CHIPRE

ÁFRICA

Mar Mediterráneo

Mar Jónico

MALTA

La **Eurozona** o zona euro es el conjunto de Estados miembros de la Unión Europea que han adoptado el euro como moneda oficial: Alemania, Austria, Bélgica, Chipre, Eslovaquia, Eslovenia, Estonia, España, Finlandia, Francia, Grecia, Irlanda, Italia, Luxemburgo, Malta, Países Bajos y Portugal.

✸ El euro se usa también en lugares fuera de la Unión Europea, como en Montenegro o en la autoproclamada República de Kosovo. Otros Estados que no forman parte de la UE y que asimismo utilizan el euro son Andorra, Mónaco, San Marino y el Vaticano.

**Isla de Santorini (Grecia)**. El turismo constituye un importante recurso económico para países menos industrializados como Portugal o Grecia, debido a sus atractivas playas, espacios naturales o patrimonio monumental. Una de las señas de identidad de esta isla griega de las Cícladas es la de utilizar burros para subir desde los puertos hasta pueblos como Fira u Oía.

ASIA

KAZAJISTÁN

Mar Caspio

Europa no es un continente que posea un rico subsuelo, a diferencia de lo que ocurre en otras tierras continentales. A pesar de la carencia de recursos naturales, mantiene su importancia en la economía mundial debido a su alto nivel técnico, su tradición industrial y su red de comunicaciones. Entre los principales **yacimientos minerales**, destacan los carboníferos, fundamentalmente de hulla.

Entre las actividades industriales sobresale la producción de acero, que hace de la industria siderúrgica una de las principales actividades económicas y la base para una importante industria manufacturera. Europa es centro de importación de materias primas que, al ser transformadas en manufacturas, convierten al continente en la primera región industrial en la rama de la industria **siderometalúrgica**.

La **agricultura** ocupa un lugar destacado en la economía europea. Gran parte de la población activa, sobre todo en la parte oriental del continente, países bálticos y zona mediterránea se dedican al cultivo de la tierra, exportando productos reconocidos en todo el mundo, como el aceite de oliva y el vino.

El sector **ganadero** destaca especialmente en cuanto a producción de carne, leche y productos derivados.

Debido al gran número de kilómetros del litoral europeo, la **pesca** es una de las actividades económicas más importantes. Islandia, Dinamarca, Noruega, Reino Unido, Rusia y España son quizá los países donde mayor peso tiene este sector dentro de su economía.

# EUROPA
## ACTUALIDAD

**Edificio de la Unión Europea en Bruselas (Bélgica).** El Tratado de Maastricht (1993) sienta las bases de la Unión Europea (UE) y fija sus objetivos: mercado único sin aranceles y con libertad de movimiento para personas y mercancías; el euro como moneda única; y pautas comunes en materia de defensa y política exterior.

Islas Canarias (España)
0    150 km

Madeira (Portugal)
0    20 km

Islas Azores (Portugal)
0    100 km

S.P. et Miquelon (Francia)
0    10 km

Isla Reunión (Francia)
0    20 km

Isla Mayotte (Francia)
0    10 km

Martinica (Francia)
0    20 km

Guadalupe (Francia)
0    50 km

San Martin (Francia)
0    10 km

Guayana Francesa (Francia)
0    200 km

**Año de adhesión a la UE**
- 1957
- 1973
- 1981
- 1986
- 1995
- 2004
- 2007
- ✳ Países candidatos
- Ⓔ ZONA EURO
- Estrasburgo Sede de la Unión europea

**Estados asociados a otras organizaciones**
- EFTA
- Ginegra Sede de la EFTA
- CEI
- Minsk Sede de la CEI

**Población**
- ← Flujos migratorios

**Geopolítica**
- ✳ Conflictos
- ✳ Tensiones

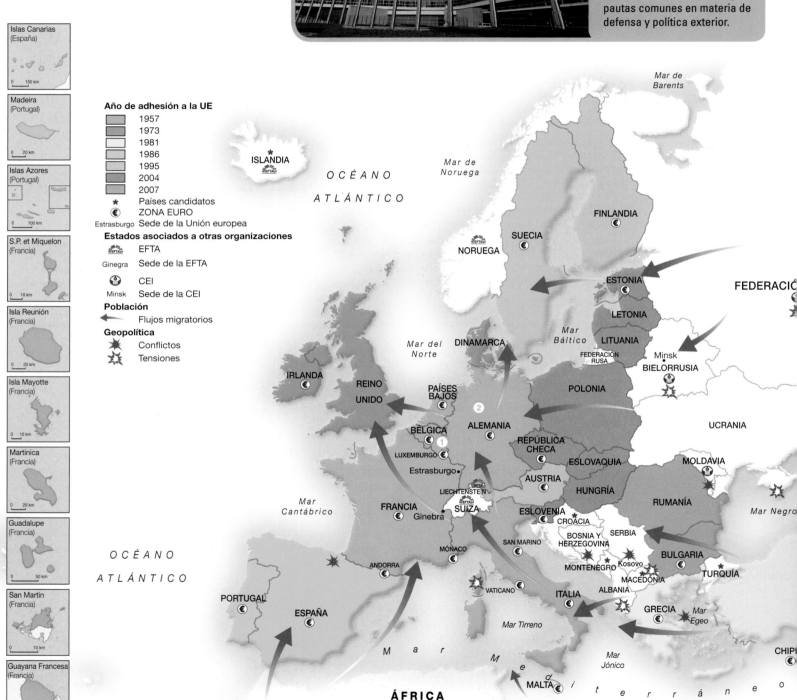

✳ ¿Sabías que en la bandera de la Unión Europea hay doce estrellas porque el número doce es tradicionalmente el símbolo de la unidad, lo completo y la perfección?

**Muro de Berlín (Alemania)**. La II Guerra Mundial supuso la división de Alemania en dos bloques: República Democrática Alemana y República Federal de Alemania, separados por un muro que se levantó en la ciudad de Berlín. Actualmente, lo que queda de este muro se ha convertido en la galería de arte al aire libre más grande del mundo.

**Crisis económica**. A finales de 2008, Europa se ve afectada por la inestabilidad económica mundial originada por una crisis financiera global. Sus consecuencias fueron aumento del desempleo, déficit, morosidad... Países como Grecia, Irlanda y Portugal necesitaron el rescate económico de la Unión Europea.

SA

**ASIA**

KAZAJISTÁN

Mar Caspio

GEORGIA    AZERBAIYÁN

ARMENIA

AZER.

**ASIA**

✴ En 1994, el Reino Unido, constituido por Inglaterra, Escocia, Gales, Irlanda del Norte, así como la isla de Man y las islas del Canal, dejó de ser parte insular de Europa. A través de un túnel que atraviesa el canal de la Mancha, se puede viajar de Londres a París por tierra en apenas tres horas.

A lo largo de los siglos, el mapa de Europa ha sufrido grandes transformaciones desde la época de los grandes imperios hasta el siglo XXI. Es el continente con mayores cambios **geopolíticos** de límites y fronteras, siendo Kosovo el último país en declarar su independencia en 2008 con el apoyo de Estados Unidos y parte de la Unión Europea. Serbia, Rusia, España y otros países no reconocen a la República de Kosovo como Estado soberano, ya que todos estos países tienen movimientos independentistas dentro de sus fronteras.

El **Tratado de Lisboa** lo firmaron los representantes de todos los Estados miembros de la Unión Europea (UE) en Lisboa el 13 de diciembre de 2007, aunque no entró en vigor hasta el 1 de diciembre de 2009 porque Irlanda lo rechazó en un principio. Este tratado sustituye así al Tratado constitucional de 2004, que fue considerado un fracaso.

Desde 2008, la subida de los precios de las materias primas, la desestabilización de los sistemas bancarios y la explosión de la burbuja inmobiliaria explican la **crisis** padecida por la mayoría de los países europeos.

# EUROPA

## SEPTENTRIONAL

**Dinamarca**
**Estonia**
**Finlandia**
**Irlanda**
**Islandia**
**Letonia**
**Lituania**
**Noruega**
**Reino Unido**
**Suecia**

**Aland (FI)**
**Feroe (DK)**
**Kaliningrado (RU)**

Géiser Strokkur (Islandia)

Jan Mayen (NORUEGA)

Estrecho de Dinamarca

Cabo Horn
Ísafjördur
Cabo Bjargtangar
Bahía de Huna
Breidhi Fi
Saudárkrókur • Akureyfi
Cabo Fontur
Borgarnes
ISLANDIA
Cabo Kollumuli
Akranes
Keflavik Reykjavik
Kopavogur ①  ▲ Tyorsa 1763
Cabo Brimnes
Cabo Reykjanes
Hafnarfjordhur
Río Thjorsa  ▲ Bardarbunga 2009
Cabo Gerpir
Vatnajokull
Höfn
Hvannadalshnukur 2119
Cabo Dyrholaey

Círculo Polar Ártico

Mar de Noruega

OCÉANO ATLÁNTICO

Islas Feroe (DINAMARCA)
Tórshavn

Isla Fr
Isla Hit
Isla Smola
Kristiansund
Molde
Alesund

NORUE
Galdh 2

Meset Harda

Islas Shetland (REINO UNIDO)
Lerwick
Cabo Sumburgh

Bergen
Stavanger
Tuedestra
Kristiansand
Cabo Lindesnes

Islas Orcadas
Cabo Wrath  Cabo Duncansby
Lewis  Stornoway
Islas Hébridas  Ben Dearg 1084  Wick
Uist del Norte
Uist del Sur  Inverness
Skye  Ben Macdhui 1309  Cabo Kinnairds
Mar de las Hébridas  Tierras Altas
Ben Nevis ▲  Aberdeen
Mull 1344  Montes Grampianos
Islay  Perth  Dundee
Glasgow  Dunfermline
Arran  Motherwell  Edimburgo
Cabo Malin  Tierras Bajas
Londonderry  Carlisle  Newcastle
Irlanda del Norte (REINO UNIDO)  Gateshead  Sunderland
Sligo  Belfast  Douglas  Darlington  Middlesbrough
Dundalk  Isla Man
Cabo Slyne  Blackpool  York  Cabo Flamborough
Galway  Preston  Bradford  Kingston
Dublín  Liverpool  Manchester  Leeds
IRLANDA  Mar de Irlanda  Chester  Sheffield
Cabo Loop  Anglesey  Stoke  Derby
Limerick  Snowdon  Nottingham
Montes Kerry  Cork  1085  King's Lynn
Waterford  Birmingham  REINO UNIDO  Norwich
Cabo Camsore  Northampton
Cabo Mizen  Cabo de Saint David  Cambridge
Gloucester  Luton  Ipswich
Swansea  Oxford  Colchester
Cardiff  Londres  Southend
Bristol  Rending  Canterbury
Península de Cornuales  Windsor  Dover
Swindon  Southampton  Portmouth  Brujas
Exeter  Bournemouth  Brighton  Poole
Plymouth  Torbay  Wight
Cabo Land's End  Cabo Start
Is. Scilly
Canal de la Mancha

Mar del Norte
Holstebro
Esbjerg
Flen
Heligoland
Islas Frísias  Golfc Alem
Leeuwarden  Groningen
Den Helder  Emmen  Brem
Lago Ijssel  Oldemburg  A
Haarlem  Hilversum  Osnab
Ámsterdam  PAÍSES  Mun
Leiden  BAJOS
La Haya  Utrecht  Bielefeld  Pader
Rotterdam  Breda  Duisburgo  Essen  Dortr
Amberes  Eindhoven  Bochu
Maastricht  Düsseldorf  Colonia M
Calais  Gante  Lieja  Bonn  Sieg
Boulogne  BÉLGICA  Namur  Coblenza
Douai  Mons

metros
+3000
2000
1000
500
200
0
1000
2000
3000
4000

0   100   200   300   400 km
Escala 1:10 500 000 - 1cm = 105 km
Proyección cónica

Denmark

Dinamarca

Estonia

Estonia

Finland

Finlandia

Iceland

Islandia

Ireland

Irlanda

F      G      H      I      J      K

20°    30°    40°    50°    60°

Cabo Norte
Soroy
Kvalöv · Tromsö
Senja
Vadso
Bahía de Matovsk
Cabo Kanin
Mar de Barents
Península de Kanin
Río Pechora
Pechora
Cordillera del Timan

Archipiélago Vesteralen
as Lofoten
Narvik
Río Tenoloki
Lago Inári
Murmansk
Monchegorsk
Apatity
Bahía de Mezen
Mezen
Río Mezen
Uchta

Kebnekaise 2114
Kiruna
Lago Gran Sjafallet
Sulitjelma 1908
Bodo
ordo de Salt
Río Torne
Kelloselka
Laponia
Península de Kola
Mar Blanco
Arcángel
Karpogory
Siktivkar
60°

Vega
Fiordo de Vest
Río Lulea
Rovaniemi
Lago Pia
Península del Onega
Severodvinsk
Río Dvina Septentrional
Río Vycegda
Kotlas

Namsos
Borgefiel 1703
Río Ume
Lago Udd
Lulea
Haiuoto
Oulu
Río Oulujoki
Lago Topo
Solovecki
Golfo de Onega
Río Onega
Segezha
Río Suhona

Steinkjer
heim
Lago Kall
Skelleftea
FINLANDIA
Lieksa
Kondopoga
Petrozavodsk
Lago Onega
Konosa
Kirov

SUECIA
Östersund
Umea
Golfo de Botnia
Kuopipo
Joensuu
Ioskar-Ola

Río Ljungan
Sundsvall
Vaasa
Meseta Lacustre de Finlandia
Jvvaskyla
Lago Kallavesi
Lago Blanco
Vologda

Pori
Tampere
Mikkeli
Lago Saimine
Lappenranta
Lago Ladoga
Cherepovets
Embalse de Rybinsk
Kostromá
Embalse de Gorky
Kazán

Lago Nasí
Hameenlinna
Lahti
Viborg
Tijvin
Rybinsk
Yaroslavl
Ivanoro
Río Verbuga
Ceboksary

Falun
Gävle
Turku
Vantaa
Kotka
Kolpino
San Petersburgo
Río Volga
Nizhny Nóvgorod
2

Uppsala
Västeras
Espoo
Helsinki
Golfo de Finlandia
Gatchina
Borovichi
Río Oka

Karlstad
Orebro
Eskilstuna
Aland
Mariehamm
Narva
Nóvgorod
Vladimir
Llanura de Europa Oriental

Estocolmo
Tallinn
Kose
Kohtla-Järve
Lago Peipus
Lago Ilmen
Colinas de Valdai
Tver
Moscú

Lago Vanern
Linköping
Nörrköping
ESTONIA
Hiidma
Kardla
Tartu
Pärnu
Varska
Pskov
Penza

Gotemburgo
Jönköping
Boras
Visby
Gotland
Kingissepp
Saaremaa
Valmiera
Gulbene
Ostrov
Velikiye-Luki
Vyazma
Koloma
Ríazán

Meseta de Suecia Meridional
Böda
Mar Báltico
Ventspils
Golfo de Riga
Cabo Zerel
Riga
LETONIA
Rezekne
Vitebsk
Safonovo
Alturas de Rusia
Tula

Vaxjo
Oland
Jurmala
Río Dvina Occidental
Daugavpils
Smolensko
Central
FEDERACIÓN RUSA
Michurinsk
Tambov

RCA
Halmstad
Kalmar
Jelgava
Liepaja
Siauliai
Panevezys
Navapolatsk
Polock
Orsha
Roslavl
Briansk
Lipetsk

Helsingborg
Lund
Península de Skane
LITUANIA
Klaipéda
Río Niemen
Kaunas
Vilnius
Maladzechna
Mogilev
Vorónezh

nhague
Malmö
Bornholm (DINAMARCA)
Kaliningrado
FEDERACIÓN RUSA
Marijampole
Alytus
Borisov
Minsk
Bobrujsk
Klincy
Río Hoper

Ronne
Sjaelland
Gdynia
Golfo de Danzig
Grodno
Baranovici
Saligorsk
Alturas de Bielorrusia
Gomel
Kuesk
Staryj Oskol
Río Don

Lolland
Cabo Arkona
Rugen
Gdansk
Elbag
Olsztyn
BIELORRUSIA
Mozyr
Chernigov
Nizhyn
Jarkov

eck
Rostock
Golfo de Pomerania
Koszalin
Szczecin
Río Vistula
Grudziadz
Torun
Río Narew
Bialystok
Pinsk
Brest
Río Pripyat
Embalse de Kiev
Brovary
Poltava

urgo
Schwerin
Llanura del Mar Báltico
Bydgoszcz
Gorzow
Plock
Wloclawek
Kovel
Korosten
Kiev
Gorlovka
Donetsk

NIA
Berlín
Río Elba
Postdam
Magdeburgo
Zielona Gora
Río Oder
Poznan
Varsovia
POLONIA
Lublin
Luck
Rovno
Zitomir
Bila Tserkva
Cherkassy
Dniepropetrovsk

ver
Halle
Cottbus
Leipzig
Kalisz
Lódz
Radom
Berdychiv
Río Dniéper
Zaporoze
Mariupol

Dresde
Gera
Chemniz
Zwickau
Legnica
Walbrzych
Usti
Wroclaw
Opole
Río Vistula
Kielce
Czestochowa
Lvov
Ternopol
Imelnitski
Vinitsa
Krivpi Rog
Río Dniéper
Zhdanov
Rostov-na-Donu

Montes Metálicos
Sudetes
Hradec Kralové
Liberec
Bitom
Sosnowiec
Gliwice
Zabrze
Katowice
Cracovia
Tarnow
Rzeszów
Alturas de Volinia-Podolsk
UCRANIA
40°

20°    30°

3

| Latvia | Lithuania | Norway | Sweden | United Kingdom |
|---|---|---|---|---|
| Letonia | Lituania | Noruega | Suecia | Reino Unido |

# EUROPA

## CENTRAL y MERIDIONAL

- Albania
- Alemania
- Andorra
- Austria
- Bélgica
- Bosnia
   y Herzegovina
- Chipre
- Croacia
- Eslovaquia
- Eslovenia
- España
- Francia
- Grecia
- Hungría
- Italia
- Liechtenstein
- Luxemburgo
- Malta
- Mónaco
- Montenegro
- Países Bajos
- Polonia
- Portugal
- Rep. Checa
- San Marino
- Serbia
- Suiza
- Vaticano

Gibraltar (UK)

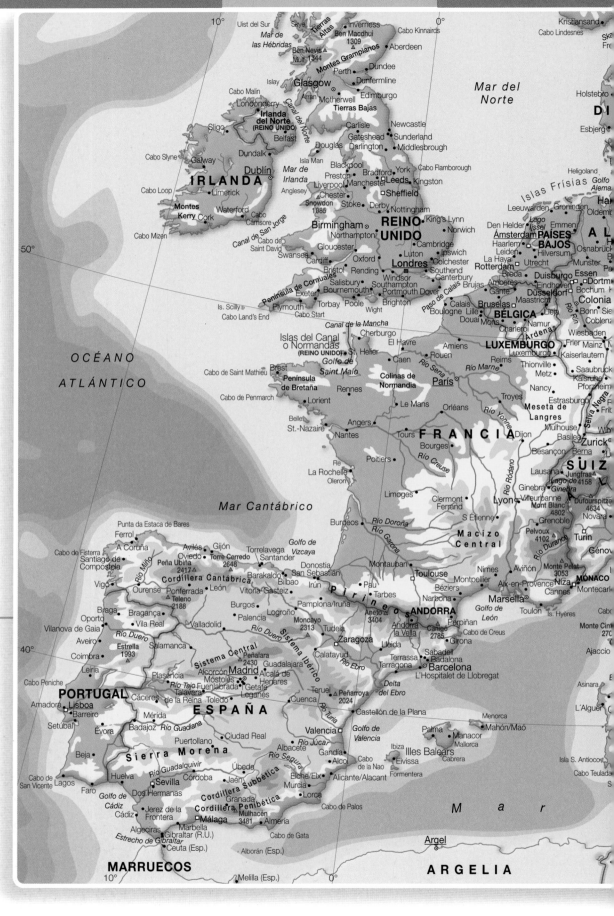

Albania
**Albania**

Andorra
**Andorra**

Austria
**Austria**

Belgium
**Bélgica**

Bosnia-Herzegovina
**Bosnia y Herzegovina**

Croatia
**Croacia**

Cyprus
**Chipre**

Czech Republic
**Rep. Checa**

France
**Francia**

Germany
**Alemania**

Greece
**Grecia**

Hungary
**Hungría**

Italy
**Italia**

Liechtenstein
**Liechtens**

# EUROPA

**Foto satélite de la Europa Oriental**. El río Volga, que desemboca en el mar Caspio **(1)**, es el más largo de Europa (3570 km). Los montes Cárpatos **(2)** y los Alpes de Transilvania **(3)** describen una curva a través de Rumanía **(4)**.

①

La **catedral de San Basilio** se ubica en la Plaza Roja de Moscú. Fue mandada construir por Iván el Terrible a mediados del siglo XVI. En ella está enterrado san Basilio el Bendito, de ahí su nombre.

②

**La cordillera del Cáucaso**. Situada al este de Europa y en Asia Occidental, entre el mar Negro y el mar Caspio, alberga el monte Elbrus que es considerado la montaña más alta de Europa con 5633 metros.

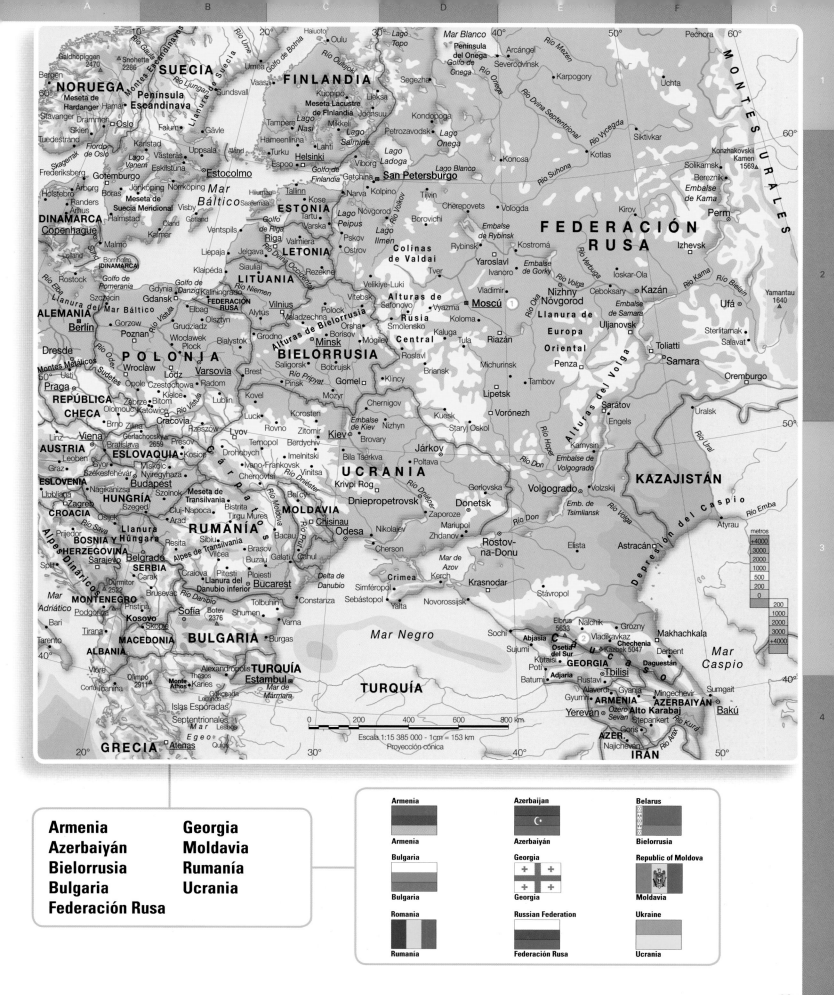

Armenia  Georgia
Azerbaiyán  Moldavia
Bielorrusia  Rumanía
Bulgaria  Ucrania
Federación Rusa

Armenia — Armenia
Azerbaijan — Azerbaiyán
Belarus — Bielorrusia
Bulgaria — Bulgaria
Georgia — Georgia
Republic of Moldova — Moldavia
Romania — Rumanía
Russian Federation — Federación Rusa
Ukraine — Ucrania

# OCEANÍA

## FÍSICA y POLÍTICA

✴ El Pacífico es el mayor de los océanos, con una extensión que supone la tercera parte de la superficie total del planeta.

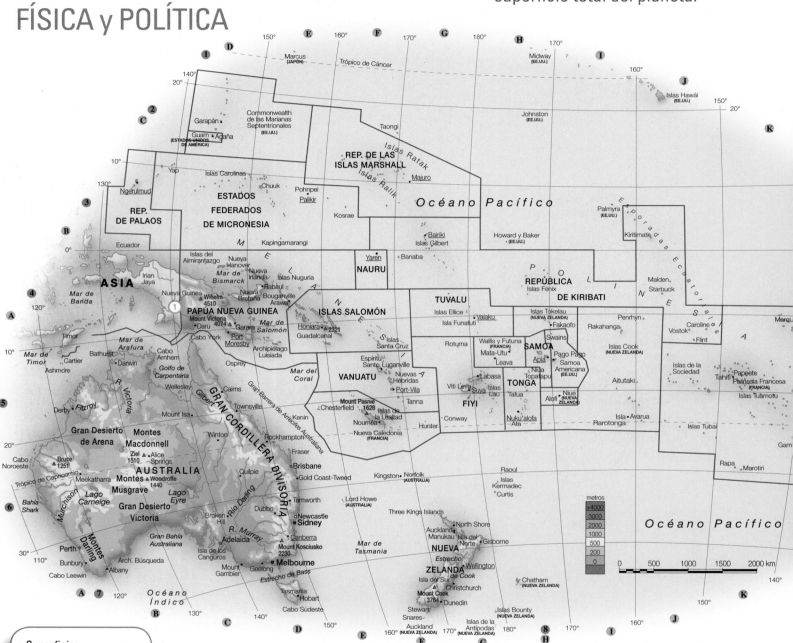

Superficie:
*9 008 458 km²*
Habitantes:
*32 000 000*
Punto más elevado:
*Wilhelm 4510 m*
Río más largo:
*Murray-Darling 3490 km*
País más grande:
*Australia*
País más pequeño:
*Nauru*

✴ ¿Sabías que el mayor arrecife de coral del mundo se encuentra a lo largo de la costa de Queensland, Australia? Descubierta en el siglo XVIII, por el capitán inglés James Cook, se extiende por más de 2000 km.

✴ ¿Sabías que Oceanía es el continente más pequeño del mundo? Sin embargo, Australia es el sexto país más grande del mundo tras Rusia, Canadá, China, Estados Unidos y Brasil.

Oceanía se caracteriza por ser un continente donde conviven muchísimas culturas. Desde hace siglos, estuvo poblado por una gran cantidad de tribus de nativos, aproximadamente unas cinco mil, con culturas, dialectos y religiones autóctonas diferentes.
La **tribu dani**, también conocida como *Ndani*, asentada en el valle de Baliem (Papúa Nueva Guinea), suma aproximadamente unos 30 clanes distribuidos por las montañas. Se caracteriza por tener el cabello rizado y piel morena. Es una de las tribus más conocida, debido a los numerosos grupos de turistas que anualmente la visitan para disfrutar de sus costumbres.

Australia, Nueva Guinea, Nueva Zelanda y miles de islas más del océano Pacífico son lugares que forman **Oceanía**, el continente más pequeño del mundo. Las diferentes islas del continente, con excepción de Australia, pueden agruparse por su origen en islas volcánicas e islas coralinas.

Australia está formada por una gran meseta; limita al este por una cadena montañosa, cortada en el centro por una cuenca de tierras bajas. La Gran Cordillera Divisoria, al este, se extiende por la costa del Pacífico de norte a sur. La mayor altura del continente es el monte Wilhelm (4509 m), en Papúa Nueva Guinea. Las **islas volcánicas**, esencialmente en Melanesia y Hawái, presentan un relieve montañoso con volcanes apagados o activos y fértiles suelos. Los volcanes que han quedado sumergidos pueden estar cubiertos por un anillo de coral o atolón. Por el contrario, las **islas coralinas** tienen un relieve bajo o suavemente ondulado y suelos poco fértiles. La **Gran Barrera de Arrecifes** es un ejemplo de islas coralinas. La insularidad de Australia y las demás islas de Oceanía ha favorecido la aparición y el desarrollo de formas de vida peculiares, tanto vegetales como animales (canguro, koala...).

Oceanía no fue conocida en su totalidad hasta el siglo XVIII, momento en que tuvieron lugar los viajes del capitán **James Cook**. La colonización se desarrolló a lo largo del siglo XIX, y en el reparto **colonial** jugaron un papel importante países como Gran Bretaña, Francia, Alemania y Estados Unidos. Tras la I Guerra Mundial, las colonias de Alemania pasan a Australia y a Nueva Zelanda. Japón entra a formar parte de los países que tienen posesiones en Oceanía. En Australia, los pueblos **aborígenes** exigen el derecho a las tierras que les fueron arrebatadas por los colonos europeos en el siglo XIX. Los **maoríes,** en Nueva Zelanda, piden los mismos derechos.

Dada la amplitud de espacio por el que se distribuyen estas islas, Oceanía se ha dividido en cuatro partes de acuerdo a la proximidad que hay entre ellas: **Australia, Nueva Zelanda** y **Tasmania**; **Melanesia**; **Micronesia**; y **Polinesia**.

# OCEANÍA
## CULTURAL

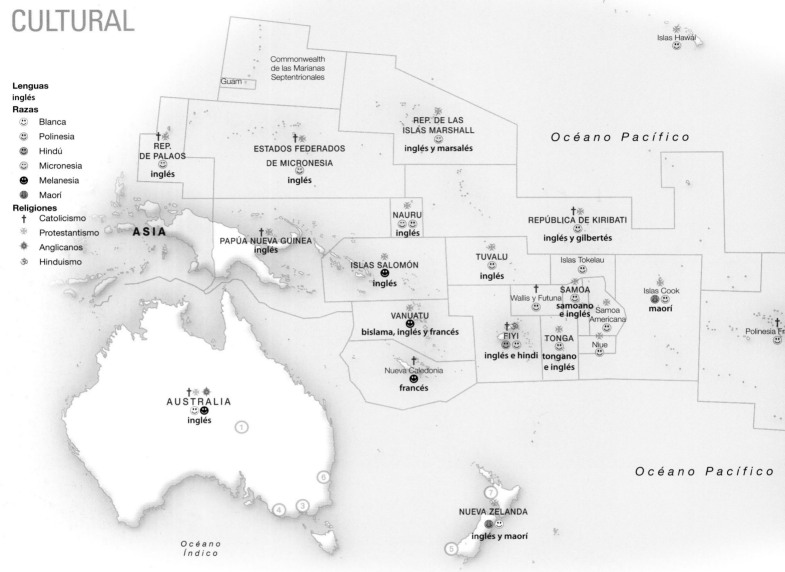

**Lenguas**
inglés

**Razas**
- 😊 Blanca
- 😊 Polinesia
- 😊 Hindú
- 😊 Micronesia
- 😊 Melanesia
- 😊 Maorí

**Religiones**
- † Catolicismo
- ✳ Protestantismo
- ✺ Anglicanos
- ॐ Hinduismo

Islas Hawái 😊

Commonwealth de las Marianas Septentrionales

Guam

**REP. DE LAS ISLAS MARSHALL**
inglés y marsalés

*Océano Pacífico*

**REP. DE PALAOS**
inglés

**ESTADOS FEDERADOS DE MICRONESIA**
inglés

**ASIA**

**NAURU**
inglés

**REPÚBLICA DE KIRIBATI**
inglés y gilbertés

**PAPÚA NUEVA GUINEA**
inglés

**ISLAS SALOMÓN**
inglés

**TUVALU**
inglés

Islas Tokelau

**VANUATU**
bislama, inglés y francés

Wallis y Futuna

**SAMOA**
samoano e inglés

Samoa Americana

**Islas Cook**
maorí

**FIYI**
inglés e hindi

**TONGA**
tongano e inglés

Niue

Polinesia Fran

Nueva Caledonia
**francés**

**AUSTRALIA**
inglés
①

*Océano Pacífico*

⑥

④ ③

⑦

**NUEVA ZELANDA**
inglés y maorí

⑤

*Océano Índico*

①

**Aborigen tocando el *didgeridoo* o *yidaki*.** La palabra *aborigen* significa $persona nacida en el país en que vive, frente a los que provienen de otros lugares$. Este término se utiliza para referirse a los primeros pobladores de Australia. Los aborígenes fueron perseguidos por el hombre blanco que colonizó Australia. Hoy, muchas comunidades aborígenes luchan por sus derechos y por conservar sus tierras.

✳ Ayers Rock o Uluru puede verse a una distancia de 100 km. Cambia de color según cómo incidan los rayos del sol a lo largo del día. Desde 1987 es patrimonio mundial de la humanidad.

Pitcairn

**James Cook** fue un navegante y explorador británico que, en sus expediciones por el Pacífico, descubrió Australia, Nueva Zelanda y numerosas islas de dicho océano. Las Islas Cook reciben este nombre en su honor, ya que en 1773 fue el primero en pisarlas.

**Catedral Sant Patrick, Melbourne.** Gran parte de la comunidad católica de Melbourne es de origen irlandés, por lo que se decidió llamarla como el patrono de Irlanda, san Patricio. Este templo es conocido como uno de los principales ejemplos de arquitectura neogótica.

**Parque Nacional de Port Campbell.** El océano ha erosionado los acantilados y ha formado las famosas agujas marinas de la zona. Entre estas agujas destacan las conocidas como *los doce apóstoles*. Uno de los colosos de roca se desplomó en 2005, reduciendo el número de nueve a ocho.

Los **maoríes** son pobladores nativos de Nueva Zelanda, que lucharon contra los primeros blancos que llegaron a la isla. El tatuaje facial era una gran orgullo para el guerrero: lo hacía feroz en la batalla y atractivo para las mujeres.

**Ópera de Sídney,** del arquitecto danés Jørn Utzon. Esta construcción expresionista está formada por una serie de conchas y abrió el camino para la construcción de edificios de formas geométricas complejas dentro de la arquitectura moderna.

**Escultura maorí en madera de pino** *kauri*. En Nueva Zelanda, el arte maorí se plasma en la construcción de objetos de madera y el tatuaje. Las tallas en madera se caracterizan por sus curvas, volutas y espirales.

Oceanía es un continente de grandes **diferencias** y **contrastes**. Los pueblos aborígenes fueron los primeros que vivieron en Australia, y los encontramos tanto aquí como en las islas del Pacífico; también, indígenas **maoríes** conviven en Nueva Zelanda junto con ingleses, franceses, irlandeses, chinos, indios, vietnamitas y filipinos. Algo que distingue a las culturas del Pacífico son sus tatuajes: cuanto más poderosa es la persona, más importante es el modelo de diseño.

Las primeras migraciones que hicieron posible la vida en las islas del Pacífico llegaron por mar gracias al intercambio económico y cultural, propiciando así los encuentros entre diferentes culturas de Oceanía, Europa y África.

Las tribus **korowai** y **kombai**, que habitan en el sureste de Papúa, son de las últimas del mundo que continúan practicando el canibalismo. Apenas es un grupo de unas 3000 personas, que hasta la década de los años setenta del siglo XX era prácticamente desconocido.

En **Vanuatu**, las mujeres realizan una danza tradicional que acompañan con golpes sobre el agua para producir música. Esta manera de hacer música, que en un principio era un juego de las mujeres de Gaua mientras se bañaban o se lavaban en el mar, se ha convertido en una actividad cultural propia.

# OCEANÍA
## ECONÓMICA

Islas Hawái

Commonwealth de las Marianas Septentrionales

Guam

**REP. DE LAS ISLAS MARSHALL**

*Océano Pacífico*

**ESTADOS FEDERADOS DE MICRONESIA**

**REP. DE PALAOS**

**ASIA**

**NAURU**

**REPÚBLICA DE KIRIBATI**

**PAPÚA NUEVA GUINEA**

**TUVALU**

Islas Tokelau

**ISLAS SALOMÓN**

Wallis y Futuna

**SAMOA**

Islas Cook

*Océano Índico*

**VANUATU**

Samoa Americana

Polinesia France

**FIYI**

**TONGA**

Niue

Nueva Caledonia

**AUSTRALIA**

Brisbane
*2 000 000 hab.*
Gold Coast-Tweed
*600 000 hab.*

Newcastle
*400 000 hab.*

Sidney
*4 500 000 hab.*

*Océano Pacífico*

Auckand
*400 000 hab.*
Manukau
*400 000 hab.*

Perth
*1 700 000 hab.*

Adelaida
*1 200 000 hab.*

Melbourne
*4 000 000 hab.*

**NUEVA ZELANDA**

Christchurch
*400 000 hab.*

① **Ganadería en Australia.** La ganadería constituye la verdadera riqueza australiana. Este país es el primer productor y exportador mundial de lana ovina y uno de los mayores de carne vacuna. La ganadería extensiva (aprovechamiento de las zonas de pasto) es el procedimiento más común adoptado en Australia.

**Materias primas**
- ♨ Gas Natural
- 🌲 Madera
- ⬤ Minería
- ⚓ Petróleo
- ▬ Áreas agrícolas
- ▬ Áreas ganaderas

**Principales producciones agrícolas**
- 🌴 Aceite de palma y copra
- 🌿 Caña de azucar
- 🐟 Pesca
- 🍶 Industria agroalimentaria
- ▬ Áreas industriales

**Industrias**
- ⚒ Astilleros
- 🚗 Automotriz
- 📎 Editorial
- ✕ Electrónica
- ❂ Energía atómica
- ⛏ Metalúrgica
- ◗ Química

**Principales áreas urbanas**
- ▮ 1 millón de habitantes
- Ⓢ Plaza financiera
- ⊕ Turismo

104

**Campos de cultivo en Queensland.** Aunque los cultivos ocupan solo un 6,5 % de la superficie total de Australia, este porcentaje supone una gran importancia económica. El cultivo de trigo (altamente mecanizado) representa el 45 % de las tierras sembradas. Otros cultivos importantes son: avena, cebada, centeno, maíz, semillas de aceite, tabaco y cereales para pienso.

Pitcairn

✴ Australia es la tierra de los ópalos. Su producción supone el 95 % del total mundial. Debido a su variedad de formas y colores, cada uno de estos minerales de silicio es único y especial.

**CBD de Melbourne**, segunda ciudad más grande de Australia y la capital del estado de Victoria, Estado más pequeño del continente. Fue capital de Australia entre 1901 y 1927. El CBD (*central business district*) de Melbourne, o distrito financiero, no tiene restricciones arquitectónicas de altura, y en su área se levantan cinco de los seis edificios más altos de Australia; el mayor de todos es Eureka Tower. Según un informe realizado en el año 2002, entonces era la mejor ciudad del mundo para vivir y emigrar.

✴ A principios del siglo XXI, Tuvalu, un minúsculo país polinesio del Pacífico sur, tuvo una de las rentas per cápita más altas del mundo gracias a la venta del sufijo .*tv,* que le corresponde como nombre de dominio en internet.

Con excepción de Australia, Nueva Zelanda y Hawái, que poseen una economía fuerte y gran desarrollo industrial, las demás islas de **Oceanía** tienen una economía predominantemente agrícola y ganadera. El clima es ideal para cultivos tropicales.

El principal producto de las islas es la copra, médula del coco, y también la caña de azúcar, café, vainilla y cereales, en especial el trigo. No obstante, en los últimos años han empezado a explotarse importantes **yacimientos** en Nueva Caledonia (20% de la producción mundial de níquel), Papúa Nueva Guinea (cobre y oro) y Kiribati (fosfatos). Asimismo, la industria petroquímica, la de automóviles, maquinaria agrícola y naval están bastante desarrolladas. La gran distancia entre Oceanía y los principales países consumidores encarece los transportes y dificulta las exportaciones.

La **pesca** se ha desarrollado con preferencia en las islas coralinas, donde constituye la base de la alimentación; además de pescado, se obtienen moluscos, cangrejos y tortugas. Las ostras perlíferas constituyen otra fuente de ingresos considerable en este continente.

El **turismo** se ha convertido en una importante área económica para los países de Oceanía, que cuenta con grandes hoteles y excelentes servicios turísticos.

# OCEANÍA
## ACTUALIDAD

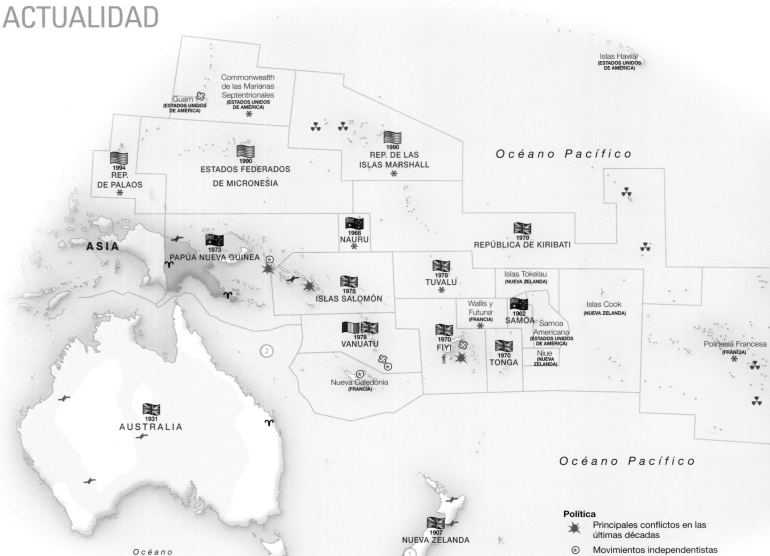

Islas Hawái
(ESTADOS UNIDOS DE AMÉRICA)

Commonwealth de las Marianas Septentrionales
(ESTADOS UNIDOS DE AMÉRICA)

Guam
(ESTADOS UNIDOS DE AMÉRICA)

Océano Pacífico

1994
REP. DE PALAOS

ESTADOS FEDERADOS DE MICRONESIA
1990

1990
REP. DE LAS ISLAS MARSHALL

ASIA

1973
PAPÚA NUEVA GUINEA

1968
NAURU

1979
REPÚBLICA DE KIRIBATI

1978
ISLAS SALOMÓN

1978
TUVALU

Islas Tokelau
(NUEVA ZELANDA)

Wallis y Futuna
(FRANCIA)

1962
SAMOA

Samoa Americana
(ESTADOS UNIDOS DE AMÉRICA)

Islas Cook
(NUEVA ZELANDA)

1978
VANUATU

1970
FIYI

1970
TONGA

Niue
(NUEVA ZELANDA)

Polinesia Francesa
(FRANCIA)

Nueva Caledonia
(FRANCIA)

②

1931
AUSTRALIA

Océano Índico

Océano Pacífico

1907
NUEVA ZELANDA

①

Jugadores de la selección de Nueva Zelanda de baloncesto, interpretando el ritual *haka* antes de un partido en el Mundial de Baloncesto de Turquía 2010. El *haka* es el nombre con el que se conoce a la danza maorí y a todas las identificadas con esta cultura. En este caso se trata de una danza guerrera, realizada para atemorizar al oponente.

**Política**

✴ Principales conflictos en las últimas décadas

⊛ Movimientos independentistas

🧍 Golpe de estado

**Estados**

1990 Año de independencia

**Independizados de:**

🇬🇧 Reino Unido

🇫🇷 Francia

🇺🇸 Estados Unidos de América

🇦🇺 Australia

(FRANCIA) Dependencias

**Principales problemas medio ambientales**

↝ Terremoto

↜ Maremoto

↟ Erupción volcánica

🌀 Huracán

☢ Pruebas nucleares

Desertificación

Desforestación

✳ Desaparición física de parte o la totalidad del territorio bajo las aguas

**Arrecifes del Pacífico o bosques tropicales de los océanos.** Oceanía es un lugar ideal para los amantes del submarinismo, pues dispone de los fondos marinos más espectaculares del mundo. Existe una preocupación generalizada, porque tanto la masificación turística como el calentamiento global podrían estar dañando los arrecifes más frágiles. La NASA indicó que estas joyas de la naturaleza, que se caracterizan por sus explosiones de color, han comenzado a volverse blancas, y que un aumento de dos grados en la temperatura del agua provocará la desaparición de los arrecifes de coral de nuestros mares.

 ¿Sabías que palabras como *ciclón, huracán* o *tifón* son términos que se utilizan para designar el mismo fenómeno meteorológico, pero que cambian su significado dependiendo de cada región? En Australia se le llama *willy-willy.*

Con unos 32 millones de habitantes, Oceanía incluye en su territorio a 14 países y numerosas dependencias. Los europeos llegaron en el siglo XVIII y, a principios del XX, controlaban la mayoría de las islas. Desde entonces, muchas colonias han conseguido la autonomía, pero otras han optado por seguir siendo dependencias. Sus indígenas se dividen en cuatro grupos principales (aborígenes australianos, melanesios, micronesios y polinesios), que hablan multitud de lenguas.

El **foro de las islas del Pacífico** (conocido, hasta octubre de 2000, como *Foro del Pacífico Sur*) es una institución política que reúne a los Estados independientes y a los Estados autónomos del Pacífico. Su objetivo es el de proporcionar a los países miembros la oportunidad de expresar sus puntos de vista políticos y colaborar en ámbitos como el mercado, la inversión, el desarrollo económico y los asuntos políticos e internacionales.

Australia, Fiyi, Islas Salomón, Kiribati, Nauru, Nueva Zelanda, Papúa Nueva Guinea, Samoa, Tonga, Tuvalu y Vanuatu son países de Oceanía que pertenecen a la organización internacional **Commonwealth**, de la que forman parte las antiguas posesiones británicas.

Los **ciclones** en Australia son frecuentes. El peor fue el Tracy, que mató a 66 personas y destruyó la ciudad de Darwin. En 2006, Larry entró con fuerza 5 y destruyó pequeñas ciudades en el nordeste de Queensland y acabó con importantes plantaciones de plátano.

# OCEANÍA

## AUSTRALIA, NUEVA ZELANDA y MELANESIA

**Sídney** es la ciudad más grande y también la más antigua del continente. Localizada en el sudeste del país, es la capital de Estado de Nueva Gales del Sur. Famosa es la Ópera de Sídney del arquitecto Jørn Utzon.

**Gran Barrera de Arrecifes**. Es el mayor del mundo y se encuentra a lo largo de la costa de Queensland, Australia. Forma un rompeolas natural gigantesco (2000 km), que alberga la colonia de organismos vivos más grande de la Tierra. Fue declarada patrimonio de la humanidad en 1981.

Los **canguros** son mamíferos marsupiales, es decir, las hembras guardan en una bolsa de su vientre a las crías. Existen diversos tipos de canguros y todos ellos viven en Australia y en la isla de Nueva Guinea.

**Ayers Rock o Uluru** es un enorme fragmento de piedra arenisca situado en el territorio norte de Australia. Mide casi 350 metros de altura y tiene un perímetro de 9 km. Para los pueblos aborígenes australianos, es un lugar sagrado.

La ciudad de **Queenstown** (Nueva Zelanda) está situada a orillas del lago Wakatipu. Montañas, lagos y numerosas actividades de aventura hacen de Queenstown una de las capitales del turismo de aventura del planeta.

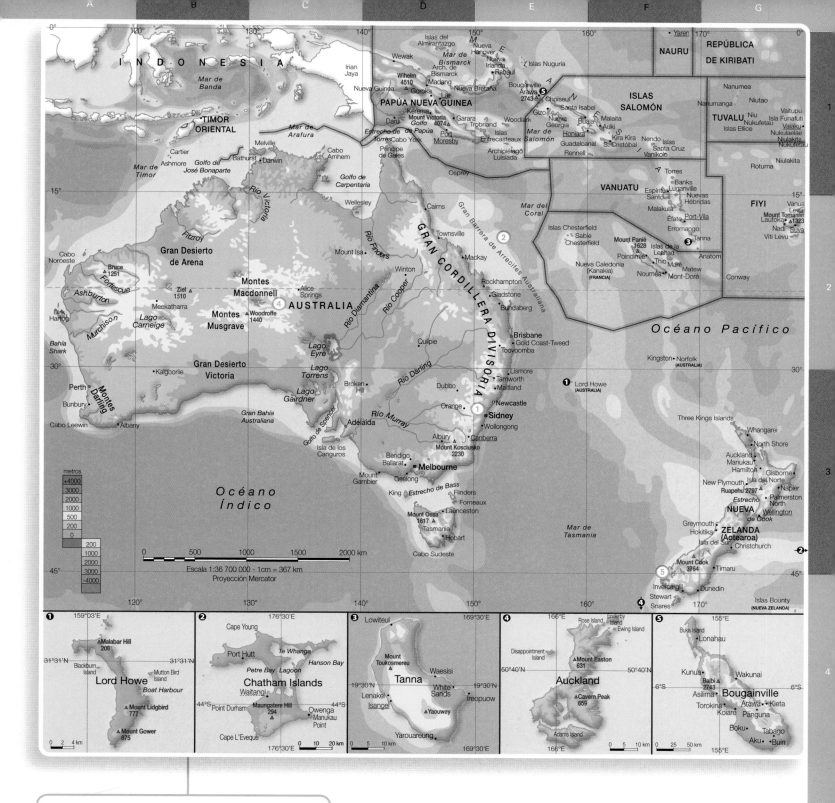

**Australia**
**Fiyi**
**Islas Salomón**
**Nueva Zelanda**
**Papúa Nueva Guinea**
**Vanuatu**

**Ashmore y Cartier (AU)**
**Chatham (NZ)**
**Norfolk (AU)**
**Nueva Caledonia (FR)**

# OCEANÍA

**Micronesia, paraíso del submarinismo**. El submarinismo ha permitido conocer mejor la flora y fauna marinas y, de esta forma, intentar protegerlas con más eficacia. En las aguas de estas tranquilas y paradisíacas islas se conservan algunos de los mejores restos de naves naufragadas del mundo.

**Vista aérea de las islas de Micronesia**

Hay dos tipos de formaciones: los **atolones,** que son islas llanas, sin apenas ríos, con escasez de agua y tierra cultivable; y las islas volcánicas, que son más grandes, montañosas, con suelos fértiles y que están más pobladas.

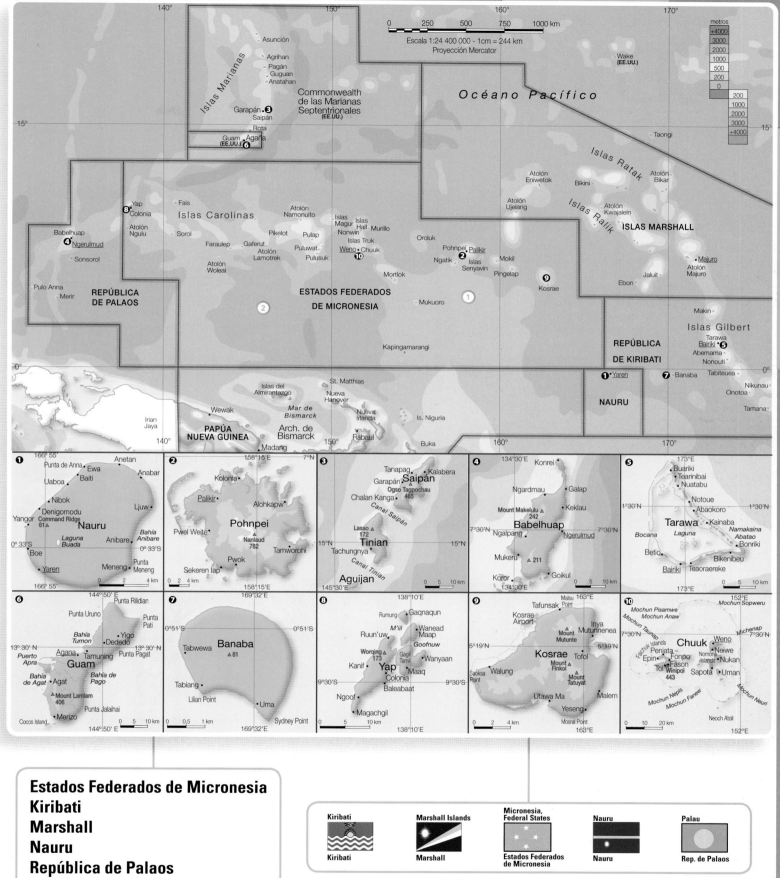

**Estados Federados de Micronesia**
**Kiribati**
**Marshall**
**Nauru**
**República de Palaos**

Guam (US)
Marianas Septentrionales (US)
Wake (US)

Kiribati — Kiribati

Marshall Islands — Marshall

Micronesia, Federal States — Estados Federados de Micronesia

Nauru — Nauru

Palau — Rep. de Palaos

# OCEANÍA

## POLINESIA

**La fauna marina en Polinesia es exuberante.** Mientras la fauna terrestre es muy pobre, la marítima es todo un espectáculo de especies y colores. En cuanto a la vegetación, nada tiene que envidiar a la fauna, y nos encontramos cocoteros, orus, filaos, bananeros, castaños; y arbustos con flores como hibiscus, buganvilias, gardenias… Paisajes de variado colorido y árboles frutales provocan una vegetación densa y profusa.

Cabaña en la playa de Savaii (Samoa)

En su origen, cada una de estas islas era un volcán en plena actividad, y lo que queda ahora ya que el volcán original desapareció bajo las aguas, es una corona de coral de caliza, lo que actualmente conocemos como *atolones*. Prácticamente todas estas islas están rodeadas de arrecifes de coral que bordean magníficos lagos de color azul turquesa con playas de arena blanca.

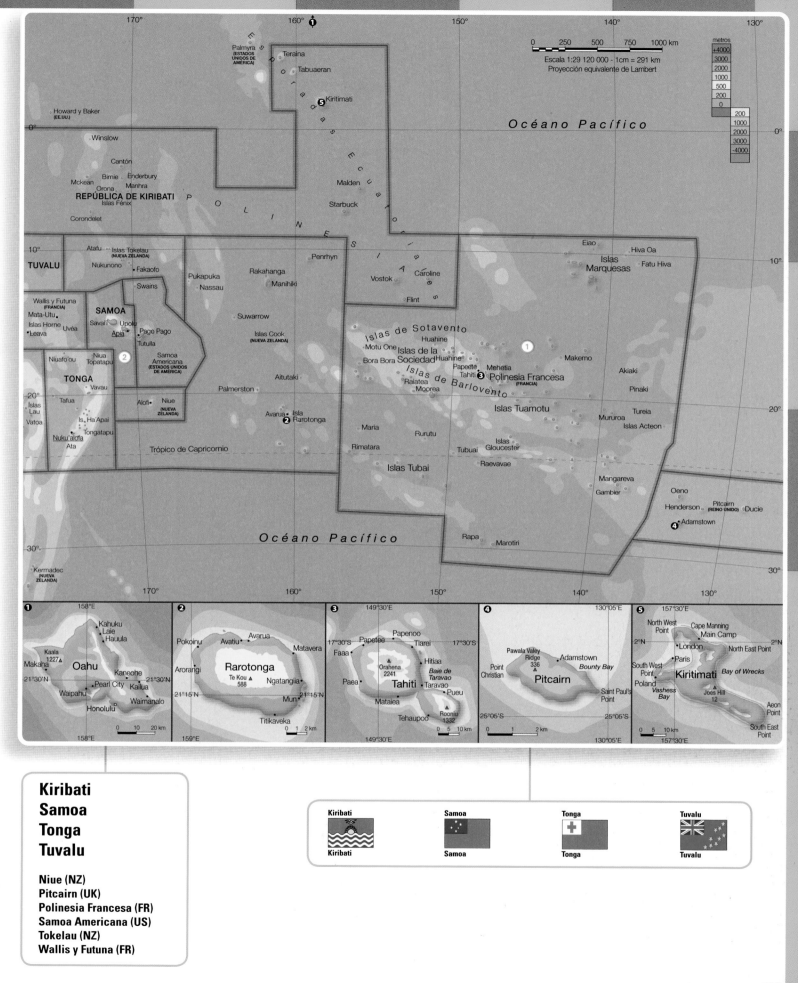

# Kiribati
# Samoa
# Tonga
# Tuvalu

Niue (NZ)
Pitcairn (UK)
Polinesia Francesa (FR)
Samoa Americana (US)
Tokelau (NZ)
Wallis y Futuna (FR)

Kiribati | Kiribati
Samoa | Samoa
Tonga | Tonga
Tuvalu | Tuvalu

# ANTÁRTIDA

Superficie:
*13 176 727 km²*
Habitantes:
*4000 (temporales)*
Densidad de población:
*-0,1 hab./ km²*
Punto más elevado:
*Monte Vinson, 5140 m*
Lugar más frío:
*Estación Vostok (Rusia)*
*-89 ºC*
Mayor glacial:
*Lambert, 400 x 64 km*
Barrera de hielo más larga:
*Tierra Ross, 600 000 km²*

• Base científica

✸ ¿Sabías que la Antártida se ha convertido en uno de los destinos turísticos más exóticos del planeta?

NORUEGA

Océano Atlántico

Círculo Polar Antártico

REINO UNIDO
ARGENTINA
CHILE

Orcades del Sur
Coronación

I. Elefante
I. Rey Jorge
GABRIEL DE CASTILLA **(ESPAÑA)**
JUAN CARLOS I **(ESPAÑA)**
Esperanza **(ARGENTINA)**
O'Higgins **(CHILE)**
VERNADSKY **(UCRANIA)**
Is. Biscoe
STONINGTON **(REINO UNIDO)**
SAN MARTÍN **(ARGENTINA)**
ADELAIDA **(REINO UNIDO)**
Península Antártica
Plataforma Larsen

SANAE-70° **(REP. SUDAFRICANA)**
MAITRI **(INDIA)**
LAZAREV **(FED. RUSA)**
NOVOLAZAREVSKAYA **(FED. RUSA)**
MAUDHEIM **(ALEMANIA)**
REY BALDUINO **(FED. RUSA)**
SYOWA **(JAPÓN)**
MOIDEZHANYA **(FED. RUSA)**

Mar de Weddell
HALLEY BAY **(REINO UNIDO)**
Tierra de Coats
Costa de la Princesa Marta
Costa de la Princesa Ragnhild
M. Vorterkaka 3630
M. Victor 2588
Tierra de Enderby
Montes Napier
Tierra de la Reina Maud

BELGRANO **(ARGENTINA)**
ELLSWORTH **(EE. UU.)**
Berkner
Tierra de Mac Robertson
MAWSON **(AUSTRALIA)**

Plataforma Ronne
M. Coman 3657
Tierra de Palmer
M. Hawkes 3660
Montes Pensacola
M. Menzies 3355
Bahía de Amery
Tierra de la Princesa Isabel
ZHONGSHAN **(CHINA)**
DAVIS **(AUSTRALIA)**
Mar de Davis

Mar de Bellingshausen
Meseta Ellsworth
Meseta Polar
Polo sur
2835
SOVETSKAYA **(FED. RUSA)**
PIONERSKAYA **(FED. RUSA)**
MIRNY **(FED. RUSA)**

Pedro I
M. Vinson 5140
Montes Transantárticos
Amundsen-Scott-90° **(EE. UU.)**
VOSTOK I **(FED. RUSA)**
KOMSOMOLSKAYA **(FED. RUSA)**

Is. Fletcher
CAMP MINESOTA **(EE. UU.)**
Meseta Hollick - Kenyon
POLO SUR GEOMAGNÉTICO
VOSTOK **(FED. RUSA)**
Tierra de la Reina Mary

I. Thurston
BYRD **(EE. UU.)**
M. Nansen 4068
M. Kirkpatrick 4530
Tierra de Wilkes

Mar de Amundsen
Tierra de Marie Byrd
M. Sidley 4181
Montes Edsel Ford
Roosevelt
Plataforma Ross
WILKES **(EE. UU.)**
Costa Sabrina

SCOTT **(NUEVA ZELANDA)**
Tierra Victoria
Tierra de Adelaida
Costa del Rey Jorge
CHARCOT **(FRANCIA)**

Mar de Ross
TERRA NOVA **(ITALIA)**
M. Sabine 3719
D'URVILLE **(FRANCIA)**
Mar d'Urville

Círculo Polar Antártico
Ballenas

AUSTRALIA
FRANCIA

Océano Pacífico
Océano Glacial Antártico
Océano Índico

NUEVA ZELANDA

0  500  1000  1500  2000 km
Escala 1:32 900 000 - 1cm = 329 km
Proyección acimutal equidistante

**El océano Glacial Ártico** se sitúa entre el círculo polar ártico y el Polo Norte, y permanece helado gran parte del año debido a las bajas temperaturas que se registran. Algunas partes nunca se deshielan y otras, cuando llega la primavera, se resquebrajan y forman enormes campos de hielo. Aquí viven renos, zorros árticos, morsas, osos polares...

# ÁRTICO

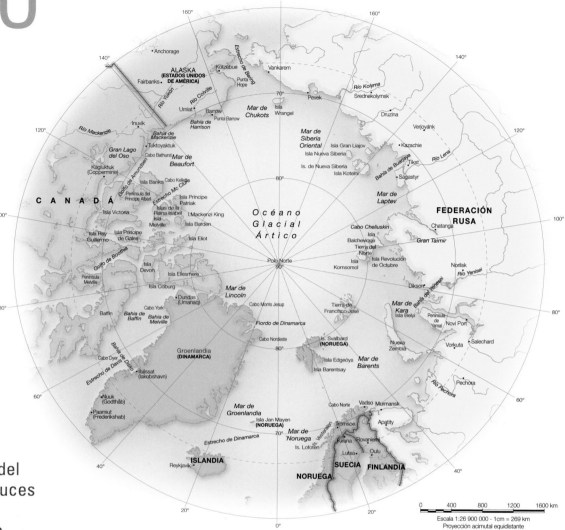

Los **icebergs** son parte de glaciares o bancos de hielo, de los que se separaron, y que flotan sueltos en el mar. ¿Sabías que la mayor parte del volumen del iceberg está por debajo de la superficie del agua?

La aurora boreal (luces del norte) forma franjas de luces de color en el cielo del Ártico. Si se produce en el hemisferio sur, se denomina *aurora austral*.

La **Antártida** es el continente que rodea el Polo Sur, con una superficie de 13 176 727 km². Presenta una forma circular maciza y poco accidentada. En las costas se alzan grandes barreras de hielo denominadas *plataformas*, que al fragmentarse originan la formación de **icebergs**.

La Antártida presenta un **clima polar** donde se registran temperaturas mínimas de hasta 50 °C bajo cero, y los meses cálidos no superan los 0 °C. El frío intenso es debido a que los rayos solares caen rasantes y a que la noche polar dura seis meses. Las precipitaciones son escasas. Estas condiciones climáticas determinan que la escasa **vegetación** se reduzca a líquenes, hongos, musgos y algas, y a que los pocos animales que viven allí estén provistos de grandes cantidades de pelo o grasa que los protege del frío (pingüinos, focas, ballenas...).

La Antártida ha despertado siempre un interés económico por la pesca de la ballena y su riqueza en hierro, cobre, carbón, uranio, níquel, petróleo, gas natural...También se asientan **bases científicas** para realizar sondeos de los suelos helados y recoger muestras para su estudio.

El **Ártico** comprende todas las tierras que se encuentran al norte del círculo polar ártico. Esta región está ocupada por un extenso océano, el **Glacial Ártico**, cubierto por una capa de hielo de tres metros de espesor y por algunas tierras pertenecientes a los continentes de Asia, América y Europa. El hielo que cubre el suelo durante todo el año solo permite la existencia de una vegetación muy pobre, formada por musgos y líquenes: la **tundra**.

# OCÉANOS Y DORSALES

OCÉANO GLACIAL ÁRTICO

Mar de Beaufort

Isla Ellesmere

Islas de la Reina Isabel

Groenlandia

Isla Banks

Isla Victoria

Isla de Baffin

Mar de Dinamarca

Círculo Polar Ártico

Islandia

Bahía de Baffin

Feroe

Golfo de Alaska

Bahía de Hudson

Mar de Labrador

Cuenca de Islandia

Meseta de Rockall

Shetland

Islas Aleutianas

Terranova

OCÉANO ATLÁNTICO NORTE

Islas Británicas

EUR

Cuenca del Pacífico Nororiental

Corriente de California

AMÉRICA DEL NORTE

Corriente del Golfo

Bermudas

Azores

Cuenca de las Canarias

Madeira

Illes Baleares

M

OCÉANO PACÍFICO NORTE

Trópico de Cáncer

Golfo de México

Cuenca de América del Norte

Canarias

Dorsal del Atlántico Medio

MACARONESIA

Islas Hawái

Cuba

La Española

Corriente de las Canarias

Revillagigedo

Cuenca de Yucatán

AMÉRICA CENTRAL

Mar Caribe

Pequeñas Antillas

Islas de Cabo Verde

Corriente Ecuatorial

Clipperton

Cuenca de Guatemala

Trinidad

Cuenca de Guayana

Dorsal Coco

Ecuador

Galápagos

Fosa del Romanche

0°

Islas Marquesas

Cuenca Bauer

Cuenca de Perú

AMÉRICA DEL SUR

Cuenca de Brasil

Ascensión

Cuenc Ang

Islas Cook

POLINESIA

Archipiélago Tuamotu

Cuenca de Chile

Dorsal de Nazca

-8064 m

Corriente de Brasil

Santa Helena

Corriente de Be

Trópico de Capricornio

Pitcairn

Sala y Gómez

Cuenca de Roggeveen

Corriente del Humboldt

Dorsal del Atlántico Medio

Cuenca del Pacífico Suroriental

Isla de Pascua

OCÉANO PACÍFICO SUR

Fosa Peruanochilena

Juan Fernández

Río de la Plata

Tristán da Cunha

Gough

Pendiente del Pacífico Oriental

Cuenca de Argentina

OCÉANO ATLÁNTICO SUR

Mar Argentino

Islas Malvinas

Isla Georgia del Sur

-8325 m

Cuenca del Pacífico Sudoeste

Mar del Scotia

Isla Sandwich del Sur

Paso de Drake

Isla Shetland del Sur

Círculo Polar Antártico

Bouve

Mar de Weddell

Meridiano de Greenwich

0°

0°

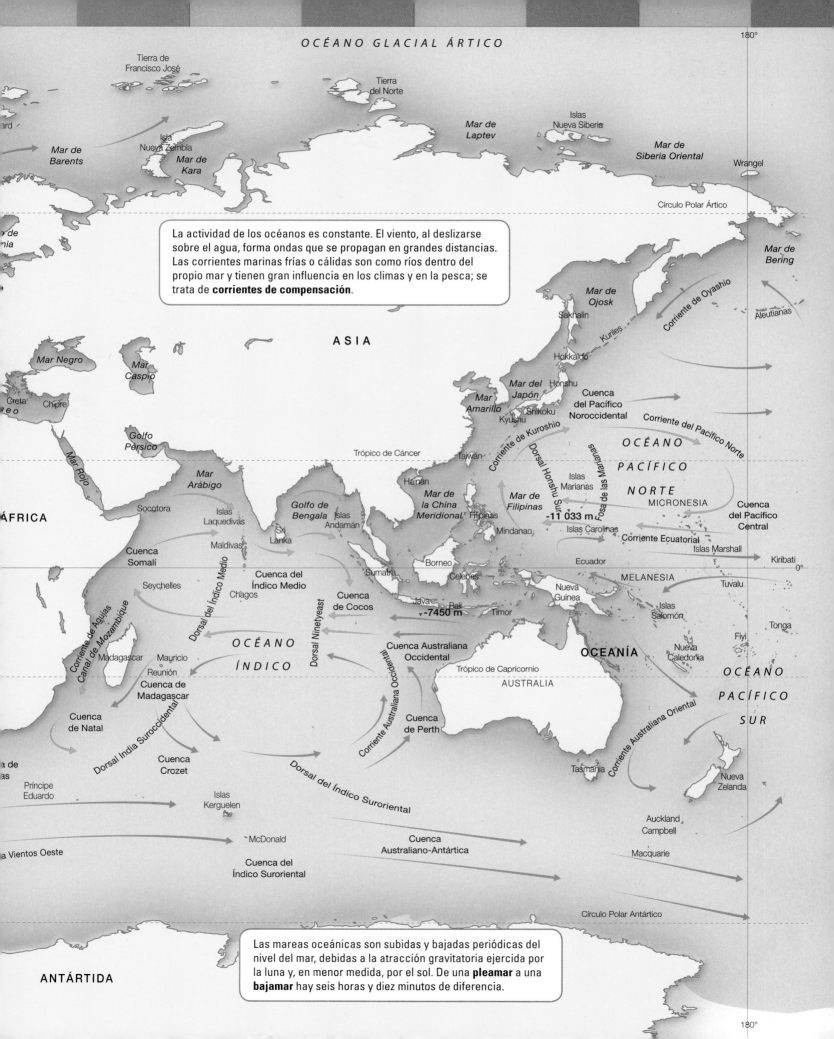

OCÉANO GLACIAL ÁRTICO

180°

Tierra de Francisco José

Tierra del Norte

Mar de Laptev

Islas Nueva Siberia

Mar de Siberia Oriental

Wrangel

Mar de Barents

Isla Nueva Zembla

Mar de Kara

Mar de Bering

Círculo Polar Ártico

La actividad de los océanos es constante. El viento, al deslizarse sobre el agua, forma ondas que se propagan en grandes distancias. Las corrientes marinas frías o cálidas son como ríos dentro del propio mar y tienen gran influencia en los climas y en la pesca; se trata de **corrientes de compensación**.

Mar de Ojosk

Sakhalin

Corriente de Oyashio

Aleutianas

ASIA

Hokkaido

Kuriles

Mar Negro

Mar Caspio

Mar del Japón

Honshu

Cuenca del Pacífico Noroccidental

Corriente del Pacífico Norte

Greta

Chipre

Mar Amarillo

Kyushu

Shikoku

OCÉANO

Golfo Pérsico

Mar Rojo

Trópico de Cáncer

Taiwán

Corriente de Kuroshio

Dorsal Honshu Sur

PACÍFICO

ÁFRICA

Mar Arábigo

Hainan

Mar de la China Meridional

Mar de Filipinas

Islas Marianas

Fosa de las Marianas

NORTE

MICRONESIA

Cuenca del Pacífico Central

Socotora

Islas Laquedivas

Golfo de Bengala

Islas Andamán

Filipinas

-11 033 m

Cuenca Somalí

Maldivas

Sri Lanka

Mindanao

Islas Carolinas

Corriente Ecuatorial

Islas Marshall

Seychelles

Dorsal del Índico Medio

Cuenca del Índico Medio

Sumatra

Borneo

Celebes

Ecuador

Kiribati

0°

MELANESIA

Tuvalu

Chagos

Cuenca de Cocos

Java

Bali

Nueva Guinea

Dorsal Ninetyeast

-7450 m

Timor

Islas Salomón

Tonga

OCÉANO

ÍNDICO

Corriente de Aguas

Canal de Mozambique

Cuenca Australiana Occidental

OCEANÍA

Nueva Caledonia

Fiyi

OCÉANO

Madagascar

Mauricio

Reunión

Cuenca de Madagascar

Corriente Australiana Occidental

Trópico de Capricornio

AUSTRALIA

PACÍFICO

Cuenca de Natal

Cuenca de Perth

Corriente Australiana Oriental

SUR

Dorsal India Suroccidental

Cuenca Crozet

Dorsal del Índico Suroriental

Tasmania

Nueva Zelanda

Príncipe Eduardo

Islas Kerguelen

Auckland Campbell

Vientos Oeste

McDonald

Cuenca Australiano-Antártica

Macquarie

Cuenca del Índico Suroriental

Círculo Polar Antártico

ANTÁRTIDA

Las mareas oceánicas son subidas y bajadas periódicas del nivel del mar, debidas a la atracción gravitatoria ejercida por la luna y, en menor medida, por el sol. De una **pleamar** a una **bajamar** hay seis horas y diez minutos de diferencia.

180°

# PLANISFERIO FÍSICO

OCÉANO GLACIAL ÁRTICO

Punta Barrow
Mar de Beaufort
Cordillera Brooks
Río Yukón
Montes Mackenzie
Mount McKinley 6194
Estrecho de Bering
Islas Aleutianas
Fosa de las Aleutianas -7882
Golfo de Alaska
Archipiélago de la Reina Carlota
Isla Vancouver
Mount Rainier 4392
Cabo Mendocino
Cadena Costera
Montañas Rocosas
Gran Cuenca
Lago Salado
Grandes Llanuras
California
Sierra Madre Occidental
Sierra Madre Oriental
Río Colorado
Río Grande
Río Misisipi

Islas de la Reina Isabel
Sverdrup
Archipiélago de Parry
Isla Banks
Isla Victoria
Gran Lago del Oso
Gran Lago de Esclavo
Lago Winnipeg
Lago Superior
Lago Huron
Lago Michigan
Lago Erie
Lago Ontario

Ellesmere
Bahía de Baffin
Tierra de Baffin

GROENLANDIA

Mar de Groenlandia
Islandia
Feroe
Shetland

Escudo Canadiense
Bahía de Hudson
Península del Labrador
Mar del Labrador
Cabo Farewell

AMÉRICA DEL NORTE

Río San Lorenzo
Terranova
San Pedro y Miquelón
Montes Apalaches
Cabo Hatteras
Islas Bermudas

OCÉANO ATLÁNTICO

Azores
Cabo de São Vicente
Madeira
Canarias
MACARONESIA
Cabo Blanco
Cabo Verde

Irlanda
Gran Bretaña
Támesis
Cabo Land's End
Canal de la Mancha
Cabo de Fisterra
Pirine
Península Ibérica
Ebro
Gran Atlas
Río Senegal
Río Níger

Mar de Groenlandia

Llanura Costera del Golfo
Florida
Golfo de México
Cabo San Lucas
Revillagigedo
Yucatán
AMÉRICA CENTRAL
Lago Nicaragua
Clipperton

Cabo Sable
Cuba
Grandes Antillas
Jamaica
La Española
Mar Caribe
Pequeñas Antillas
Fosa Milwaukee -9212

OCÉANO PACÍFICO

Hawái

Ecuador
Islas Galápagos
Samoa
Islas Cook
Islas Marquesas
Archipiélago Tuamotu
Pitcairn
Islas Gambier
Isla de Pascua
Sala y Gómez
POLINESIA

Golfo de Panamá
Lago de Maracaibo
Río Orinoco
Isla Trinidad
Macizo de las Guayanas
Cabo Cacoporé
Chimborazo 6310
Río Amazonas
Llanura Amazónica
Punta Negra
Cordillera de los Andes
Lago Titicaca
AMÉRICA DEL SUR
Planicie de Mato Grosso
Golfo de Arica
Meseta Brasileña
Río San Francisco
Cabo San Roque
Cabo Branco

Golfo de Guinea
Ascensión
Santa Helena

Aconcagua 6959
Juan Fernández
La Pampa
Río Colorado
Río Negro
Isla de Chiloé
Andes
Patagonia
Península de Valdés
Río Paraguay
Río Paraná
Río Uruguay
Río de la Plata
Cabo de Santo Tomé

OCÉANO PACÍFICO

OCÉANO ATLÁNTICO

Tristán da Cunha

Estrecho de Magallanes
Isla Grande de Tierra del Fuego
Cabo de Hornos
Islas Malvinas (Falkland)
Islas Georgias del Sur
Islas Sandwich del Sur
Fosa Sandwich del Sur 8428

metros
+4000
3000
2000
1000
500
200
0
200
1000
2000
3000
+4000

Estrecho de Drake
Isla Shetland del Sur
Península Antártica
Islas Orcadas del Sur

Mar de Weddell

# SISTEMA SOLAR

Formado por el Sol, ocho planetas, además de tres planetas enanos (Plutón, Ceres y Eris), satélites, asteroides, cometas, meteoritos, polvo y gas. Mercurio es el planeta más próximo al Sol, seguido de Venus, Tierra, marte, Júpiter, Saturno, Urano y Neptuno. Los planetas terrestres son los cuatro más cercanos al Sol: Mercurio, Venus, Tierra y Marte. Estos son llamados *terrestres* porque tienen una superficie rocosa compacta. A Júpiter, Saturno, Urano y Neptuno se les conoce como los *planetas jovianos* por su parecido con Júpiter, puesto que son gigantescos comparados con la Tierra y tienen naturaleza gaseosa como la de Júpiter.

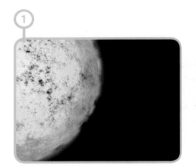

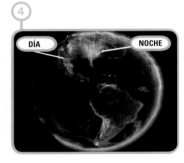

### El Sol

Es una estrella enorme, incandescente, mucho mayor que la Tierra y situada en uno de los brazos de la espiral de la Vía Láctea. Es una fuente de luz natural y calor, y sin él no existiría la vida en la Tierra. Los planetas y sus respectivos satélites giran en torno a él.

### Cometa Halley

Los cometas son fragmentos de hielo y rocas que giran en torno al Sol. Uno de los cometas más conocidos es el cometa Halley, que tarda 76 años en dar una vuelta alrededor del Sol.

### Eclipse solar

Se produce cuando la Luna oculta al Sol, pero se tiene que dar siempre que haya luna llena. Los eclipses pueden ser parciales, semiparciales, totales y anulares, como el que podemos apreciar en la fotografía.

### Noche y día

Debido a la rotación de la Tierra sobre su eje, la luz solar no incide sobre toda la superficie terrestre de la misma forma ni al mismo tiempo. Por ello, en cada zona del planeta la hora es diferente. Para solventar esto se dividió la Tierra en 24 husos horarios de 15° de longitud.

En 2006, la Unión Astronómica Internacional eliminó Plutón de la lista de planetas y lo incluyó en los planetas enanos.

**Mercurio**. Planeta más cercano al Sol y, también, el más pequeño. Debe su nombre al dios romano mensajero de los dioses y protector de viajeros y comerciantes.

**Venus**. Segundo planeta del sistema solar y el más parecido en dimensiones a la Tierra. Es el más brillante y debe su nombre a la diosa romana de la belleza y el amor.

**Tierra**. Tercer planeta del sistema solar, diminuto comparado con Júpiter y Saturno. A la Tierra se la conoce como *planeta azul* debido a que la mayor parte de su superficie se encuentra cubierta de agua.

La parte sólida de la superficie terrestre es la litosfera; la líquida, la hidrosfera; y la gaseosa, la atmósfera. La biosfera es toda la zona de aire, tierra y agua del planeta ocupada por los seres vivos.

**Marte**. Cuarto planeta en distancia con respecto al Sol y que suele recibir el nombre de *planeta rojo*. Los romanos le dieron el nombre en honor a su dios de la guerra.

**Júpiter**. Quinto planeta en distancia con respecto al Sol y el de mayores dimensiones de los planetas de nuestro sistema solar. Recibe el nombre del dios de los dioses, según la mitología romana.

**Saturno**. Sexto planeta en distancia con respecto al Sol y el segundo más grande del sistema solar. Como el resto de planetas gaseosos (Júpiter, Urano, Neptuno) tiene anillos de material rocoso.

La Tierra, además de moverse sobre su eje, realiza un movimiento alrededor del Sol llamado *traslación*. Dar una vuelta en torno al astro rey le lleva a la Tierra un año.

**Urano**. Séptimo planeta en distancia con respecto al Sol y el tercero más grande del sistema solar. Recibe su nombre del dios del cielo estrellado, padre de Saturno, Venus y de otros muchos dioses.

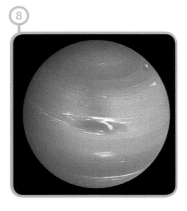

**Neptuno**. Octavo planeta en distancia con respecto al Sol. Lleva el nombre del dios romano del mar y de las aguas.

# UNIVERSO

El universo está formado por millones de galaxias. Los astros (planetas, estrellas, satélites y otros cuerpos celestes) se reúnen en grupos llamados *nebulosas*. La Tierra, el Sol, los planetas y casi todos los astros que divisamos a simple vista están en una de estas nebulosas: la Vía Láctea, que tiene forma de espiral compuesta por un núcleo del que salen una serie de brazos en uno de los cuales se localiza el Sol.

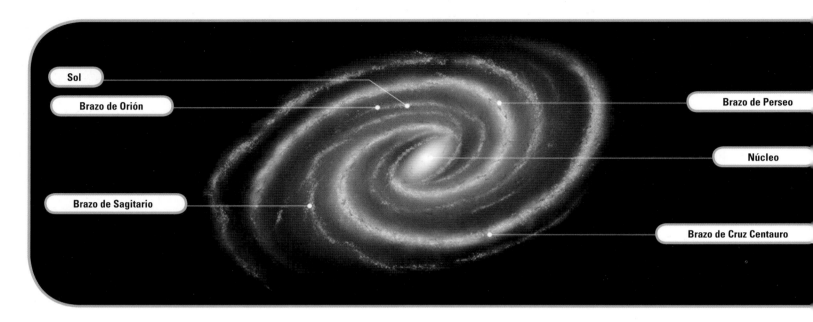

- Sol
- Brazo de Orión
- Brazo de Sagitario
- Brazo de Perseo
- Núcleo
- Brazo de Cruz Centauro

### Astronomía
Los astrónomos son los científicos que estudian el universo. Su herramienta fundamental de trabajo es el telescopio, que es un aparato formado por lentes y espejos que hace que las cosas que están lejos parezcan estar cerca.

### Big Bang
Es la teoría actual sobre el origen del universo, según la cual, hace 15 000 millones de años toda la materia estaba concentrada en una gran masa. Esta masa sufrió una enorme explosión debido a la presión y temperatura que soportaba. La explosión dispersó la materia en todas las direcciones.

### Vía Láctea
El Sol no es más que una entre los muchos millones de estrellas de la Vía Láctea, pero es el centro del sistema solar. Los componentes más abundantes del Sol son dos gases, el hidrógeno y el helio.

### La Luna
Es nuestro satélite natural. Gira alrededor de la Tierra y solo emite la luz que recibe del Sol. Realiza tres movimientos: traslación en torno a nuestro planeta, rotación sobre sí misma y el que realiza alrededor del Sol. En los dos primeros, la Luna tarda algo menos de 28 días.

La traslación de la Luna alrededor de la Tierra es la causa de que siempre la veamos diferente. Dependiendo de la posición que ocupa la Luna con respecto a la Tierra y el Sol, su superficie estará más o menos iluminada por el Sol y nosotros la veremos con diferentes formas. A estas variaciones se las conoce como **fases lunares**: es luna nueva cuando la Luna está entre la Tierra y el Sol y, por lo tanto, no la vemos; es luna llena cuando la Tierra se ubica entre el Sol y la Luna, recibiendo esta los rayos del sol en su cara visible, por tanto se ve completa. En el cuarto menguante y cuarto creciente la Luna, la Tierra y el Sol se encuentran formando un ángulo recto, observándose en el cielo la mitad de la Luna en su período decreciente o de crecimiento.

✴ Además de Vía Láctea, en algunas zonas, esta galaxia se denomina *Camino de Santiago*. Esto se debe a que los peregrinos que viajaban hacia Santiago de Compostela utilizaban la Vía Láctea para orientarse.

⑤
⑥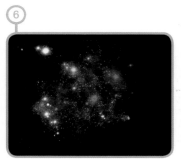
⑦
⑧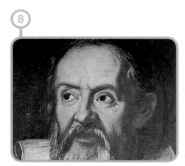

**Nebulosa de Orión**

Las nebulosas son grandes concentraciones de gas, (principalmente, hidrógeno y helio) y de polvo cósmico procedente de la explosión de algunas estrellas. La nebulosa de Orión, también conocida como *Messier 42*, es una de las más fáciles de reconocer.

**Galaxias**

Son grandes acumulaciones de estrellas, gas y polvo cósmico (partículas de rocas suspendidas en el espacio), y, en ocasiones, también poseen sistemas planetarios. Andrómeda, la mayor de las galaxias más cercanas, está compuesta por 300 000 millones de estrellas.

**Tipos de galaxias**

Hay tres tipos principales de galaxias: las elípticas, las espirales y las irregulares. El Sol pertenece a una galaxia espiral (Vía Láctea). Las elípticas tienen forma de disco y las irregulares no tienen forma definida.

**Galileo**

Ya las primeras civilizaciones consideraban que la Tierra era el centro del universo, y que todos los astros, incluido el Sol, giraban alrededor de ella.Científicos como Copérnico y Galileo proponen que el Sol era el centro del universo y los demás planetas giraban a su alrededor.

# Índice toponímico


| | | |
|---|---|---|
| 1ra. Catarata | 32 | G2 |
| 2da. Catarata | 32 | G2 |
| 3ra. Catarata | 32 | G3 |
| 4ta. Catarata | 32 | G3 |
| 5ta. Catarata | 32 | G3 |
| 6ta. Catarata | 32 | G3 |
| A Coruña | 86 | C4 |
| Aba | 34 | D4 |
| Abadán | 68 | B3 |
| Abéché | 34 | E3 |
| Abeokuta | 34 | D4 |
| Aberdeen | 86 | C3 |
| Abidjan | 34 | C4 |
| Abisinia, meseta de | 32 | G-H4 |
| Abu Dabi | 68 | B3 |
| Abu Dabi | 120-121 | H3 |
| Abu Simbel | 34 | G2 |
| Abuja | 34 | D4 |
| Abuja | 120-121 | G3 |
| Abuye Meda | 32 | H3 |
| Acapulco | 50 | E4 |
| Accra | 34 | C4 |
| Accra | 120-121 | F-G3 |
| Aconcagua | 48 | F6 |
| Aconcagua | 118-119 | D5 |
| Adamaoua, macizo de | 32 | E4 |
| Adamstown | 100 | L-M6 |
| Adana | 68 | A3 |
| Addis Abeba | 34 | G-H4 |
| Addis Abeba | 120-121 | H3 |
| Adelaida | 100 | C-D7 |
| Adén | 68 | B4 |
| Adén, golfo de | 32 | H3 |
| Adén, golfo de | 68 | B4 |
| Adén, golfo de | 66 | B4 |
| Adén, golfo de | 118-119 | H3 |
| Adrar de las Iforas | 32 | D2-3 |
| Afao | 32 | D2 |
| Afganistán | 68 | C3 |
| Afganistán | 120-121 | I2 |
| Agadez | 34 | D3 |
| Agadir | 34 | B-C1 |
| Agaña | 100 | D2 |
| Agaña | 120-121 | K3 |
| Agra | 68 | C3 |
| Aguascalientes | 50 | D3 |
| Agujas, cabo | 32 | F8 |
| Ahaggar, macizo de | 32 | D2 |
| Ahmadabad | 68 | C3 |
| Ahvaz | 68 | B3 |
| Ain Timan | 34 | E-F3 |
| Aitutaki | 100 | I5 |
| Ajaccio | 86 | D4 |
| Ajaguz | 68 | D2 |
| Ajdabiya | 34 | E-F1 |
| Ajmer | 68 | C3 |
| Akesu | 68 | D2 |
| Akita | 68 | G3 |
| Akjoujt | 34 | B3 |
| Aktau | 68 | B2 |
| Akureyri | 86 | B2 |
| Al Dammam | 68 | B3 |
| Al Jawf | 34 | F2 |
| Al Minya | 34 | F-G2 |
| Åland | 86 | F2 |
| Åland | 84 | E-F2 |
| Alaska | 50 | B1 |
| Alaska | 120-121 | A1 |
| Alaska, cordillera de | 48 | B1 |
| Alaska, golfo de | 118-119 | B2 |
| Alaska, golfo de | 120-121 | B2 |
| Albacete | 86 | C5 |
| Albania | 86 | E-F4 |
| Albania | 120-121 | G2 |
| Albany | 100 | B7 |
| Alberto, lago | 32 | G4 |
| Albina, punta | 32 | D-E6 |
| Aldabra | 32 | H5 |
| Aldan | 68 | F2 |
| Alejandría | 34 | F1 |
| Alemania | 86 | D-E3 |
| Alemania | 120-121 | G2 |
| Aleutianas, Fosa de las | 118-119 | A2 |
| Aleutianas, islas | 50 | B2 |
| Aleutianas, islas | 48 | B2 |
| Aleutianas, islas | 118-119 | A2 M2 |
| Aleutianas, islas | 120-121 | A2 M2 |
| Alexandrópolis | 86 | F4 |
| Algeciras | 86 | C5 |
| Alicante/Alacant | 86 | C-D5 |
| Alice Springs | 100 | C6 |
| Allach-Jun | 68 | F1 |
| Allahabad | 68 | C-D3 |
| Almadíes, Punta de los | 32 | B3 |
| Almaty | 68 | C2 |
| Almería | 86 | C5 |
| Almirantazgo, Islas del | 100 | D4 |
| Almirante | 32 | I5 |
| Alofi | 100 | H-I6 |
| Alpes | 84 | D-E4 |
| Alpes | 118-119 | G2 |
| Alpes Dináricos | 84 | E4 |
| Altai Mongol | 66 | D2 |
| Altai Mongol | 118-119 | I-J2 |
| Altay | 68 | D2 |
| Amarillo, mar | 118-119 | K2 |
| Amazonas | 48 | G5 |
| Amazonas, río | 118-119 | D-E4 |
| Ambon | 68 | F5 |
| Amga | 68 | F1 |
| Ammán | 68 | A3 |
| Ammán | 120-121 | H2 |
| Amritsar | 68 | C3 |
| Ámsterdam | 86 | D3 |
| Ámsterdam | 120-121 | G2 |
| Amu Daría | 118-119 | I2 |
| Amu Daria, río | 66 | C2-3 |
| Amur, río | 66 | F2 |
| Amur, río | 118-119 | K2 |
| Anadir | 68 | H1 |
| Anai Mudi | 66 | C4 |
| Anatolia | 118-119 | H2 |
| Anchorage | 50 | B1 |
| Andamán | 118-119 | I-J3 |
| Andamán | 120-121 | I-J3 |
| Andamán, islas | 68 | D4 |
| Andamán, islas | 66 | D4 |
| Andamán, mar de | 68 | D4 |
| Andamán, mar de | 66 | D4 |
| Andamán, mar de | 118-119 | J3 |
| Andorra | 120-121 | G2 |
| Andorra | 86 | D4 |
| Andorra la Vella | 120-121 | G2 |
| Andrigitra | 32 | H7 |
| Aneto | 84 | D4 |
| Angers | 86 | C4 |
| Angola | 34 | E6 |
| Angola | 120-121 | G4 |
| Anguila | 120-121 | D3 |
| Anguila | 50 | F4 |
| Ankara | 68 | A2 |
| Ankara | 120-121 | H2 |
| Ankaratra, mounts | 32 | H6-7 |
| Anshán | 68 | F2 |
| Antalya | 68 | A3 |
| Antananarivo | 34 | H6 |
| Antananarivo | 120-121 | H4 |
| Anti Atlas | 32 | C1-2 |
| Antigua y Barbuda | 120-121 | D3 |
| Antigua y Barbuda | 50 | F4 |
| Antípodas, Islas de la | 100 | G8 |
| Antofagasta | 50 | F6 |
| Antongila, bahía de | 32 | I6 |
| Antsiranana | 34 | H6 |
| Anyang | 68 | E3 |
| Aomori | 68 | G2 |
| Apalaches, montes | 118-119 | D2 |
| Apatity | 86 | G2 |
| Apeninos | 84 | E4 |
| Apeninos | 118-119 | G2 |
| Apia | 100 | H5 |
| Apia | 120-121 | A4 |
| Apo | 66 | F4 |
| Arabia Saudí | 68 | B3 |
| Arabia Saudí | 120-121 | H3 |
| Arábiga, península | 66 | B3 |
| Arábiga, península | 118-119 | H3 |
| Arábigo, desierto | 32 | G2 |
| Arábigo, mar | 68 | C4 |
| Arábigo, mar | 66 | C4 |
| Arábigo, mar | 118-119 | I3 |
| Arábigo, mar | 120-121 | I3 |
| Arad | 86 | F4 |
| Arafura, mar de | 100 | C5 |
| Aral, mar de | 68 | B-C2 |
| Aral, mar de | 66 | B-C2 |
| Aral, mar de | 118-119 | H2 |
| Ararat | 66 | B3 |
| Arawa | 100 | E4 |
| Ålborg | 86 | D3 |
| Arcángel | 86 | H2 |
| Arequipa | 50 | F5 |
| Argel | 34 | D1 |
| Argel | 120-121 | G2 |
| Argelia | 34 | D2 |
| Argelia | 120-121 | F-G3 |
| Argentina | 50 | F6 |
| Argentina | 120-121 | D5 |
| Århus | 86 | E3 |
| Arica, golfo de | 118-119 | D4 |
| Arkansas | 48 | E3 |
| Arlit | 34 | D3 |
| Armenia | 86 | H4-5 |
| Armenia | 120-121 | H2 |
| Arnhem, cabo | 100 | C5 |
| Aruba | 120-121 | D3 |
| Aruba | 50 | F4 |
| Arusha | 34 | G5 |
| Asahikawa | 68 | G2 |
| Asansol | 68 | D3 |
| Ascensión | 118-119 | F4 |
| Ascensión | 120-121 | F4 |
| Ashmore | 100 | B5 |
| Asjabad | 68 | B3 |
| Asjabad | 120-121 | H-I2 |
| Asmara | 34 | G3 |
| Asmara | 120-121 | H3 |
| Assuán | 34 | G2 |
| Astana | 68 | C2 |
| Astana | 120-121 | I2 |
| Astracán | 86 | H4 |
| Asunción | 50 | G6 |
| Asunción | 120-121 | E4 |
| Asyût | 34 | G2 |
| Ata | 100 | H6 |
| Atar | 34 | B2 |
| Atbarah | 34 | G3 |
| Atbarah, río | 32 | G3 |
| Atbasar | 68 | C2 |
| Atenas | 86 | F5 |
| Atenas | 120-121 | G2 |
| Athos, Monte | 84 | F4-5 |
| Atlas sahariano | 32 | C-D1 |
| Atlas Telliano | 32 | C-D1 |
| Atyrau | 86 | I4 |
| Atyrau | 68 | B2 |
| Auckland | 100 | F8 |
| Auckland | 118-119 | L5 |
| Auckland | 120-121 | L5 |
| Auckland (ciudad) | 100 | G7 |
| Aurangabad | 68 | C4 |
| Austin | 50 | E3 |
| Australia | 100 | C6 |
| Australia | 118-119 | K4 |
| Australia | 120-121 | K4 |
| Australiana, Gran Bahía | 100 | B-C7 |
| Austria | 86 | E4 |
| Austria | 120-121 | G2 |
| Autoridad Nacional Palestina | 120-121 | H2 |
| Autoridad Nacional Palestina (ANP) | 68 | A3 |
| Avarua | 100 | I-J6 |
| Aviñón | 86 | D4 |
| Ayachi | 32 | C1 |
| Ayan | 68 | F2 |
| Azerbaiyán | 86 | H4-5 |
| Azerbaiyán | 120-121 | H2 |
| Azores | 86 | A5 |
| Azores | 84 | A5 |
| Azores | 118-119 | F2 |
| Azores | 120-121 | F2 |
| Azov, mar de | 86 | G4 |
| Azov, mar de | 84 | G4 |
| Azov, mar de | 66 | A2 |
| Bab el Mándeb, estrecho de | 32 | H3 |
| Bacolod | 68 | F4 |
| Badajoz | 86 | C5 |
| Badalona | 86 | D4 |
| Baffin, bahía de | 50 | F1 |
| Baffin, bahía de | 48 | F1 |
| Baffin, bahía de | 118-119 | D1 |
| Baffin, bahía de | 120-121 | D1 |
| Baffin, Tierra de | 118-119 | D1 |
| Baffin, Tierra de | 120-121 | D1 |
| Bagdad | 68 | B3 |
| Bagdad | 120-121 | H2 |
| Baghlan | 68 | C3 |
| Bahamas | 50 | F3 |
| Bahamas | 120-121 | D3 |
| Bahía Blanca | 50 | F6 |
| Bahir Dar | 34 | G3 |
| Bahr Salamat, río | 32 | E-F3 |
| Baikal, lago | 66 | E2 |
| Baikal, lago | 118-119 | J2 |
| Baikonur | 68 | C2 |
| Bairiki | 100 | G3 |
| Bairiki | 120-121 | L3 |
| Baiyuda, desierto de | 32 | G3 |
| Baja California, península de | 48 | D3 |
| Bakú | 86 | I5 |
| Bakú | 120-121 | H2 |
| Balcanes | 84 | E-F4 |
| Balcanes | 118-119 | G2 |
| Balcánica, península | 84 | F5 |
| Balears | 118-119 | G2 |
| Balears | 120-121 | G2 |
| Bali | 118-119 | J4 |
| Bali | 120-121 | J4 |
| Balikpapán | 68 | E5 |
| Baljash | 68 | C2 |
| Baljash, lago | 66 | C2 |
| Baljash, lago | 118-119 | I2 |
| Báltico, mar | 86 | E3 |
| Báltico, mar | 84 | E3 |
| Báltico, mar | 118-119 | G2 |
| Báltico, mar | 120-121 | G2 |
| Baltimore | 50 | F3 |
| Bamako | 34 | C3 |
| Bamako | 120-121 | F3 |
| Bambari | 34 | E-F4 |
| Banaba | 100 | G4 |
| Banda Aceh | 68 | D4 |
| Banda, mar de | 68 | F5 |
| Banda, mar de | 66 | F5 |
| Banda, mar de | 100 | B4 |
| Banda, mar de | 118-119 | K4 |
| Bandar Abbas | 68 | B3 |
| Bandar Lampung | 68 | E5 |
| Bandar Seri Begawan | 68 | E4 |
| Bandar Seri Begawan | 120-121 | J3 |
| Bandeira | 48 | G6 |
| Bandung | 68 | E5 |
| Bangalore | 68 | C4 |
| Bangasú | 34 | F4 |
| Bangkok | 120-121 | J3 |
| Bangkok (Krung Thep) | 68 | D-E4 |
| Bangladés | 68 | D3 |
| Bangladés | 120-121 | I-J3 |
| Bangüeulu, lago | 32 | F6 |
| Bangui | 34 | E4 |
| Bangui | 120-121 | G3 |
| Bani, río | 32 | C3 |
| Banjarmasin | 68 | E5 |
| Banjul | 34 | B3 |
| Banjul | 120-121 | F3 |
| Banks, isla | 118-119 | B1 |
| Banks, isla | 118-119 | B-C1 |
| Baotou | 68 | E2 |
| Baranovici | 86 | F3 |
| Barbados | 120-121 | E3 |
| Barbados | 50 | G4 |
| Barbas, cabo | 32 | B2 |
| Barcelona | 86 | D4 |
| Baréin | 68 | B3 |
| Baréin | 120-121 | H3 |
| Bareli | 68 | C-D3 |
| Barents, mar de | 86 | G-H2 |
| Barents, mar de | 84 | G-H2 |
| Barents, mar de | 68 | B1 |
| Barents, mar de | 66 | B1 |
| Barents, mar de | 118-119 | H1 |
| Barents, mar de | 120-121 | H1 |
| Bari | 86 | E4 |
| Barisal | 68 | D3 |
| Barnaul | 68 | D2 |
| Barquisimeto | 50 | F4 |
| Barra Falsa, Punta de | 32 | G7 |
| Barranquilla | 50 | F4 |
| Barrow, punta | 118-119 | A1 |
| Basora | 68 | B3 |
| Bass, estrecho de | 100 | D8 |
| Bass, estrecho de | 118-119 | K5 |
| Basse Terre | 120-121 | D3 |
| Basse Terre | 50 | F4 |
| Basse-Terre | 120-121 | D3 |
| Basse-Terre | 50 | F4 |
| Bassein | 68 | D4 |
| Bastia | 86 | D4 |
| Bata | 34 | D4 |
| Batangas | 68 | E-F4 |
| Bathurst | 100 | B-C5 |
| Batna | 34 | D1 |
| Batu | 32 | G4 |
| Batumi | 86 | H4 |
| Baydabo | 34 | H4 |
| Beaufort, mar de | 50 | C1 |
| Beaufort, mar de | 48 | C1 |
| Beaufort, mar de | 118-119 | B1 |
| Beaufort, mar de | 120-121 | B1 |
| Béchar | 34 | C1 |
| Beira | 34 | G7 |
| Beirut | 68 | A3 |
| Beirut | 120-121 | H2 |
| Beja | 86 | C5 |
| Belém | 50 | G5 |
| Belet Uen | 34 | H4 |
| Belfast | 86 | C3 |
| Bélgica | 86 | D3 |
| Bélgica | 120-121 | G2 |
| Belgrado | 120-121 | G2 |
| Belgrado | 86 | E-F4 |
| Belice | 50 | E4 |
| Belice | 120-121 | D3 |
| Belmopán | 50 | E4 |
| Belmopán | 120-121 | D3 |
| Belo Horizonte | 50 | G5 |
| Belujar | 66 | D2 |
| Ben Nevis | 84 | C3 |
| Benadir | 32 | H4-5 |
| Benares | 68 | D3 |
| Bengala, golfo de | 68 | D4 |
| Bengala, golfo de | 66 | D4 |
| Bengala, golfo de | 118-119 | I3 |
| Bengala, golfo de | 120-121 | I-J3 |
| Bengasi | 34 | E-F1 |
| Bengkulu | 68 | E5 |
| Benguela | 34 | E6 |
| Benguela, golfo de | 32 | E6 |
| Benguela, golfo de | 34 | E6 |
| Beni Mellal | 34 | C1 |
| Beni Suef | 34 | G2 |
| Benín | 34 | D4 |
| Benín | 120-121 | G3 |
| Benín City | 34 | D4 |
| Benín, golfo de | 32 | D4 |
| Benue, río | 32 | D-E4 |
| Berbera | 34 | H3 |
| Bereznik | 86 | I3 |
| Bérgamo | 86 | D-E4 |
| Bergen | 86 | D2 |
| Bering, estrecho de | 66 | I1 |
| Bering, estrecho de | 118-119 | A1 |
| Bering, estrecho de | 120-121 | A1 |
| Bering, mar de | 50 | A1 |
| Bering, mar de | 48 | A1 |
| Bering, mar de | 68 | H2 |
| Bering, mar de | 66 | H2 |
| Bering, mar de | 118-119 | A2 M2 |
| Bering, mar de | 120-121 | A2-M2 |
| Berlín | 86 | E3 |
| Berlín | 120-121 | G2 |
| Bermudas, islas | 50 | F3 |
| Bermudas, islas | 48 | F3 |
| Bermudas, islas | 118-119 | D2 |
| Bermudas, islas | 120-121 | D2 |
| Berna | 86 | D4 |
| Berna | 120-121 | G2 |
| Bernina | 84 | D-E4 |
| Bhaunagar | 68 | C3 |
| Bhopal | 68 | C3 |
| Bhubaneswar | 68 | D4 |
| Biafra | 32 | D4 |
| Bielorrusia | 86 | F3 |
| Bielorrusia | 120-121 | G2 |
| Bielorrusia, Alturas de | 84 | F-G3 |
| Big Moghrein | 34 | B2 |
| Bikaner | 68 | C3 |
| Bila Tserkva | 86 | G3-4 |
| Bilbao | 86 | C4 |
| Bioko | 118-119 | G3 |
| Bioko | 32 | D4 |
| Birmania (Myanmar) | 68 | D3 |
| Birmania (Myanmar) | 120-121 | J3 |
| Birmingham | 86 | C3 |
| Bishkek | 68 | C2 |
| Bishkek | 120-121 | I2 |
| Biskra | 34 | D1 |
| Bismarck, archipiélago de | 118-119 | L4 |
| Bismarck, archipiélago de | 120-121 | L4 |
| Bismarck, mar de | 100 | D4 |
| Bissau | 34 | B3 |
| Bissau | 120-121 | F3 |
| Bistrita | 86 | F4 |
| Bitom | 86 | E3 |
| Blanco, cabo | 32 | B2 |
| Blanco, cabo | 118-119 | F3 |
| Blanco, mar | 86 | G2 |
| Blanco, mar | 84 | G-H2 |
| Blantyre | 34 | G6 |
| Bloemfontein | 34 | F7 |
| Boa Vista | 50 | F4 |
| Bobo-Dioulasso | 34 | C3 |
| Bodajbo | 68 | E2 |
| Bodo | 86 | E2 |
| Bogotá | 50 | F4 |
| Bogotá | 120-121 | D3 |
| Bojador, cabo | 32 | B2 |
| Bolivia | 50 | F5 |
| Bolivia | 120-121 | D4 |
| Bolonia | 86 | E4 |
| Boma | 34 | E5 |
| Bombay | 68 | C4 |
| Bon, cabo | 32 | D-E1 |
| Bongor | 34 | E3 |
| Bongos, macizo de los | 32 | F4 |
| Bonifacio, estrecho de | 84 | D-E4 |
| Bonin, Fosa | 118-119 | K3 |
| Bor | 34 | G4 |
| Borgefiel | 84 | E2 |
| Borneo | 68 | E4 |
| Borneo | 66 | E4 |
| Borneo | 118-119 | J3 |
| Borneo | 120-121 | J3 |
| Borodino | 68 | D1 |
| Borovichi | 86 | G3 |
| Borzja | 68 | E2 |
| Bosaso | 34 | H3 |
| Bosaso | 120-121 | H3 |
| Bósforo | 84 | F4 |
| Bosnia y Herzegovina | 120-121 | G2 |
| Bosnia y Herzegovina | 86 | E4 |
| Boston | 50 | F2 |
| Botnia, golfo de | 84 | F2 |
| Botsuana | 34 | F7 |
| Botsuana | 120-121 | G4 |
| Bouaké | 34 | C4 |
| Bouar | 34 | E4 |
| Bouganville | 100 | E4 |
| Bounty, islas | 100 | G-H8 |

| | | |
|---|---|---|
| Bouvet | 120-121 | G6 |
| Bouvet | 118-119 | G6 |
| Bouvet | 118-119 | G6 |
| Braga | 86 | C4 |
| Branco, cabo | 48 | H5 |
| Branco, cabo | 118-119 | E4 |
| Brandberg | 32 | E7 |
| Brasil | 50 | G5 |
| Brasil | 120-121 | E4 |
| Brasilia | 50 | G5 |
| Brasilia | 120-121 | E4 |
| Brasov | 86 | F4 |
| Bratislava | 86 | E4 |
| Bratislava | 120-121 | G2 |
| Bratsk | 68 | E2 |
| Brazzaville | 34 | E5 |
| Brazzaville | 120-121 | G4 |
| Bremen | 86 | D3 |
| Brest | 86 | C4 |
| Bretaña | 84 | C4 |
| Briansk | 86 | G3 |
| Briceni | 86 | F4 |
| Bridgetown | 120-121 | E3 |
| Bridgetown | 50 | G4 |
| Brighton | 86 | C3 |
| Brisbane | 100 | E6 |
| Broken Hill | 100 | C-D7 |
| Brooks, cordillera | 48 | B1 |
| Brovary | 86 | G3 |
| Bruce, Monte | 100 | A-B6 |
| Brujas | 86 | D3 |
| Brunei | 68 | E4 |
| Brunei | 120-121 | J3 |
| Bruselas | 86 | D3 |
| Bruselas | 120-121 | F-G2 |
| Bucaramanga | 50 | F4 |
| Bucarest | 86 | F4 |
| Bucarest | 120-121 | G2 |
| Budapest | 86 | E-F4 |
| Budapest | 120-121 | G2 |
| Buena Esperanza, cabo de | 32 | E8 |
| Buena Esperanza, cabo de | 118-119 | G5 |
| Buenos Aires | 50 | G6 |
| Buenos Aires | 120-121 | D-E5 |
| Bujumbura | 34 | F-G5 |
| Bujumbura | 120-121 | G4 |
| Bukit Malino | 66 | F4 |
| Bulawayo | 34 | F-G7 |
| Bulgaria | 86 | F4 |
| Bulgaria | 120-121 | G2 |
| Bunbury | 100 | A7 |
| Burdeos | 86 | C4 |
| Burgas | 86 | F4 |
| Burgos | 86 | C4 |
| Burkina Faso | 34 | C3 |
| Burkina Faso | 120-121 | F3 |
| Bursa | 68 | A2 |
| Burundi | 34 | F-G5 |
| Burundi | 120-121 | H4 |
| Búsqueda, Archipiélago | 100 | B7 |
| Bután | 68 | D3 |
| Bután | 120-121 | J3 |
| Butuan | 68 | F4 |
| **C**a Mau, punta | 68 | E4 |
| Ca Mau, punta | 66 | E4 |
| Ca Mau, punta | 118-119 | J3 |
| Cabinda | 34 | E5 |
| Cabinda | 120-121 | G4 |
| Cabo d'Ambre | 32 | H-I6 |
| Cabo d'Ambre | 118-119 | H4 |
| Cabo Verde | 120-121 | F3 |
| Cabo Verde, islas | 32 | A2 |
| Cabora Bassa, lago | 32 | G6 |
| Cáceres | 86 | C5 |
| Caciporé, cabo | 118-119 | E3 |
| Cadena Costera | 48 | C2 |
| Cadena Costera | 118-119 | B2 |
| Cádiz | 86 | C5 |
| Cádiz, golfo de | 84 | C5 |
| Caen | 86 | C4 |
| Cagayán | 68 | F4 |
| Cagliari | 86 | D5 |
| Cahul | 86 | F4 |
| Cairns | 100 | D5 |
| Calais | 86 | D3 |
| Calbayog | 68 | F4 |
| Calcula (Kolkatta) | 68 | D3 |
| Calgary | 50 | D2 |
| Cali | 50 | F4 |
| California | 118-119 | C3 |
| Camboya | 68 | E4 |
| Camboya | 120-121 | J3 |
| Cambridge | 86 | D3 |
| Camerún | 32 | E4 |
| Camerún | 34 | E4 |
| Camerún | 118-119 | G3 |
| Camerún | 120-121 | G3 |
| Campbell | 118-119 | L5 |
| Campbell | 120-121 | L5 |
| Campinas | 50 | G6 |
| Campo Grande | 50 | G6 |
| Can Tho | 68 | E4 |
| Canadá | 50 | D-E2 |
| Canadá | 120-121 | C2 |
| Canal de la Mancha | 84 | C3-4 |
| Canal de la Mancha | 118-119 | F2 |
| Canarias | 118-119 | F3 |
| Canarias | 120-121 | F3 |
| Canarias, islas | 32 | B2 |
| Canarias, islas | 34 | B2 |
| Canberra | 100 | D-E7 |
| Canberra | 120-121 | K5 |
| Candía | 86 | F5 |
| Canguros, Isla de los | 100 | C7 |
| Cantábrico, mar | 86 | C4 |
| Cantábrico, mar | 84 | C4 |
| Cantón (Guangzhou) | 68 | E3 |
| Caracas | 50 | F4 |
| Caracas | 120-121 | D3 |
| Carak | 86 | F4 |
| Cardiff | 86 | C3 |
| Caribe, mar | 118-119 | D3 |
| Caribe, mar | 120-121 | D3 |
| Carneige, lago | 100 | B6 |
| Carolinas, islas | 118-119 | K-L3 |
| Caroline | 100 | J5 |
| Cárpatos | 84 | F4 |
| Cárpatos | 118-119 | G2 |
| Carpentaria, golfo de | 100 | C5 |
| Carpentaria, golfo de | 118-119 | K4 |
| Cartagena | 50 | F4 |
| Cartier | 100 | B5 |
| Casablanca | 34 | C1 |
| Caspio, depresión del | 84 | H4 |
| Caspio, mar | 86 | H4 |
| Caspio, mar | 84 | I4 |
| Caspio, mar | 68 | B2 |
| Caspio, mar | 66 | B2 |
| Caspio, mar | 118-119 | H2 |
| Castries | 120-121 | D3 |
| Castries | 50 | F4 |
| Catania | 86 | E5 |
| Catanzaro | 86 | E5 |
| Catar | 68 | B3 |
| Catar | 120-121 | H3 |
| Cáucaso | 84 | H4 |
| Cáucaso | 66 | B2 |
| Cáucaso | 118-119 | H2 |
| Cayena | 50 | G4 |
| Cayena | 120-121 | E3 |
| Ceboksary | 86 | H3 |
| Cebú | 68 | F4 |
| Cecerleg | 68 | E2 |
| Ceilán | 32 | D4 |
| Célebes | 68 | E-F5 |
| Célebes | 66 | E-F5 |
| Célebes | 118-119 | J-K4 |
| Célebes | 120-121 | J-K4 |
| Célebes, mar de | 68 | F4 |
| Célebes, mar de | 66 | F4 |
| Célebes, mar de | 118-119 | J-K3 |
| Cerdeña | 86 | D5 |
| Cerdeña | 84 | D-E5 |
| Cerdeña | 118-119 | G2 |
| Cerdeña | 120-121 | G2 |
| Ceské Budejovice | 86 | E4 |
| Ceuta | 86 | C5 |
| Chad | 34 | E3 |
| Chad | 120-121 | G3 |
| Chad, lago | 32 | E3 |
| Chad, lago | 118-119 | G3 |
| Chagos | 118-119 | I4 |
| Chalbi, desierto de | 32 | G4 |
| Chang Jiang (Azul) | 118-119 | J2 |
| Changchun | 68 | E-F2 |
| Changsha | 68 | E3 |
| Changzhí | 68 | E3 |
| Chapada Diamantina | 48 | G5 |
| Chari, río | 32 | E3-4 |
| Charles, cabo | 48 | G2 |
| Charlotte | 50 | E3 |
| Charlotte Amalie | 120-121 | D3 |
| Charlotte Amalie | 50 | F4 |
| Chatanga | 68 | E1 |
| Chatham | 100 | H8 |
| Cheliábinks | 68 | B-C2 |
| Cheliuskin, cabo | 68 | E1 |
| Cheliuskin, cabo | 66 | E1 |
| Chengdu | 68 | E3 |
| Cherepovets | 86 | G3 |
| Chernigov | 86 | G3 |
| Chernovtsi | 86 | F4 |
| Cherski, montes de | 66 | F-G1 |
| Cherson | 86 | G4 |
| Chesterfield | 100 | E-F6 |
| Chiang Mai | 68 | D4 |
| Chicago | 50 | E2 |
| Chiclayo | 50 | E-F5 |
| Chihuahua | 50 | D3 |
| Chile | 50 | F6 |
| Chile | 120-121 | D5 |
| Chiloé, isla de | 50 | F7 |
| Chiloé, isla de | 48 | F7 |
| Chiloé, isla de | 118-119 | D5 |
| Chiloé, isla de | 120-121 | D5 |
| Chimborazo | 48 | F5 |
| Chimborazo | 118-119 | D4 |
| China | 68 | D-E3 |
| China | 120-121 | J2 |
| China meridional, mar de | 68 | E4 |
| China meridional, mar de | 66 | E4 |
| China meridional, mar de | 118-119 | J3 |
| China meridional, mar de | 120-121 | J3 |
| China meridional, meseta de | 66 | E3 |
| China meridional, meseta de | 118-119 | J3 |
| China, Gran Llanura | 66 | E3 |
| China, Gran Llanura | 118-119 | J2 |
| Chingola | 34 | F6 |
| Chipata | 34 | G6 |
| Chipre | 86 | G5 |
| Chipre | 118-119 | H2 |
| Chipre | 120-121 | H2 |
| Chipre | 84 | G5 |
| Chisimaio | 34 | H5 |
| Chisinau | 86 | F4 |
| Chisinau | 120-121 | G-H2 |
| Chitá | 68 | E2 |
| Chittagong | 68 | D3 |
| Chongjín | 68 | F2 |
| Chongqing | 68 | E3 |
| Chot el Yerid | 32 | D1 |
| Chot Melrhir | 32 | D1 |
| Christchurch | 100 | G8 |
| Chukotka, península de | 66 | I1 |
| Churchill | 50 | E2 |
| Chuuk | 100 | E3 |
| Cícladas, islas | 32 | F1 |
| Cícladas, islas | 34 | F1 |
| Cincinnati | 50 | E3 |
| Cinto, Monte | 84 | D4 |
| Cirenaica | 32 | F1 |
| Ciudad de México | 50 | E4 |
| Ciudad de México | 120-121 | C3 |
| Ciudad del Cabo | 34 | E8 |
| Ciudad del Cabo | 120-121 | G5 |
| Ciudad del Vaticano | 120-121 | G2 |
| Ciudad Guayana | 50 | F4 |
| Ciudad Juárez | 50 | D3 |
| Clipperton | 50 | D4 |
| Clipperton | 48 | D4 |
| Clipperton | 118-119 | C3 |
| Clipperton | 120-121 | C3 |
| Cluj-Napoca | 86 | F4 |
| Cochabamba | 50 | F5 |
| Cockburn Town | 120-121 | D3 |
| Cockburn Town | 50 | F3 |
| Cocos, islas | 120-121 | J4 |
| Cocos, islas | 118-119 | J4 |
| Coimbatore | 68 | C4 |
| Coimbra | 86 | C4 |
| Cojbalsán | 68 | E2 |
| Colombia | 50 | F4 |
| Colombia | 120-121 | D3 |
| Colombo | 68 | C-D4 |
| Colonia | 86 | D3 |
| Colorado, río | 48 | D3-F6 |
| Colorado, río | 118-119 | D5 C2 |
| Columbus | 50 | E2-3 |
| Commonwealth de las Marianas Septentrionales | 100 | D-E2 |
| Commonwealth de las Marianas Septentrionales | 120-121 | K3 |
| Comodoro Rivadavia | 50 | F7 |
| Comores | 34 | H6 |
| Comores | 118-119 | H4 |
| Comores | 120-121 | H4 |
| Comores, islas | 32 | H6 |
| Comores, islas | 34 | H6 |
| Conakry | 34 | B4 |
| Conakry | 120-121 | F3 |
| Concepción | 50 | F6 |
| Congo | 34 | E5 |
| Congo | 120-121 | G4 |
| Congo, cuenca del | 32 | E-F4 |
| Congo, cuenca del | 118-119 | G3-4 |
| Congo, río | 32 | F4-E5 |
| Congo, río | 118-119 | G4 |
| Constantina | 34 | D1 |
| Constanza | 86 | F4 |
| Constanza, lago | 84 | D-E4 |
| Conway | 100 | G6 |
| Cook, estrecho de | 100 | G8 |
| Cook, islas | 100 | I5 |
| Cook, islas | 118-119 | A4 |
| Cook, islas | 120-121 | A4 |
| Cook, mount | 100 | F-G8 |
| Cook, mount | 118-119 | L5 |
| Copenhague | 86 | D-E3 |
| Copenhague | 120-121 | G2 |
| Coral, mar del | 100 | E5 |
| Coral, mar del | 118-119 | L4 |
| Córcega | 86 | D5 |
| Córcega | 84 | D-E4 |
| Córcega | 118-119 | G2 |
| Córcega | 120-121 | G2 |
| Cordillera Bética | 84 | C5 |
| Cordillera Brooks | 118-119 | A-B1 |
| Cordillera Cantábrica | 84 | C4 |
| Cordillera Central | 48 | E4 |
| Cordillera Central | 48 | F4 |
| Cordillera Costera | 48 | D2 |
| Cordillera de los Andes | 48 | F5 |
| Cordillera de los Andes | 118-119 | D4-5 |
| Cordillera Occidental | 48 | F4 |
| Cordillera Oriental | 48 | F4 |
| Córdoba | 50 | F6 |
| Córdoba | 86 | C5 |
| Córdoba, sierras de | 48 | F6 |
| Corea | 118-119 | K2 |
| Corea del Norte | 68 | F2-3 |
| Corea del Norte | 120-121 | K2 |
| Corea del Sur | 68 | F3 |
| Corea del Sur | 120-121 | K2 |
| Corea, península de | 66 | F3 |
| Cork | 86 | C3 |
| Corrientes | 50 | G6 |
| Cosenza | 86 | E5 |
| Cosmoledo | 32 | H-I5 |
| Costa de Marfil | 34 | C4 |
| Costa de Marfil | 120-121 | F3 |
| Costa Rica | 50 | E4 |
| Costa Rica | 120-121 | C-D3 |
| Cotopaxi | 48 | E-F5 |
| Cracovia | 86 | F4 |
| Craiova | 86 | F4 |
| Creta | 86 | F5 |
| Creta | 84 | F5 |
| Creta | 118-119 | G2 |
| Creta | 120-121 | G2 |
| Crimea, península de | 84 | G4 |
| Cristal, montes de | 32 | E5 |
| Croacia | 120-121 | G2 |
| Croacia | 86 | E4 |
| Cuando, río | 32 | F6 |
| Cuba | 50 | F3 |
| Cuba | 118-119 | D3 |
| Cuba | 120-121 | D3 |
| Cubango, río | 32 | E6 |
| Cúcuta | 50 | F4 |
| Cuenca | 50 | F5 |
| Cuiabá | 50 | G5 |
| Culiacán | 50 | D3 |
| Cumikan | 68 | F2 |
| Cunene, río | 32 | E6 |
| Curasao | 120-121 | D3 |
| Curasao | 50 | F4 |
| Curitiba | 50 | G6 |
| Curtis | 100 | H7 |
| Cuzco | 50 | F5 |
| **D**a lat | 68 | E4 |
| Da Nang | 68 | E4 |
| Dadu | 68 | C3 |
| Dailán | 68 | E3 |
| Dakar | 34 | B3 |
| Dakar | 120-121 | F3 |
| Dakhla | 34 | B2 |
| Dalandzadgad | 68 | E2 |
| Dalbandin | 68 | C3 |
| Dallas | 50 | E3 |
| Damasco | 68 | A3 |
| Damasco | 120-121 | H2 |
| Damavand | 66 | B3 |
| Danubio | 84 | E4-F4 |
| Danubio | 118-119 | G2 |
| Dar as Salam | 34 | G-H5 |
| Dar Rounga | 32 | F3-4 |
| Darfur | 32 | F3 |
| Darfur Sseptentrional | 32 | F3 |
| Darhán | 68 | E2 |
| Darling, mounts | 100 | A7 |
| Darling, mounts | 118-119 | J5 |
| Darling, río | 100 | D6-7 |
| Daru | 100 | D4 |
| Darwin | 100 | C5 |
| Davangere | 68 | C4 |
| Davao | 68 | F4 |
| Delgado, cabo | 32 | H6 |
| Delhi | 68 | C3 |
| Delingha | 68 | D3 |
| Denpasar | 68 | E5 |
| Denver | 50 | D3 |
| Derbent | 86 | H4 |
| Derby | 100 | B5 |
| Dessye | 34 | G3 |
| Detroit | 50 | E2 |
| Dhaka | 68 | D3 |
| Dhaka | 120-121 | I-J3 |
| Dhaulagiri | 66 | C-D3 |
| Dijon | 86 | D4 |
| Dikson | 68 | D1 |
| Dili | 68 | F5 |
| Dili | 120-121 | K4 |
| Dinamarca | 86 | D-E3 |
| Dinamarca | 120-121 | G2 |
| Diyarbakir | 68 | B3 |
| Dniéper | 84 | G4 |
| Dniéper | 118-119 | H2 |
| Dniepropetrovsk | 86 | G4 |
| Dniéster | 84 | F4 |
| Dodoma | 34 | G5 |
| Dodoma | 120-121 | H4 |
| Doha | 68 | B3 |
| Doha | 120-121 | H3 |
| Dominica | 120-121 | D3 |
| Dominica | 50 | F4 |
| Don, río | 84 | H4-G3 |
| Don, río | 66 | B2 |
| Dondra, cabo | 68 | D4 |
| Dondra, cabo | 66 | D4 |
| Dondra, cabo | 118-119 | I3 |
| Donetsk | 86 | G4 |
| Dongola | 34 | F-G3 |
| Dortmund | 86 | D3 |
| Douala | 34 | D-E4 |
| Dover | 86 | D3 |
| Draa, río | 32 | C2 |
| Drake, estrecho de | 118-119 | D5 |
| Drake, estrecho de | 120-121 | D-E6 |
| Drakensberg, montes | 32 | F7 |
| Drakensberg, montes | 118-119 | G5 H4 |
| Dresde | 86 | E3 |
| Druzina | 68 | G1 |
| Dubái | 68 | B3 |
| Dubbo | 100 | D7 |
| Dublín | 86 | C3 |
| Dublín | 120-121 | F2 |
| Duero | 84 | C4 |
| Dufourspitze | 84 | D4 |
| Duisburgo | 86 | D3 |
| Dunedin | 100 | F-G8 |
| Durban | 34 | G7-8 |
| Dusambé | 68 | C3 |
| Dusambé | 120-121 | I2 |
| Düsseldorf | 86 | D3 |
| **E**ast London | 34 | F8 |
| Ebro | 84 | C4 |
| Ebro | 118-119 | F-G2 |
| Ech Chelif | 34 | D1 |
| Ecuador | 50 | E-F5 |
| Ecuador | 120-121 | D4 |
| Edd | 34 | H3 |
| Edimburgo | 86 | C3 |
| Edmonton | 50 | D2 |
| Egeo, mar | 86 | F5 |
| Egeo, mar | 84 | F5 |
| Egipto | 34 | F-G2 |
| Egipto | 120-121 | G-H3 |
| Eivissa | 86 | D5 |
| Ekaterimburgo | 68 | B-C2 |
| Ekonda | 68 | E1 |
| El Aaiún | 34 | B2 |
| El Aaiún | 120-121 | F3 |
| El Beida | 34 | F1 |
| El Cairo | 34 | G1-2 |
| El Cairo | 120-121 | H2-3 |
| El Callao | 50 | F5 |
| El Fasher | 34 | F3 |
| El Goléa | 34 | D1 |
| El Havre | 86 | C-D4 |
| El Paso | 50 | D3 |
| El Pireo | 86 | F5 |
| El Salvador | 50 | E4 |
| El Salvador | 120-121 | C-D3 |
| El Yuf | 32 | B-C2 |
| El Yuf, desierto | 32 | C2 |
| Elba | 84 | E3 |
| Elba | 118-119 | G2 |
| Elbrus | 84 | H4 |
| Elbrus | 118-119 | H2 |
| Elche/Elx | 86 | C5 |
| Elisabeth, cabo | 68 | G2 |
| Elisabeth, cabo | 66 | G2 |
| Elista | 86 | H4 |
| Ellesmere | 118-119 | D1 |
| Ellesmere | 120-121 | D1 |
| Ellice, islas | 100 | G4 |
| Emi-Koussi | 32 | E2-3 |
| Emiratos Árabes Unidos (EAU) | 68 | B3 |
| Emiratos Árabes Unidos (EAU) | 120-121 | H3 |
| Engaño, cabo | 68 | F4 |
| Engaño, cabo | 66 | F4 |
| Engels | 86 | H3 |
| Ennedi, macizo | 32 | F3 |
| Enugu | 34 | D4 |
| Erciyas | 66 | A3 |

Erdenet 68 E2
Erie, lago 48 E-F2
Erie, lago 118-119 D2
Eritrea 34 G3
Eritrea 120-121 H3
Escandinava, península 84 E2
Escandinavos, montes 84 D-E2
Escandinavos, montes 118-119 G1
Escudo Canadiense 48 D1-E2
Escudo Canadiense 118-119 C-D2
Eskisehir 68 A3
Eslovaquia 86 E-F4
Eslovaquia 120-121 G2
Eslovenia 120-121 G2
Eslovenia 86 E4
España 86 C5
España 120-121 F2
Espíritu Santo 100 F5
Espoo 86 F2
Esporadas Ecuatoriales 100 J3-4
Essen 86 D3
Estados Federados de Micronesia 100 D-E3
Estados Federados de Micronesia 120-121 K-L3
Estados Unidos de América 50 D-E3
Estados Unidos de América 120-121 C2
Estambul 86 F4
Estepa Masai 32 G5
Estocolmo 86 E3
Estocolmo 120-121 G2
Estonia 86 F3
Estonia 120-121 G2
Estrasburgo 86 D4
Etiopía 34 G-H4
Etiopía 120-121 H3
Etna 84 E5
Éufrates 118-119 H2
Éufrates, río 66 B3
Europa Oriental, llanura de 118-119 H2
Everest 66 D3
Everest 118-119 I-J3
Évora 86 C5
Eyre, lago 100 C6
Eyre, lago 118-119 K4

**F**ada N'Gourna 34 D3
Fairbanks 50 B1
Faisalabad 68 C3
Fakaofo 100 I5
Farewell, cabo 48 G2
Farewell, cabo 118-119 E2
Faro 86 C5
Farquar 32 I6
Faya 34 E3
Federación Rusa 50 A1
Federación Rusa 86 F3-H3
Federación Rusa 68 C-D-E1
Federación Rusa 120-121 I-J1 G2 A1
Fénix, islas 100 H-I4
Feroe, islas 86 C2
Feroe, islas 84 C2
Feroe, islas 118-119 F1
Feroe, islas 120-121 F1
Ferrol 86 C4
Fez 34 C1
Fianarantsoa 34 H7
Filadelfia 50 F2-3
Filipinas 68 F4
Filipinas 118-119 K3
Filipinas 120-121 J-K3
Finlandia 86 F2
Finlandia 120-121 G1
Finlandia, golfo de 84 F3
Fish, río 32 E7
Fisterra, cabo de 84 B-C4
Fisterra, cabo de 118-119 F2
Fitz Roy, Monte 48 F7
Fitzroy 100 B5
Fiyi 100 G-H6
Fiyi 118-119 L4
Fiyi 120-121 L4
Flint 100 J5
Florencia 86 E4
Flores, mar de 68 E5
Flores, mar de 66 E5
Florianópolis 50 G6
Florida 118-119 D3
Florida, península de 48 E3
Foggia 86 E4
Formosa 32 F3
Formosa 118-119 J-K3
Formosa, estrecho de 66 E-F3
Fort Worth 50 E3
Fort-de-France 120-121 D3
Fort-de-France 50 F4
Fortaleza 50 H5
Francia 86 D4
Francia 120-121 G2
Frankfurt 86 D-E3
Fraser 100 E6
Frederiksberg 86 D-E3
Fredrikstad 86 E3
Freetown 34 B4
Freetown 120-121 F3
Fría, cabo 32 D-E6
Friburgo 86 D4
Fujín 68 F2
Fujiyama 66 F3
Fukuoka 68 F3
Funafuti, isla 100 G-H5
Fushún 68 F2
Futa Yallon 32 B3
Fuzhou 68 E3

**G**abès 34 D-E1
Gabès, golfo de 32 E1
Gabón 34 E5
Gabón 120-121 G4
Gaborone 34 F7
Gaborone 120-121 G4
Galápagos, Archipiélago de 50 E5
Galápagos, Archipiélago de 48 E5
Galápagos, islas 118-119 C-D4
Galápagos, islas 120-121 C-D4
Galati 86 F4
Galcaio 34 H4
Galdhopiggen 84 D2
Galway 86 C3
Gambeda 34 G4
Gambia 34 B3
Gambia 120-121 F3
Gambia, río 32 B3
Gambier 100 K-L6
Gambier, islas 118-119 B4
Ganges, Bocas del 66 D3
Ganges, llanura del 66 D3
Ganges, río 66 D3
Ganges, río 118-119 I3
Gante 86 D3
Gao 34 C-D3
Garapán 100 D2
Garapán 120-121 K3
Garara 100 D4-5
Garbiya, desierto de 32 F2
Gargano, Monte 84 E4
Garona 84 C4
Garoua 34 E4
Garowe 34 H4
Gatchina 86 F-G3
Gaziantep 68 A3
Gdansk 86 E3
Geelong 100 D7
Gemena 34 E-F4
General Santos 68 F4
Génova 86 D4
Génova, golfo de 84 D4
George Town 120-121 D3
George Town 50 E4
Georgetown 50 G4
Georgetown 120-121 E3
Georgia 86 H4
Georgia 120-121 H2
Georgias del Sur, Islas 118-119 E5
Georgias del Sur, Islas 120-121 E5
Gerlachocsky 84 E-F4
Ghadamis 34 D1
Ghana 34 C4
Ghana 120-121 F3
Gibraltar 86 C5
Gibraltar, estrecho de 32 C1
Gibraltar, estrecho de 84 C5
Gijón 86 C4
Gilbert 100 D5
Gilbert, islas 100 G3
Ginebra 86 D4
Gisborne 100 G-H7
Giziza 68 G1
Glasgow 86 C3
Gliwice 86 E3
Gobi, desierto de 66 E2
Gobi, desierto de 118-119 J2
Godavari, río 66 C4
Godthab 50 G1
Goiânia 50 G5
Gold Coast-Tweed 100 E6
Gomel 86 F-G3
Gonder 34 G3
Gonga Shan 66 E3
Gorlovska 86 G4
Gotemburgo 86 E3
Gotland 86 E3
Gotland 84 E3
Grampianos, montes 84 C3
Gran Atlas 32 C1
Gran Atlas 118-119 F2
Gran Barrera de Arrecifes Australiana 100 D5-E6
Gran Bretaña 118-119 F2
Gran Bretaña 84 C3
Gran Chaco 48 F6
Gran Cordillera Divisoria 100 D5-D7
Gran Cordillera Divisoria 118-119 K4 L5
Gran Cuenca 48 D2
Gran Cuenca 118-119 C2
Gran Desierto de Arena 100 B5-6
Gran Desierto de Arena 118-119 J-K4
Gran Desierto Victoria 100 B-C6
Gran Desierto Victoria 118-119 K4-5
Gran Erg de Bilma 32 E3
Gran Erg Occidental 32 C-D1
Gran Erg Oriental 32 D1
Gran Jingán, montes 66 E-F2
Gran Karoo 32 F8
Gran Lago de Esclavo 118-119 C1
Gran Lago de los Esclavos 48 D1
Gran Lago de los Osos 48 C1
Gran Lago del Oso 118-119 B-C1
Gran Oasis 32 F-G2
Gran Sasso 84 E4
Granada 120-121 D3
Granada 50 F4
Granada 86 C5
Grande, río 118-119 C2-3
Grandes Antillas 48 F4
Grandes Antillas 118-119 D3
Grandes Llanuras 118-119 C2
Graz 86 E4
Grecia 86 F5
Grecia 120-121 G2
Greenville 34 B-C4
Grenoble 86 D4
Groenlandia 50 G1
Groenlandia 118-119 E1
Groenlandia 120-121 E1
Groenlandia, mar de 118-119 F1
Groenlandia, mar de 120-121 E1
Grootfontein 34 E6
Grozny 86 H4
Guadalajara 50 D3
Guadalcanal 100 E-F5
Guadalquivir 84 C5
Guadalupe 120-121 D3
Guadalupe 50 F4
Guadalupe, isla de 50 D3
Guadalupe, isla de 48 D3
Guadiana 84 C5
Guam 100 D2
Guam 120-121 K3
Guardafui, cabo 32 I3
Guardafui, cabo 118-119 H3
Guatemala (ciudad) 50 E4
Guatemala (ciudad) 120-121 C3
Guatemala (país) 50 E4
Guatemala (país) 120-121 C3
Guayana Francesa 50 G4
Guayana Francesa 120-121 E3
Guayanas, macizo de las 118-119 D-E3
Guayaquil 50 E-F5
Guge 32 G4
Guilín 68 E3
Guinea 34 B3
Guinea 120-121 F3
Guinea Bisáu 34 B3
Guinea Bisáu 120-121 F3
Guinea Ecuatorial 34 D-E4
Guinea Ecuatorial 120-121 G3
Guinea Meridional 32 E5
Guinea Septentrional 32 C4
Guinea, golfo de 32 D4
Guinea, golfo de 34 D4
Guinea, golfo de 118-119 F4
Guinea, golfo de 120-121 F4
Guiyang 68 E3
Guiza 34 G1-2
Gujranwala 68 C3
Guwahati 68 D3
Guyana 50 G4
Guyana 120-121 D-E3
Gwalior 68 C3
Gyanja 86 H4-5

**H**abarovsk 68 F2
Hafún, cabo 68 B4
Hafún, cabo 66 B4
Haikou 68 E3-4
Hailaer 68 E-F2
Hainán 68 E4
Hainán 66 E4
Hainán 118-119 J3
Hainán 120-121 J3
Haiphong 68 E3
Haití 50 F4
Haití 120-121 D3
Hakodate 68 G2
Hamada el Hamra 32 E2
Hamada el Haricha 32 C2
Hamburgo 86 D-E3
Hamhung 68 F2-3
Hami 68 D2
Hamilton 50 F3
Handán 68 E3
Hangzhou 68 E-F3
Hannover 86 D-E3
Hanoi 68 E3
Hanoi 120-121 J3
Harare 34 G6
Harare 120-121 G-H4
Harbin 68 F2
Hargeysa 34 H4
Hargeysa 120-121 H3
Hatteras, cabo 48 F3
Hatteras, cabo 118-119 D2
Hawái 118-119 A3
Hawái 120-121 A3
Hébridas, islas 86 C3
Hébridas, islas 84 C3
Hegang 68 F2
Helsinki 86 F2
Helsinki 120-121 G1
Hengyang 68 E3
Herat 68 C3
Hermosillo 50 D3
Himalaya 66 D3
Himalaya 118-119 I-J2
Hindukush 66 C3
Hiroshima 68 F3
Hobart 100 D8
Höfn 86 B2
Hohhot 68 E2
Hokkaido 32 G2
Hokkaido 118-119 K2
Hokkaido 120-121 K2
Homs Al Khums 34 E1
Honduras 50 E4
Honduras 120-121 D3
Hong Kong (Xianggag) 68 E3
Honiara 100 E5
Honiara 120-121 L4
Honshhú 118-119 K2
Honshhú 120-121 K2
Honshú 32 F3
Hornos, cabo de 118-119 D5
Hotán 68 C-D3
Houston 50 E3
Hovd 68 D2
Howard y Baker 100 H3
Huainán 68 E3
Huambo 34 E6
Huang (Río Amarillo) 66 E3
Huang Ho (Amarillo) 118-119 J2
Hubli 68 C4
Hudson, bahía de 50 E1-2
Hudson, bahía de 48 E1-2
Hudson, bahía de 118-119 D1-2
Hudson, bahía de 120-121 D1-2
Hue 68 E4
Huelva 86 C5
Hulun, lago 66 E2
Hungría 86 E4
Hungría 120-121 G2
Hunter 100 G6
Hurón, lago 48 E2
Hurón, lago 118-119 D2
Hvannadalshnukur 84 B2
Hyderabad 68 C4
Hyderabad 68 C4

**I**asi 86 F4
Ibadán 34 D4
Ibérica, península 84 C4-5
Ibérica, península 118-119 F2
Ifni 34 B2
Igarka 68 D1
Ilhéus 50 H5
Illes Balears 86 D5
Illes Balears 84 D5
Iloilo 68 F4
Ilorín 34 D4
In Salah 34 D2
Incheon 68 F3
India 68 C-D4
India 120-121 I3
Indianápolis 50 E3
Indo, río 66 C3
Indo, río 118-119 I3
Indochina, península de 66 E4
Indochina, península de 118-119 I3
Indonesia 68 E-F5
Indonesia 120-121 J-K4
Indore 68 C3
Indostán, península del 66 C-D3
Indostán, península del 118-119 I3
Inhambane 34 G7
Inverness 86 C3
Ióanina 86 F5
Ioskar-Ola 86 H3
Ipoh 68 D-E4
Iquitos 50 F5
Irak 68 B3
Irak 120-121 H2
Irán 68 B3
Irán 120-121 H2
Irán, Meseta del 66 B3
Irán, Meseta del 118-119 H2
Irian Jaya 100 C4
Iringa 34 G5
Irkutsk 68 E2
Irlanda 86 C3
Irlanda 118-119 F2
Irlanda 120-121 F2
Irlanda 84 C3
Irlanda del Norte 86 C3
Irtish, río 66 C2
Irun 86 C4
Isafjordur 86 A2
Isfahán 68 B3
Isim 68 C2
Isiro 34 F4
Isla Banks 120-121 B1
Islamabad 68 C3
Islamabad 120-121 I2
Islandia 50 H1
Islandia 86 B2
Islandia 118-119 F1
Islandia 84 B2
Islas Caimán 120-121 D3
Islas Caimán 50 E4
Islas Carolinas 100 D3
Islas Hawái 100 J1
Islas Kuriles 120-121 L2
Islas Marshall, República de las 120-121 L3
Islas Salomón 100 F4
Islas Salomón 120-121 L4
Islas Turcas y Caicos 120-121 D3
Islas Turcas y Caicos 50 F3
Islas Vírgenes (EE.UU.) 120-121 D3
Islas Vírgenes (EE.UU.) 50 F4
Islas Vírgenes (Reino Unido) 120-121 D3
Islas Vírgenes (Reino Unido) 50 F4
Isnail Samant 66 C3
Israel 68 A3
Israel 120-121 H2
Italia 86 E4
Italia 120-121 G2
Itálica, península 84 E4
Ivanoro 86 H3
Ivdel 68 C1
Iwate 66 F-G3
Izhevsk 86 I3
Izmir 68 A3

**J**abalpur 68 C-D3
Jacksonville 50 E3
Jaén 86 C5
Jaipur 68 C3
Jamaica 50 E-F4
Jamaica 118-119 D3
Jamaica 120-121 D3
Jamame 34 H5
Jangai, montes de 66 D-E2
Janka, lago 66 F2
Japón 68 F3
Japón 120-121 K2
Japón, mar de 68 F2-3
Japón, mar de 66 F2-3
Japón, mar de 118-119 K2
Japón, mar de 120-121 K2
Járkov 86 G3-4
Jartum 34 G3
Jartum 120-121 G-H3
Java 68 E5
Java 66 E5
Java 118-119 J4
Java 120-121 J4
Java, mar de 68 E5
Java, mar de 66 E5
Java, mar de 118-119 J4
Jayapura 68 F5
Jeddah 68 A-B3
Jenisejsk 68 D2
Jerusalén 68 A3
Jerusalén 120-121 H2
Jiamusi 68 F2
Jilín 68 F2
Jimma 34 G4
Jinán 68 E3
Jinja 34 G4
João Pessoa 50 H5
Jodhpur 68 C3

| Nombre | Página | Cuadrícula |
|---|---|---|
| Johannesburgo | 34 | F7 |
| Johnston | 100 | H2 |
| Johor Bahru | 68 | E4 |
| Jónicas, islas | 86 | E5 |
| Jónicas, islas | 84 | E5 |
| Jónico, mar | 86 | E5 |
| Jónico, mar | 84 | E5 |
| Jordania | 68 | A3 |
| Jordania | 120-121 | H2 |
| Jos | 34 | D4 |
| Jos, Meseta de | 32 | D-E3 |
| Juan Fernández, islas | 118-119 | D5 |
| Juan Fernández, islas | 120-121 | D5 |
| Juan Fernández, islas | 50 | E6 |
| Juan Fernández, islas | 48 | E6 |
| Juba | 34 | G4 |
| Juba | 120-121 | H3 |
| Juneau | 50 | C2 |
| Jungfraa | 84 | D4 |
| Jura | 84 | D4 |
| Jylland | 84 | D3 |
| K2 | 66 | C3 |
| K2 | 118-119 | I2-3 |
| Kabawe | 34 | F6 |
| Kabul | 68 | C3 |
| Kabul | 120-121 | I2 |
| Kaduna | 34 | D3 |
| Kaédi | 34 | B3 |
| Kagoshima | 68 | F3 |
| Kainji, embalse de | 32 | D3-4 |
| Kalahari, desierto de | 32 | F7 |
| Kalahari, desierto de | 118-119 | G4 |
| Kalamata | 86 | F5 |
| Kaliningrado | 86 | E-F3 |
| Kalmar | 86 | E3 |
| Kaluga | 86 | G3 |
| Kama | 84 | I3 |
| Kamchatka, península de | 66 | G-H2 |
| Kamchatka, península de | 118-119 | L1-2 |
| Kamina | 34 | F5 |
| Kampala | 34 | G4 |
| Kampala | 120-121 | H3 |
| Kamysin | 86 | H3-4 |
| Kananga | 34 | F5 |
| Kandahar | 68 | C3 |
| Kankan | 34 | C3-4 |
| Kano | 34 | D3 |
| Kanpur | 68 | D3 |
| Kaohsiung | 68 | F3 |
| Kapingamarangi | 100 | E3 |
| Kapuas, río | 66 | E4 |
| Kara, mar de | 66 | C1 |
| Kara, mar de | 118-119 | I1 |
| Kara, mar de | 120-121 | I1 |
| Karachi | 68 | C3 |
| Karakórum | 66 | C3 |
| Kariba, lago | 32 | F6 |
| Karlik Shan | 66 | D2 |
| Karpogory | 86 | H2 |
| Kasai, río | 32 | F5 |
| Kasama | 34 | G5 |
| Katanga | 32 | F6 |
| Katmandú | 68 | D3 |
| Katmandú | 120-121 | I3 |
| Kaunas | 86 | F3 |
| Kawasaki | 68 | G3 |
| Kayes | 34 | B3 |
| Kayseri | 68 | A3 |
| Kazachie | 68 | F1 |
| Kazajistán | 86 | H-I4 |
| Kazajistán | 68 | C2 |
| Kazajistán | 120-121 | H-I2 |
| Kazajistán, meseta de | 66 | C2 |
| Kazán | 86 | H3 |
| Kazbek | 84 | H4 |
| Kebneikaise | 84 | E2 |
| Keetmanshoop | 34 | E7 |
| Keflavík | 86 | A2 |
| Kelilvum | 66 | H1 |
| Kelo | 34 | E4 |
| Kenia | 32 | G4-5 |
| Kenia | 34 | G4 |
| Kenia | 120-121 | H3 |
| Kenin | 100 | E6 |
| Kerbala | 68 | B3 |
| Kerguelen, islas | 118-119 | I5 |
| Kerguelen, islas | 120-121 | I5 |
| Kermadec, islas | 100 | H7 |
| Kermán | 68 | B3 |
| Kermanshah | 68 | B3 |
| Khasi | 68 | C3 |
| Khujand | 68 | C2 |
| Khulna | 68 | D3 |
| Kibu, lago | 32 | F5 |
| Kidal | 34 | D3 |
| Kielce | 86 | F3 |
| Kiev | 86 | F-G3 |
| Kiev | 120-121 | H2 |
| Kigali | 34 | F5 |
| Kigali | 120-121 | G4 |
| Kigoma | 34 | F-G5 |
| Kikuit | 34 | E5 |
| Kilimanjaro | 32 | G5 |
| Kilimanjaro | 118-119 | H4 |
| Kimberley | 34 | F7 |
| Kinabala | 66 | E4 |
| Kinchinjunga | 66 | D3 |
| Kingston | 50 | F4 |
| Kingston | 100 | F6 |
| Kingston | 120-121 | D3 |
| Kingstown | 120-121 | D3 |
| Kingstown | 50 | F4 |
| Kinshasa | 34 | E5 |
| Kinshasa | 120-121 | G4 |
| Kinyeti | 32 | G4 |
| Kirensk | 68 | E2 |
| Kirguistán | 68 | C2 |
| Kirguistán | 120-121 | I2 |
| Kiribati | 118-119 | M4 |
| Kiritimati | 100 | I-J3 |
| Kirov | 86 | H3 |
| Kiruna | 86 | E-F2 |
| Kisangani | 34 | F4 |
| Kitakyushu | 68 | F3 |
| Kitwe | 34 | F6 |
| Klincy | 86 | G3 |
| Kobe | 68 | F3 |
| Kola, península de | 84 | G2 |
| Kolima, montes de | 66 | G-H1 |
| Kolima, montes de | 118-119 | K-L1 |
| Kolima, río | 118-119 | K1 |
| Koloma | 86 | G3 |
| Kolpasevo | 68 | C-D2 |
| Kolwezi | 34 | F6 |
| Komadugu, río | 32 | D-E3 |
| Kompas Berg | 32 | F8 |
| Kondopoga | 86 | G2 |
| Konosa | 86 | H2 |
| Konya | 68 | A3 |
| Konzhakovskii Kamen | 84 | I3 |
| Kordofán | 32 | F-G3 |
| Korla | 68 | D2 |
| Korosten | 86 | F3 |
| Kosciusko, mount | 100 | D-E7 |
| Kosciusko, mount | 118-119 | K-L5 |
| Kosice | 86 | F4 |
| Kosovo | 120-121 | G2 |
| Kosovo | 86 | F4 |
| Kosrae | 100 | F3 |
| Kostromá | 86 | H3 |
| Kota | 68 | C3 |
| Kota Kinabalu | 68 | E4 |
| Kotlas | 86 | H2 |
| Kovel | 86 | F3 |
| Krasnodar | 86 | G-H4 |
| Krasnoiarsk | 68 | D2 |
| Krasnovodsk | 68 | B2-3 |
| Krishna, río | 66 | C4 |
| Kristiansand | 86 | D3 |
| Kristiansund | 86 | D2 |
| Krivpi Rog | 86 | G4 |
| Kuala Lumpur | 68 | E4 |
| Kuala Lumpur | 120-121 | J3 |
| Kuango, río | 32 | E5 |
| Kuenlún, mounts | 66 | D3 |
| Kuenlún, mounts | 118-119 | I-J2 |
| Kuesk | 86 | G3 |
| Kuh-e-Taftán | 66 | C3 |
| Kuito | 34 | E6 |
| Kulsary | 68 | B2 |
| Kumamoto | 68 | F3 |
| Kumasi | 34 | C4 |
| Kungrad | 68 | B2 |
| Kunming | 68 | E3 |
| Kurgán | 68 | C2 |
| Kuriles, Fosa de las | 118-119 | L2 |
| Kuriles, islas | 68 | G2 |
| Kuriles, islas | 66 | G2 |
| Kuriles, islas | 118-119 | L2 |
| Kurnool | 68 | C4 |
| Kustanaj | 68 | C2 |
| Kusti | 34 | G3 |
| Kutaisi | 86 | H4 |
| Kuwait (ciudad) | 68 | B3 |
| Kuwait (ciudad) | 120-121 | H3 |
| Kuwait (país) | 68 | B3 |
| Kuwait (país) | 120-121 | H3 |
| Kuybyshev, embalse | 84 | H-I3 |
| Kwangju | 68 | F3 |
| Kyoto | 68 | F3 |
| Kyrenia | 86 | G5 |
| Kyushu | 32 | F3 |
| Kyushu | 118-119 | K2 |
| Kyushu | 120-121 | K2 |
| Kyzyl | 68 | D2 |
| Kzyl-Orda | 68 | C2 |
| L'Alguer | 86 | D4 |
| L'Hospitalet de Llobregat | 86 | D4 |
| La Española | 118-119 | D3 |
| La Habana | 50 | E3 |
| La Habana | 120-121 | D3 |
| La Meca | 68 | B3 |
| La Pampa | 48 | F6 |
| La Pampa | 118-119 | D5 |
| La Paz | 50 | F5 |
| La Paz | 120-121 | D4 |
| La Plata | 50 | G6 |
| La Valeta | 120-121 | G-2 |
| La Valetta | 86 | E5 |
| Labasa | 100 | H5 |
| Labrador, mar del | 118-119 | E2 |
| Labrador, mar del | 120-121 | E2 |
| Labrador, península del | 48 | F2 |
| Labrador, península del | 118-119 | D2 |
| Ladoga, lago | 84 | G2 |
| Lagos | 34 | D4 |
| Lagos | 86 | C5 |
| Lahore | 68 | C3 |
| Lahti | 86 | F2 |
| Lambarené | 34 | D-E5 |
| Land's End, cabo | 84 | C4 |
| Land's End, cabo | 118-119 | F2 |
| Lanín, Volcán | 48 | F7 |
| Lanzhou | 68 | E3 |
| Laos | 68 | E4 |
| Laos | 120-121 | J3 |
| Lapatka, cabo | 68 | G2 |
| Lapatka, cabo | 66 | G2 |
| Lapatka, cabo | 118-119 | L2 |
| Laptev, mar de | 68 | E-F1 |
| Laptev, mar de | 66 | E-F1 |
| Laptev, mar de | 118-119 | K1 |
| Laptev, mar de | 120-121 | K1 |
| Laquedivas, islas | 118-119 | I3 |
| Laquedivas, islas | 120-121 | I3 |
| Laquedivas, islas | 68 | C4 |
| Laquedivas, islas | 66 | C4 |
| Lárisa | 86 | F5 |
| Larkana | 68 | C3 |
| Las Vegas | 50 | D3 |
| Latina | 86 | E4 |
| Lau, islas | 100 | H5-6 |
| Lausana | 86 | D4 |
| Le Mans | 86 | C-D4 |
| Lealtad, islas de la | 100 | F6 |
| Leava | 100 | H5 |
| Lecce | 86 | E4 |
| Ledianaia | 66 | H1 |
| Leeds | 86 | C3 |
| Leewin, cabo | 100 | A7 |
| Leewin, cabo | 118-119 | J5 |
| Legazpi | 68 | F4 |
| Lena, río | 66 | E2-F1 |
| Lena, río | 118-119 | K1 |
| Lensk | 68 | E1 |
| León | 50 | D3 |
| León | 86 | C4 |
| León, golfo de | 84 | D4 |
| Lesoto | 34 | F7 |
| Lesoto | 120-121 | G-H4 |
| Letonia | 86 | F3 |
| Letonia | 120-121 | G2 |
| Lhasa | 68 | D3 |
| Lianyungang | 68 | E-F3 |
| Líbano | 68 | A3 |
| Líbano | 120-121 | H2 |
| Liberia | 34 | B-C4 |
| Liberia | 120-121 | F3 |
| Líbia | 34 | E2 |
| Líbia | 120-121 | G3 |
| Líbico, desierto | 32 | F2 |
| Líbico, desierto | 118-119 | G3 |
| Libreville | 34 | D-E4 |
| Libreville | 120-121 | G3 |
| Liechtenstein | 120-121 | G2 |
| Liechtenstein | 86 | D-E4 |
| Lieksa | 86 | F2 |
| Lillehammer | 86 | D-E2 |
| Lilongwe | 34 | G6 |
| Lilongwe | 120-121 | H4 |
| Lima | 50 | F5 |
| Lima | 120-121 | D4 |
| Limpopo, río | 32 | G7 |
| Linhares | 50 | H5 |
| Lipetsk | 86 | G3 |
| Lisboa | 86 | C5 |
| Lisboa | 120-121 | F2 |
| Lituania | 86 | F3 |
| Lituania | 120-121 | G2 |
| Liubliana | 120-121 | G2 |
| Liubliana | 86 | E4 |
| Liuzhou | 68 | E3 |
| Liverpool | 86 | C3 |
| Livingstone | 34 | F6 |
| Livinstone, Cataratas | 32 | E5 |
| Llanura Amazónica | 48 | F5 |
| Llanura Amazónica | 118-119 | D-E4 |
| Llanura Costera del Golfo | 48 | E3 |
| Llanura Costera del Golfo | 118-119 | C2-3 |
| Llanura de Europa Oriental | 84 | H3 |
| Llanura Húngara | 84 | E-F4 |
| Lleida | 86 | D4 |
| Llullaillaco | 48 | F6 |
| Lobito | 34 | E6 |
| Lódz | 86 | E3 |
| Logan, mount | 48 | B-C1 |
| Logroño | 86 | C4 |
| Loira | 84 | D4 |
| Lomé | 34 | C-D4 |
| Lomé | 120-121 | F-G3 |
| Londres | 86 | C3 |
| Londres | 120-121 | F-G2 |
| López, cabo | 32 | D5 |
| Lord Howe | 100 | E-F7 |
| Los Ángeles | 50 | D3 |
| Lualaba, río | 32 | F5 |
| Luanda | 34 | E5 |
| Luanda | 120-121 | G4 |
| Luang Prabang | 68 | E3 |
| Luanshya | 34 | F6 |
| Lubango | 34 | E6 |
| Lübeck | 86 | D-E3 |
| Lublin | 86 | F3 |
| Lubumbashi | 34 | F6 |
| Lucapa | 34 | E-F5 |
| Luck | 86 | F3 |
| Lucknow | 68 | D3 |
| Lüderitz | 34 | E7 |
| Ludhiana | 68 | C3 |
| Luena | 34 | E-F6 |
| Luganville | 100 | F5 |
| Luisiada, archipiélago | 100 | E5 |
| Lulea | 86 | F2 |
| Lund | 86 | E3 |
| Lunda, Meseta de | 32 | E-F5 |
| Lunda, Meseta de | 118-119 | G4 |
| Luobomo | 34 | E5 |
| Luoyang | 68 | E3 |
| Lusaka | 34 | F6 |
| Lusaka | 120-121 | G4 |
| Luxemburgo (ciudad) | 120-121 | G2 |
| Luxemburgo (ciudad) | 86 | D3-4 |
| Luxemburgo (país) | 120-121 | G2 |
| Luxemburgo (país) | 86 | D3-4 |
| Luxor | 34 | G2 |
| Luzón | 32 | F4 |
| Luzón | 118-119 | J-K3 |
| Luzón | 120-121 | K3 |
| Lvov | 86 | F4 |
| Lyon | 86 | D4 |
| M'Banza Congo | 34 | E5 |
| Maastricht | 86 | D3 |
| Macareñas, islas | 32 | I7 |
| Macareñas, islas | 34 | I7 |
| Macaronesia | 118-119 | E-F3 |
| Macdonnell, mounts | 100 | C6 |
| Macdonnell, mounts | 118-119 | K4 |
| Macedonia | 120-121 | G2 |
| Macedonia | 86 | F4 |
| Maceió | 50 | H5 |
| Macizo Brasileña | 48 | G5 |
| Macizo Central | 84 | D4 |
| Macizo de Air | 32 | D3 |
| Macizo de Guayana | 48 | F4 |
| Macizo Etiópico | 32 | G3 |
| Mackenzie | 48 | C1 |
| Mackenzie, mounts | 48 | C1 |
| Mackenzie, mounts | 118-119 | B1 |
| Macquarie | 118-119 | L5 |
| Macquarie | 120-121 | L5 |
| Madagascar | 34 | H6-7 |
| Madagascar | 118-119 | H4 |
| Madagascar | 120-121 | H4 |
| Madeira, islas | 48 | F5 |
| Madeira, islas | 86 | B5 |
| Madeira, islas | 84 | B5 |
| Madeira, islas | 118-119 | F2 |
| Madeira, islas | 120-121 | F2 |
| Madeira, islas | 32 | B1 |
| Madeira, islas | 34 | B1 |
| Madrás (Chennai) | 68 | D4 |
| Madrid | 86 | C4 |
| Madrid | 120-121 | F2 |
| Madurai | 68 | C-D4 |
| Magadán | 68 | G2 |
| Magallanes, estrecho de | 118-119 | D5 |
| Mahajanga | 34 | H6 |
| Maï-Ndombe, lago | 32 | E-F5 |
| Maiduguri | 34 | E3 |
| Mainz | 86 | D3 |
| Majuro | 100 | G2 |
| Majuro | 120-121 | L3 |
| Makhachkala | 86 | H4 |
| Malabo | 34 | D4 |
| Malabo | 120-121 | G3 |
| Malaca, estrecho de | 66 | E4-5 |
| Malaca, estrecho de | 118-119 | J3 |
| Malaca, península de | 66 | E4 |
| Maladi | 34 | E5 |
| Maladzechna | 86 | F3 |
| Málaga | 86 | C5 |
| Malakal | 34 | G4 |
| Malang | 68 | E5 |
| Malanje | 34 | E5 |
| Malasia | 68 | E4 |
| Malasia | 120-121 | J3 |
| Malaui | 34 | G6 |
| Malaui | 120-121 | H4 |
| Malaui (Niassa), lago | 32 | G6 |
| Malaui (Niassa), lago | 118-119 | H4 |
| Malden | 100 | J4 |
| Maldivas | 68 | C4 |
| Maldivas | 118-119 | I3 |
| Maldivas | 120-121 | I3 |
| Male | 68 | C4 |
| Male | 120-121 | I3 |
| Malí | 34 | C-D3 |
| Malí | 120-121 | F3 |
| Malindi | 34 | H5 |
| Malmö | 86 | E3 |
| Malta | 86 | E5 |
| Malta | 118-119 | G2 |
| Malta | 120-121 | G-2 |
| Malvinas (Falkland), Islas | 118-119 | D-E5 |
| Malvinas (Falkland), Islas | 120-121 | D-E5 |
| Malvinas, islas | 50 | G7 |
| Malvinas, islas | 48 | G7 |
| Manado | 68 | F4 |
| Managua | 50 | E4 |
| Managua | 120-121 | C-D3 |
| Manakara | 34 | H7 |
| Manama | 68 | B3 |
| Manama | 120-121 | H3 |
| Manaos | 50 | F5 |
| Manchester | 86 | C3 |
| Mandalay | 68 | D3 |
| Mangalore | 68 | C4 |
| Mangya | 68 | D4 |
| Manika, llanura de | 32 | F5 |
| Manila | 68 | E-F4 |
| Manila | 120-121 | K3 |
| Manku Sardyk | 118-119 | J2 |
| Mannheim | 86 | D3 |
| Manukau | 100 | G7 |
| Maó o Mahón | 86 | D4 |
| Maputo | 34 | G7 |
| Maputo | 120-121 | H4 |
| Maputo, bahía de | 32 | G7 |
| Mar Caribe | 50 | F4 |
| Mar Caribe | 48 | F4 |
| Mar del Plata | 50 | G6 |
| Mara | 32 | G5 |
| Maracaibo | 50 | F4 |
| Maracaibo, lago de | 118-119 | D3 |
| Maracay | 50 | F4 |
| Maradi | 34 | D3 |
| Maramokotro | 32 | H6 |
| Marañón | 48 | F5 |
| Marca, punta de | 32 | D-E6 |
| Marca, punta de | 118-119 | G4 |
| Marcus | 100 | E1 |
| Marianas, Fosa de las | 118-119 | K-L3 |
| Marianas, islas | 118-119 | K3 |
| Marianas, islas | 120-121 | K3 |
| Mármara, mar de | 84 | F4 |
| Mármora | 84 | D4-5 |
| Marotiri | 100 | K6 |
| Maroua | 34 | E3 |
| Marquesas, islas | 100 | K-L5 |
| Marquesas, islas | 118-119 | B4 |
| Marquesas, islas | 120-121 | B4 |
| Marra | 32 | F3 |
| Marrakech | 34 | B-C1 |
| Marruecos | 34 | C1 |
| Marruecos | 120-121 | F2 |
| Marsella | 86 | D4 |
| Marshall, islas | 118-119 | L3 |
| Martinica | 120-121 | D3 |
| Martinica | 50 | F4 |
| Mary | 68 | C3 |
| Masaka | 34 | G5 |
| Mascareñas, islas | 118-119 | H4 |
| Mascate | 68 | B3 |
| Mascate | 120-121 | H-I3 |
| Maseru | 34 | F7 |
| Maseru | 120-121 | G-H4 |
| Mashhad | 68 | B3 |
| Masoala, cabo | 32 | I6 |
| Mata-Utu | 100 | H5 |
| Matamoros | 50 | E3 |
| Mato Grosso, Planicie de | 118-119 | D-E4 |
| Maun | 34 | F6-7 |
| Mauricio | 34 | I6 |
| Mauricio | 118-119 | H4 |
| Mauricio | 120-121 | H-I4 |
| Mauritania | 34 | B-C3 |
| Mauritania | 120-121 | F3 |
| Mazar-i-Sharif | 68 | C3 |
| Mbabane | 34 | G7 |
| Mbabane | 120-121 | H4 |
| Mbandaka | 34 | E-F4 |
| Mbeya | 34 | G5 |
| Mbuji-Mayi | 34 | F5 |
| McDonald | 118-119 | I5 |
| McDonald | 120-121 | I5 |
| McKinley | 48 | B1 |

| | | |
|---|---|---|
| McKinley, mount | 118-119 | A1 |
| Medan | 68 | D4 |
| Medellín | 50 | F4 |
| Mediterráneo, mar | 32 | E1 |
| Mediterráneo, mar | 34 | E1 |
| Mediterráneo, mar | 86 | E5 |
| Mediterráneo, mar | 84 | E5 |
| Mediterráneo, mar | 68 | A3 |
| Mediterráneo, mar | 66 | A3 |
| Mediterráneo, mar | 118-119 | G2 |
| Mediterráneo, mar | 120-121 | G2 |
| Meekatharra | 100 | B6 |
| Meerut | 68 | C3 |
| Mekele | 34 | G3 |
| Meknés | 34 | C1 |
| Mekong, río | 66 | D3-E4 |
| Mekong, río | 118-119 | J3 |
| Melanesia | 118-119 | K3 L4 |
| Melbourne | 100 | D7 |
| Melilla | 86 | C5 |
| Memphis | 50 | E3 |
| Mendocino, cabo | 118-119 | B2 |
| Mendoza | 50 | F6 |
| Mentawai, islas | 68 | D5 |
| Mentawai, islas | 66 | D5 |
| Merca | 34 | H4 |
| Mergui, archipiélago de | 68 | D4 |
| Mergui, archipiélago de | 66 | D4 |
| Mérida | 50 | E3 |
| Meru | 34 | G4 |
| Meseta Brasileña | 118-119 | E4 |
| Meseta de Abisinia | 118-119 | H3 |
| Meseta de Rusia Central | 84 | G-H3 |
| Messina | 86 | E5 |
| Messina, estrecho de | 84 | E5 |
| Metz | 86 | D4 |
| Mexicali | 50 | D3 |
| México | 50 | D-E4 |
| México | 120-121 | C3 |
| México, golfo de | 50 | E3 |
| México, golfo de | 48 | E3 |
| México, golfo de | 118-119 | C-D3 |
| México, golfo de | 120-121 | C-D3 |
| Mezen | 86 | H2 |
| Miami | 50 | E3 |
| Michigan, lago | 48 | E2 |
| Michigan, lago | 118-119 | D2 |
| Michurinsk | 86 | G-H3 |
| Micronesia | 118-119 | K-L3 |
| Midway | 100 | H1 |
| Mikkeli | 86 | F2 |
| Milán | 86 | D4 |
| Milwaukee | 50 | E2 |
| Milwaukee, Fosa | 118-119 | D3 |
| Mindanao | 32 | F4 |
| Mindanao | 118-119 | K3 |
| Mindanao | 120-121 | K3 |
| Minneapolis | 50 | E2 |
| Minsk | 86 | F3 |
| Minsk | 120-121 | G2 |
| Miño | 84 | C4 |
| Misisipi | 48 | E3 |
| Misisipi, río | 118-119 | C2 |
| Misurata | 34 | E1 |
| Misuri | 48 | D-E1 |
| Mitchell, mount | 48 | E-F3 |
| Mitumba, mounts | 32 | F5 |
| Módena | 86 | E4 |
| Mogadiscio | 34 | H4 |
| Mogadiscio | 120-121 | H3 |
| Mogilev | 86 | G3 |
| Mogoca | 68 | E2 |
| Moldavia | 86 | F4 |
| Moldavia | 120-121 | G-H2 |
| Molucas | 118-119 | K3 |
| Molucas | 120-121 | K3 |
| Molucas, islas | 68 | F5 |
| Molucas, islas | 66 | F5 |
| Mombasa | 34 | G-H5 |
| Mónaco | 86 | D4 |
| Mónaco (ciudad) | 120-121 | G2 |
| Mónaco (país) | 120-121 | G2 |
| Monchegorsk | 86 | G2 |
| Mongo | 34 | E3 |
| Mongolia | 68 | D-E2 |
| Mongolia | 120-121 | J2 |
| Mongu | 34 | F6 |
| Monrovia | 34 | B4 |
| Monrovia | 120-121 | F3 |
| Mont Blanc | 84 | D4 |
| Mont Blanc | 118-119 | G2 |
| Montañas Rocosas | 48 | D2 |
| Montañas Rocosas | 118-119 | C2 |
| Montecarlo | 86 | D4 |
| Montenegro | 120-121 | G2 |
| Montenegro | 86 | E4 |
| Monterrey | 50 | D3 |
| Montes Apalaches | 48 | E3 |
| Montes Mandara | 32 | E3-4 |
| Montevideo | 50 | G6 |
| Montevideo | 120-121 | E5 |
| Montpellier | 86 | D4 |
| Montreal | 50 | F2 |
| Montserrat | 120-121 | D3 |
| Montserrat | 50 | F4 |
| Mopti | 34 | C3 |
| Morogoro | 34 | G5 |
| Moroni | 34 | H6 |
| Moroni | 120-121 | H4 |
| Moscú | 86 | G3 |
| Moscú | 120-121 | H2 |
| Mosela | 84 | D3-4 |
| Mosenyo | 34 | E5 |
| Mosul | 68 | B3 |
| Mouila | 34 | D-E5 |
| Moundou | 34 | E4 |
| Mount Gambier | 100 | C-D7 |
| Mount Isa | 100 | C-D5 |
| Mozambique | 120-121 | H4 |
| Mozambique (ciudad) | 34 | H6 |
| Mozambique (país) | 34 | G6 |
| Mozambique, canal de | 32 | H6 |
| Mozambique, canal de | 118-119 | H4 |
| Mozambique, canal de | 120-121 | H4 |
| Mozyr | 86 | F3 |
| Mtuara | 34 | H6 |
| Muchinga, mounts | 32 | G6 |
| Mudanjiang | 68 | F2 |
| Mueru, lago | 32 | F-G5 |
| Mufulira | 34 | F6 |
| Mulhacén | 84 | C5 |
| Mulhouse | 86 | D4 |
| Multán | 68 | C3 |
| Munich | 86 | E4 |
| Murchinson, cabo | 48 | E1 |
| Murchison | 100 | A6 |
| Murcia | 86 | C5 |
| Murmansk | 86 | G2 |
| Murray, río | 100 | D7 |
| Murzuq | 34 | E2 |
| Musalá | 84 | F4 |
| Musgrave, mounts | 100 | B-C6 |
| Mutanje | 32 | G6 |
| Mzuzu | 34 | G6 |
| N´Djamena | 34 | E3 |
| N´Djamena | 120-121 | G3 |
| Nacala | 34 | H6 |
| Nagoya | 68 | F3 |
| Nagpur | 68 | C3 |
| Naha | 68 | F3 |
| Nairobi | 34 | G5 |
| Nairobi | 120-121 | H4 |
| Nakhon Sawan | 68 | D-E4 |
| Nakuru | 34 | G4-5 |
| Nalchik | 86 | H4 |
| Namibe | 34 | E6 |
| Namibia | 34 | E7 |
| Namibia | 120-121 | G4 |
| Namibia, desierto de | 32 | E7 |
| Namibia, desierto de | 118-119 | G4 |
| Nampho | 68 | F3 |
| Nampula | 34 | G6 |
| Namsos | 86 | E2 |
| Nan, montes | 66 | D3 |
| Nancha Barwa | 66 | D3 |
| Nanchang | 68 | E3 |
| Nanga Parbat | 66 | C3 |
| Nankín (Nanjing) | 68 | E3 |
| Nanning | 68 | E3 |
| Nantes | 86 | C4 |
| Nantong | 68 | F3 |
| Nápoles | 86 | E4 |
| Narbona | 86 | D4 |
| Nares, Fosa del | 48 | F3 |
| Narmada, río | 66 | C3 |
| Narodnaia | 66 | B1 |
| Narodnaia | 118-119 | I1 |
| Narvik | 86 | E2 |
| Nashville | 50 | E3 |
| Nasik | 68 | C4 |
| Nasirifa | 68 | B3 |
| Nassau | 50 | F3 |
| Nassau | 120-121 | D3 |
| Nasser, lago | 32 | G2 |
| Nasser, lago | 118-119 | H3 |
| Natal | 50 | H5 |
| Nauru | 100 | F4 |
| Nauru | 120-121 | L4 |
| Navidad (Christmas), Isla | 120-121 | J4 |
| Navidad (Christmas), Isla | 118-119 | J4 |
| Naypyidaw | 68 | D4 |
| Naypyidaw | 120-121 | J3 |
| Ndola | 34 | F6 |
| Negra, punta | 118-119 | D4 |
| Negro, mar | 86 | G4 |
| Negro, mar | 84 | G4 |
| Negro, mar | 68 | A2 |
| Negro, mar | 66 | A2 |
| Negro, mar | 118-119 | H2 |
| Negro, río | 48 | F5 |
| Negro, río | 118-119 | D5 |
| Nelkan | 68 | F2 |
| Nellbre | 68 | D4 |
| Nema | 34 | C3 |
| Nepal | 68 | D3 |
| Nepal | 120-121 | I3 |
| Neryungri | 68 | F2 |
| Newcastle | 34 | F8 |
| Newcastle | 86 | C3 |
| Newcastle | 100 | E7 |
| Ngerulmud | 100 | C3 |
| Ngerulmud | 120-121 | K3 |
| Niamey | 34 | D3 |
| Niamey | 120-121 | G3 |
| Niamuori | 32 | G5 |
| Nicaragua | 50 | E4 |
| Nicaragua | 120-121 | D3 |
| Nicaragua, lago | 118-119 | C-D3 |
| Nicobar | 118-119 | I-J3 |
| Nicobar | 120-121 | I-J3 |
| Nicobar, islas | 68 | D4 |
| Nicobar, islas | 66 | D4 |
| Nicosia | 86 | G5 |
| Nicosia | 120-121 | H2 |
| Níger | 34 | D-E3 |
| Níger | 120-121 | G3 |
| Níger, cuenca del | 32 | C3 |
| Níger, Delta del | 32 | D4 |
| Níger, río | 32 | C3 |
| Níger, río | 118-119 | F-G3 |
| Nigeria | 34 | D4 |
| Nigeria | 120-121 | G3 |
| Niigata | 68 | F-G3 |
| Nikolajev | 86 | G4 |
| Nilo Azul, río | 32 | G3 |
| Nilo Blanco, río | 32 | G4 |
| Nilo, Delta del | 32 | G1 |
| Nilo, río | 32 | G2 |
| Nilo, río | 118-119 | H3 |
| Ningbo | 68 | F3 |
| Nioro | 34 | C3 |
| Nis | 86 | F4 |
| Niua Topatapu | 100 | H5 |
| Niue | 100 | I6 |
| Niue | 120-121 | A4 |
| Niza | 86 | D4 |
| Nizhny Nóvgorod | 86 | H3 |
| Nizhyn | 86 | G3 |
| Nordvik | 68 | E1 |
| Norfolk | 100 | F-G6 |
| Norilsk | 68 | D1 |
| Noroeste, cabo | 100 | A6 |
| Noroeste, cabo | 118-119 | J4 |
| Nörrköping | 86 | E3 |
| Norte, cabo | 84 | F1 |
| Norte, cabo | 118-119 | G1 |
| Norte, isla del | 100 | G7 |
| Norte, isla del | 118-119 | L5 |
| Norte, isla del | 120-121 | L5 |
| Norte, mar del | 86 | D3 |
| Norte, mar del | 84 | D3 |
| Norte, mar del | 118-119 | G2 |
| Norte, mar del | 120-121 | G2 |
| North Shore | 100 | G7 |
| Noruega | 86 | D-E2 |
| Noruega | 120-121 | G1 |
| Noruega, mar de | 86 | D2 |
| Noruega, mar de | 84 | D2 |
| Noruega, mar de | 118-119 | G1 |
| Noruega, mar de | 120-121 | G1 |
| Norwich | 86 | D3 |
| Nouadhibou | 34 | B2 |
| Nouméa | 100 | F6 |
| Nóvgorod | 86 | G3 |
| Novokuzneck | 68 | D2 |
| Novorossijsk | 86 | G4 |
| Novosibirsk | 68 | C-D2 |
| Nuakchott | 34 | B3 |
| Nuakchott | 120-121 | F3 |
| Nubia, desierto de | 32 | G2 |
| Nueva Ámsterdam | 120-121 | I5 |
| Nueva Ámsterdam | 118-119 | I5 |
| Nueva Bretaña | 100 | D-E4 |
| Nueva Caledonia | 100 | F6 |
| Nueva Caledonia | 118-119 | L4 |
| Nueva Caledonia | 120-121 | L4 |
| Nueva Delhi | 68 | C-D3 |
| Nueva Delhi | 120-121 | I3 |
| Nueva Guinea | 68 | F5 |
| Nueva Guinea | 66 | F5 |
| Nueva Guinea | 100 | C-D4 |
| Nueva Guinea | 118-119 | K4 |
| Nueva Guinea | 120-121 | K4 |
| Nueva Hanover | 100 | D4 |
| Nueva Irlanda | 100 | E4 |
| Nueva Orleans | 50 | E3 |
| Nueva Siberia, Islas de | 118-119 | K1 |
| Nueva Siberia, Islas de | 120-121 | K1 |
| Nueva Siberia, Islas de | 68 | G1 |
| Nueva Siberia, Islas de | 66 | G1 |
| Nueva York | 50 | F2 |
| Nueva Zelanda | 100 | G7-8 |
| Nueva Zelanda | 118-119 | L5 |
| Nueva Zelanda | 120-121 | L5 |
| Nueva Zembla | 68 | B1 |
| Nueva Zembla | 66 | B1 |
| Nueva Zembla | 118-119 | H1 |
| Nueva Zembla | 120-121 | H1 |
| Nuevas Hébridas | 100 | F-G5 |
| Nuevas Hébridas | 118-119 | L4 |
| Nuguria, islas | 100 | E4 |
| Nuku'alofa | 100 | H6 |
| Nuku'alofa | 120-121 | M4 |
| Nurenberg | 86 | D-E4 |
| Nyala | 34 | F3 |
| Obi, río | 66 | C1-D2 |
| Obi, río | 118-119 | I2 |
| Oder | 84 | E3 |
| Odesa | 86 | G4 |
| Oeno | 100 | L6 |
| Ogaden | 32 | H4 |
| Ogbomosho | 34 | D4 |
| Ohio | 48 | E3 |
| Oja | 68 | G2 |
| Ojotsk | 68 | G2 |
| Ojotsk, mar de | 68 | G2 |
| Ojotsk, mar de | 66 | G2 |
| Ojotsk, mar de | 118-119 | K2 |
| Ojotsk, mar de | 120-121 | K2 |
| Okavango, Cuenca del | 32 | F6-7 |
| Oklahoma City | 50 | E3 |
| Öland | 86 | E3 |
| Öland | 84 | E3 |
| Olimpo | 84 | F4-5 |
| Oljutorskij, cabo | 68 | H2 |
| Oljutorskij, cabo | 66 | H2 |
| Oljutorskij, cabo | 118-119 | L2 |
| Omán | 68 | B4 |
| Omán | 120-121 | H3 |
| Omán, golfo de | 68 | B-C3 |
| Omán, golfo de | 66 | B-C3 |
| Omán, golfo de | 118-119 | H-I3 |
| Omdurman | 34 | F-G3 |
| Omsk | 68 | C2 |
| Onega, lago | 84 | G2 |
| Onitsha | 34 | D4 |
| Ontario, lago | 48 | F2 |
| Ontario, lago | 118-119 | D2 |
| Oporto | 86 | C4 |
| Oradea | 86 | F4 |
| Orán | 34 | C1 |
| Orange, río | 32 | E-F7 |
| Orange, río | 118-119 | G4 |
| Oranjestad | 120-121 | D3 |
| Oranjestad | 50 | F4 |
| Orcadas del Sur, Islas | 120-121 | E6 |
| Orcadas del Sur, Islas | 118-119 | E6 |
| Orcadas, islas | 86 | C3 |
| Orcadas, islas | 84 | C3 |
| Orebro | 86 | E3 |
| Oremburgo | 86 | I3 |
| Oremburgo | 68 | B2 |
| Orinoco | 48 | F4 |
| Orinoco, río | 118-119 | D3 |
| Orizaba | 48 | E4 |
| Orléans | 86 | D4 |
| Ormuz, estrecho de | 66 | B3 |
| Orsha | 86 | F-G3 |
| Orsk | 68 | B2 |
| Orumiyeh | 68 | B3 |
| Osaka | 68 | F3 |
| Osh | 68 | C2 |
| Oskemen | 68 | D2 |
| Oslo | 86 | E2-3 |
| Oslo | 120-121 | G2 |
| Osprey | 100 | D5 |
| Östersund | 86 | E2 |
| Ostrov | 86 | F-G3 |
| Oti, río | 32 | D3-4 |
| Ottawa | 50 | F2 |
| Ottawa | 120-121 | D2 |
| Oujda | 34 | C1 |
| Oulu | 86 | F2 |
| Ourense | 86 | C4 |
| Oviedo | 86 | C4 |
| Owando | 34 | E5 |
| Oxford | 86 | C3 |
| Oyo | 34 | D4 |
| Padang | 68 | D-E5 |
| Pago Pago | 100 | I5 |
| Países Bajos | 86 | D3 |
| Países Bajos | 120-121 | G2 |
| Pakanbaru | 68 | E4-5 |
| Pakistán | 68 | C3 |
| Pakistán | 120-121 | I3 |
| Palana | 68 | G1-2 |
| Palembang | 68 | E5 |
| Palermo | 86 | E5 |
| Palikir | 100 | E3 |
| Palikir | 120-121 | L3 |
| Palk, estrecho de | 66 | C4 |
| Palma | 86 | D5 |
| Palmas, cabo | 32 | C4 |
| Palmas, cabo | 118-119 | F3 |
| Palmeirinhas, Punta de | 32 | D-E5 |
| Palmyra | 100 | I3 |
| Panamá | 50 | F4 |
| Panamá | 50 | E4 |
| Panamá (ciudad) | 120-121 | D3 |
| Panamá (país) | 120-121 | D3 |
| Panamá, Canal de | 48 | E-F4 |
| Panamá, golfo de | 118-119 | D3 |
| Panamá, Istmo de | 48 | E-F4 |
| Panevezys | 86 | F3 |
| Papeete | 100 | K5 |
| Papúa Nueva Guinea | 100 | D4 |
| Papúa Nueva Guinea | 120-121 | K-L4 |
| Paraguay | 50 | G6 |
| Paraguay | 48 | G5-6 |
| Paraguay | 120-121 | D-E4 |
| Paraguay, río | 118-119 | E4 |
| Parakú | 34 | D4 |
| Paramaribo | 50 | G4 |
| Paramaribo | 120-121 | E3 |
| Paraná | 48 | G5-6 |
| Paraná, río | 118-119 | E4 |
| Paranaíba | 48 | G5 |
| Pariñas, punta | 48 | E5 |
| París | 86 | D4 |
| París | 120-121 | F-G2 |
| Parma | 86 | D-E4 |
| Pärnu | 86 | F3 |
| Parry, archipiélago de | 118-119 | C1 |
| Parry, archipiélago de | 120-121 | C1 |
| Pascua, isla de | 50 | D6 |
| Pascua, isla de | 48 | D6 |
| Pascua, isla de | 118-119 | C4 |
| Pascua, isla de | 120-121 | C4 |
| Pasni | 68 | C3 |
| Patagonia | 48 | F7 |
| Patagonia | 118-119 | D5 |
| Patna | 68 | D3 |
| Patrás | 86 | F5 |
| Pau | 86 | C-D4 |
| Pavlodar | 68 | C2 |
| Pechora | 86 | I2 |
| Pechora | 84 | I2 |
| Pécs | 86 | E4 |
| Pegu | 68 | D4 |
| Peipus, lago | 84 | F3 |
| Pekín (Beijing) | 68 | E2-3 |
| Pekín (Beijing) | 120-121 | J2 |
| Pemba | 34 | H6 |
| Pemba | 32 | H5 |
| Península Antártica | 118-119 | D6 |
| Penrhyn | 100 | I-J5 |
| Penza | 86 | H3 |
| Pequeñas Antillas | 48 | F4 |
| Pequeñas Antillas | 118-119 | D3 |
| Perm | 86 | I3 |
| Perpiñan | 86 | D4 |
| Pérsico, golfo | 68 | B3 |
| Pérsico, Golfo | 66 | B3 |
| Pérsico, golfo | 118-119 | H3 |
| Perth | 100 | A7 |
| Perú | 50 | F5 |
| Perú | 120-121 | D4 |
| Pescara | 86 | E4 |
| Peshawar | 68 | C3 |
| Petropavlovsk-Kamchatsky | 68 | G-H2 |
| Petrozavodsk | 86 | G2 |
| Pevek | 68 | H1 |
| Philipsburg | 120-121 | D3 |
| Philipsburg | 50 | F4 |
| Phnom Penh | 68 | E4 |
| Phnom Penh | 120-121 | J3 |
| Phoenix | 50 | D3 |
| Phou Bia | 66 | E3-4 |
| Pidurutalagala | 66 | D4 |
| Pietermaritzburg | 34 | G7 |
| Pilcomayo | 48 | F6 |
| Pinsk | 86 | F3 |
| Pirineos | 84 | C-D4 |
| Pirineos | 118-119 | F-G2 |
| Pitcairn | 100 | L-M6 |
| Pitcairn | 118-119 | B4 |
| Pitcairn | 120-121 | B4 |
| Pleven | 86 | F4 |
| Ploiesti | 86 | F4 |
| Plymouth | 120-121 | D3 |
| Plymouth | 50 | F4 |
| Plymouth | 86 | C3 |
| Po | 84 | E4 |
| Pobeda | 66 | G1 |
| Pobedy | 66 | C-D2 |
| Podgorica | 86 | E4 |
| Pogdorica | 120-121 | G2 |
| Pohnpei | 100 | E3 |
| Pointe Noire | 34 | D-E5 |
| Poitiers | 86 | C-D4 |
| Pokrovsk | 68 | F1 |
| Polinesia | 100 | H4-I4-K5 |
| Polinesia | 118-119 | A-B4 |

| | | |
|---|---|---|
| Polinesia Francesa | 100 | K5 |
| Polinesia Francesa | 120-121 | B4 |
| Polock | 86 | F3 |
| Polonia | 86 | E-F3 |
| Polonia | 120-121 | G2 |
| Poltava | 86 | G4 |
| Pontianak | 68 | E4 |
| Poona | 68 | C4 |
| Pori | 86 | F2 |
| Poronajsk | 68 | G2 |
| Port Elizabeth | 34 | F8 |
| Port Harcourt | 34 | D4 |
| Port Louis | 34 | I6-7 |
| Port Louis | 120-121 | H-I4 |
| Port Moresby | 100 | D5 |
| Port Moresby | 120-121 | K-L4 |
| Port Said | 34 | G1 |
| Port Sudán | 34 | G3 |
| Port-Géntil | 34 | D5 |
| Port-Vila | 100 | F-G5 |
| Port-Vila | 120-121 | L4 |
| Portland | 50 | C2 |
| Porto Alegre | 50 | G6 |
| Porto Novo | 34 | D4 |
| Porto Novo | 120-121 | G3 |
| Porto Velho | 50 | F5 |
| Portugal | 86 | C5 |
| Portugal | 120-121 | F2 |
| Poti | 86 | H4 |
| Poznan | 86 | E3 |
| Praga | 86 | E3 |
| Praga | 120-121 | G2 |
| Praia | 34 | A3 |
| Praia | 120-121 | F3 |
| Pretoria | 34 | F7 |
| Pretoria | 120-121 | G-H4 |
| Príncipe de Gales, cabo | 48 | A1 |
| Príncipe Eduardo | 118-119 | H5 |
| Príncipe Eduardo | 120-121 | H5 |
| Pristina | 120-121 | G2 |
| Pskov | 86 | F-G3 |
| Puebla | 50 | E4 |
| Puerto España | 120-121 | D3 |
| Puerto España | 50 | F4 |
| Puerto Montt | 50 | F7 |
| Puerto Princesa | 68 | E-F4 |
| Puerto Príncipe | 50 | F4 |
| Puerto Príncipe | 120-121 | D3 |
| Puerto Rico | 120-121 | D3 |
| Puerto Rico | 50 | F4 |
| Pula | 86 | E4 |
| Puncak Jaya | 66 | F5 |
| Puntland | 34 | H4 |
| Puntland | 120-121 | H3 |
| Pusán | 68 | F3 |
| Pyongyang | 68 | F2-3 |
| Pyongyang | 120-121 | J-K2 |
| Qamdo | 68 | D3 |
| Qattara, depresión de | 32 | F1-2 |
| Qena | 34 | G2 |
| Qiemo | 68 | D3 |
| Qingdao | 68 | F3 |
| Qinghai, lago | 66 | D-E3 |
| Qinhuangdao | 68 | E-F2 |
| Qiqihar | 68 | F2 |
| Qom | 68 | B3 |
| Quebec | 50 | F2 |
| Quelimane | 34 | G6 |
| Quesso | 34 | E4 |
| Quetta | 68 | C3 |
| Quezón City | 68 | F4 |
| Quilpie | 100 | D6 |
| Quito | 50 | F4-5 |
| Quito | 120-121 | D4 |
| Rabat | 34 | C1 |
| Rabat | 120-121 | F2 |
| Rabaul | 100 | E4 |
| Rainier, mount | 118-119 | B-C2 |
| Raipur | 68 | D3 |
| Rajkot | 68 | C3 |
| Rajshani | 68 | D3 |
| Rakahanga | 100 | I5 |
| Ralik, islas | 100 | F2-3 |
| Ramala | 120-121 | H2 |
| Ranchi | 68 | D3 |
| Rangún | 68 | D4 |
| Rantekombola | 66 | E-F5 |
| Raoul | 100 | H6 |
| Rapa | 100 | K6 |
| Rarotonga, isla | 100 | I6 |
| Ras al Had | 68 | C3 |
| Ras al Had | 66 | C3 |
| Ras Dashan | 32 | G3 |
| Ras Mandraka | 68 | B-C4 |
| Ras Mandraka | 66 | B-C4 |
| Rasht | 68 | B3 |
| Ratak, islas | 100 | F-G2 |
| Rávena | 86 | E4 |
| Rawalpindi | 68 | C3 |
| Rawson | 50 | F7 |
| Rebiana, desierto de | 32 | F2 |
| Recife | 50 | H5 |
| Reggio di Calabria | 86 | E5 |
| Rehoboth | 34 | E7 |
| Reims | 86 | D4 |
| Reina Carlota, Archipiélago de la | 118-119 | B2 |
| Reina Carlota, Archipiélago de la | 120-121 | B2 |
| Reina Isabel, Islas de la | 118-119 | C1 |
| Reina Isabel, Islas de la | 120-121 | C1 |
| Reino Unido | 86 | C3 |
| Reino Unido | 120-121 | F2 |
| República Centroafricana | 34 | E-F4 |
| República Centroafricana | 120-121 | G3 |
| República Checa | 86 | E4 |
| República Checa | 120-121 | G2 |
| República de Kiribati | 100 | H-I4 |
| República de Kiribati | 120-121 | L-M4 |
| República de las Islas Marshall | 100 | F2 |
| República de Palaos | 100 | C3 |
| República de Palaos | 120-121 | K3 |
| República de Sudáfrica | 34 | F8 |
| República de Sudáfrica | 120-121 | G5 |
| República Democrática del Congo | 34 | F5 |
| República Democrática del Congo | 120-121 | G3-4 |
| República Dominicana | 50 | F3 |
| República Dominicana | 120-121 | D3 |
| Reunión | 120-121 | H4 |
| Reunión | 118-119 | H4 |
| Revillagigedo | 118-119 | C3 |
| Revillagigedo | 120-121 | B-C3 |
| Revillagigedo, islas | 50 | D4 |
| Revillagigedo, islas | 48 | D4 |
| Reykjavik | 50 | H1 |
| Reykjavik | 86 | A-B2 |
| Reykjavik | 120-121 | F1 |
| Riad | 68 | B3 |
| Riad | 120-121 | H3 |
| Riazán | 86 | G-H3 |
| Ribeirâo Petro | 50 | G6 |
| Rift, Gran Valle del | 32 | G4-5 |
| Riga | 86 | F3 |
| Riga | 120-121 | G2 |
| Rin | 84 | D3 |
| Rin | 118-119 | G2 |
| Río de Janeiro | 50 | G6 |
| Río de la Plata | 118-119 | E5 |
| Río Gallegos | 50 | F7 |
| Road Town | 120-121 | D3 |
| Road Town | 50 | F4 |
| Robson, mount | 48 | C-D2 |
| Rockhampton | 100 | D-E6 |
| Ródano | 84 | D4 |
| Rojo, mar | 32 | G2-3 |
| Rojo, mar | 34 | G2-3 |
| Rojo, mar | 68 | A3 |
| Rojo, mar | 66 | A3 |
| Rojo, mar | 118-119 | H3 |
| Roma | 86 | E4 |
| Roma | 120-121 | G2 |
| Roraima | 48 | G4 |
| Rosario | 50 | F6 |
| Roseau | 120-121 | D3 |
| Roseau | 50 | F4 |
| Roslavl | 86 | G3 |
| Rosso | 34 | B3 |
| Rostock | 86 | E3 |
| Rostov-na-Donu | 86 | G-H4 |
| Rotterdam | 86 | D3 |
| Rotuma | 100 | G5 |
| Rovaniemi | 86 | F2 |
| Rovno | 86 | F3 |
| Rowenzori | 32 | F4 |
| Rowenzori | 118-119 | G-H3 |
| Ruanda | 34 | F-G5 |
| Ruanda | 120-121 | H4 |
| Rudnij | 68 | C2 |
| Rukua, lago | 32 | G5 |
| Rumanía | 86 | F4 |
| Rumanía | 120-121 | G2 |
| Rundu | 34 | E6 |
| Rungüe | 32 | G5 |
| Rusia Central, Alturas de | 84 | G3 |
| Rybinsk | 86 | G3 |
| Rybinsk, embalse | 84 | G3 |
| Rybnica | 86 | F-G4 |
| Ryukyu, islas | 68 | F3 |
| Ryukyu, islas | 66 | F3 |
| S Étienne | 86 | D4 |
| Saaremaa | 86 | F3 |
| Saaremaa | 84 | F3 |
| Sabadell | 86 | D4 |
| Sabha | 34 | E2 |
| Sable, cabo | 118-119 | D3 |
| Safonovo | 86 | G3 |
| Sahara | 32 | C-D-E2 |
| Sahara | 118-119 | F-G3 |
| Sahara Occidental | 34 | D2 |
| Sahara Occidental | 120-121 | F3 |
| Saigón (Ho Chi Minh) | 68 | E4 |
| Saint George's | 120-121 | D3 |
| Saint George's | 50 | F4 |
| Saint John's | 120-121 | D3 |
| Saint John's | 50 | F4 |
| Saint-Denis | 34 | I7 |
| Saint-Louis | 34 | B3 |
| Sajalín | 68 | G2 |
| Sajalín | 66 | G2 |
| Sakhalin | 118-119 | K2 |
| Sakhalin | 120-121 | K2 |
| Sala y Gómez | 118-119 | C4 |
| Sala y Gómez | 120-121 | C4 |
| Sala y Gómez, isla | 50 | D6 |
| Sala y Gómez, isla | 48 | D6 |
| Salado, lago | 118-119 | C2 |
| Salalah | 68 | B4 |
| Salamanca | 86 | C4 |
| Salavat | 86 | I3 |
| Salé | 34 | C1 |
| Salechard | 68 | C1 |
| Salerno | 86 | E4 |
| Salomón, islas | 118-119 | L4 |
| Salomón, mar de | 100 | E4-5 |
| Salt Lake City | 50 | D2 |
| Salta | 50 | F6 |
| Salvador | 50 | H5 |
| Salzburgo | 86 | E4 |
| Samara | 86 | I3 |
| Samarinda | 68 | E4-5 |
| Samoa | 100 | H5 |
| Samoa | 118-119 | A4 |
| Samoa | 120-121 | A4 |
| Samoa Americana | 100 | I5 |
| Samoa Americana | 120-121 | A4 |
| Samsun | 68 | A2 |
| San Antonio | 50 | E3 |
| San Carlos de Bariloche | 50 | F7 |
| San Cristóbal y Nieves | 120-121 | D3 |
| San Cristóbal y Nieves | 50 | F4 |
| San Diego | 50 | D3 |
| San Francisco | 50 | C3 |
| San Francisco | 48 | G5 |
| San Francisco, río | 118-119 | E4 |
| San José | 50 | C3 |
| San José | 50 | E4 |
| San José | 120-121 | D3 |
| San Juan | 120-121 | D3 |
| San Juan | 50 | F4 |
| San Lorenzo, río | 118-119 | D2 |
| San Lucas, cabo | 118-119 | C3 |
| San Luís de Potosí | 50 | D3 |
| San Marino | 86 | E4 |
| San Marino (ciudad) | 120-121 | G2 |
| San Marino (país) | 120-121 | G2 |
| San Martín | 120-121 | D3 |
| San Martín | 50 | F4 |
| San Miguel de Tucumán | 50 | F6 |
| San Pablo | 120-121 | I5 |
| San Pablo | 118-119 | I5 |
| San Pablo | 50 | G6 |
| San Pedro | 34 | C4 |
| San Pedro y Miquelón | 120-121 | E2 |
| San Pedro y Miquelón | 118-119 | E2 |
| San Petersburgo | 86 | G3 |
| San Roque, cabo | 118-119 | E4 |
| San Salvador | 50 | E4 |
| San Salvador | 120-121 | C-D3 |
| San Sebastián, punta | 32 | G7 |
| San Vicente | 120-121 | D3 |
| San Vicente | 50 | F4 |
| San'a | 68 | B4 |
| San'a | 120-121 | H3 |
| Sanaga, río | 32 | E4 |
| Sandakán | 68 | E4 |
| Sandwich del Sur, Fosa | 118-119 | E-F5 |
| Sandwich del Sur, Islas | 118-119 | F5 |
| Sandwich del Sur, Islas | 120-121 | F5 |
| Sangli | 68 | C4 |
| Sankuru, río | 32 | F5 |
| Sant John's | 50 | G2 |
| Santa Cruz de la Sierra | 50 | F5 |
| Santa Cruz, islas_ | 100 | F-G5 |
| Santa Elena, Bahía de | 32 | E8 |
| Santa Fe | 50 | F6 |
| Santa Helena, isla | 118-119 | F4 |
| Santa Helena, isla | 120-121 | F4 |
| Santa Helena, isla | 32 | C6 |
| Santa Helena, isla | 34 | C6 |
| Santa Lucía | 120-121 | D3 |
| Santa Lucía | 50 | F4 |
| Santa María, punta | 32 | H7 |
| Santa María, punta | 118-119 | H4 |
| Santander | 86 | C4 |
| Santarém | 50 | G5 |
| Santiago | 50 | F6 |
| Santiago | 120-121 | D5 |
| Santo Domingo | 50 | F4 |
| Santo Domingo | 120-121 | D3 |
| Santo Tomé | 34 | D4 |
| Santo Tomé | 120-121 | F-G3 |
| Santo Tomé y Príncipe | 34 | D5 |
| Santo Tomé y Príncipe | 120-121 | F-G4 |
| Santo Tomé, cabo de | 118-119 | E4 |
| São Luís | 50 | G5 |
| São Vicente, cabo de | 84 | B-C5 |
| São Vicente, cabo de | 118-119 | F2 |
| Sapporo | 68 | G2 |
| Sarajevo | 120-121 | G2 |
| Sarajevo | 86 | E4 |
| Sarátov | 86 | H3 |
| Sarh | 34 | E4 |
| Sata, cabo | 68 | F3 |
| Sata, cabo | 66 | F3 |
| Sata, cabo | 118-119 | K2 |
| Saudárkrókur | 86 | B2 |
| Saurimo | 34 | F5 |
| Sava | 84 | E4 |
| Save, río | 32 | G7 |
| Seattle | 50 | C2 |
| Sebástopol | 86 | G4 |
| Segezha | 86 | G2 |
| Ségou | 34 | C3 |
| Sekondi-Takoradi | 34 | C4 |
| Selebi Pikué | 34 | F7 |
| Selva Negra | 84 | D4 |
| Semarang | 68 | E5 |
| Semey | 68 | C-D2 |
| Sena | 84 | D4 |
| Sena | 118-119 | G2 |
| Sendai | 68 | G3 |
| Senegal | 34 | B3 |
| Senegal | 120-121 | F3 |
| Senegal, río | 32 | B3 |
| Senegal, río | 118-119 | F3 |
| Serbia | 120-121 | G2 |
| Serbia | 86 | F4 |
| Serengeti, llanura del | 32 | G5 |
| Serginy | 68 | C1 |
| Serov | 68 | C2 |
| Serowe | 34 | F7 |
| Setúbal | 86 | C5 |
| Seúl | 68 | F3 |
| Seúl | 120-121 | K2 |
| Severodvinsk | 86 | G-H2 |
| Sevilla | 86 | C5 |
| Seychelles | 34 | H-I5 |
| Seychelles | 118-119 | H4 |
| Seychelles | 120-121 | H4 |
| Seychelles, islas | 32 | I5 |
| Seychelles, islas | 34 | I5 |
| Sfax | 34 | E1 |
| Shache | 68 | C3 |
| Shanghái | 68 | F3 |
| Shantou | 68 | E3 |
| Shaoguán | 68 | E3 |
| Shaoyang | 68 | E3 |
| Shark, Bahía | 100 | A6 |
| Shasta, mount | 48 | C2 |
| Shebeli, río | 32 | H4 |
| Sheffield | 86 | C-D3 |
| Shenyang | 68 | E-F2 |
| Shetland del Sur, Isla | 118-119 | D6 |
| Shetland del Sur, Isla | 120-121 | D6 |
| Shetland, islas | 118-119 | F1 |
| Shetland, islas | 120-121 | F1 |
| Shetland, islas | 86 | C2 |
| Shetland, islas | 84 | C2 |
| Shijiazhuang | 68 | E3 |
| Shikoku | 32 | F3 |
| Shikoku | 118-119 | K2 |
| Shikoku | 120-121 | K2 |
| Shiraz | 68 | B3 |
| Shiretoko, cabo | 68 | G2 |
| Shiretoko, cabo | 66 | G2 |
| Shiretoko, cabo | 118-119 | K2 |
| Shkodra | 86 | E4 |
| Sholapur | 68 | C4 |
| Siam, golfo de | 68 | E4 |
| Siam, golfo de | 66 | E4 |
| Siam, golfo de | 118-119 | J3 |
| Siberia Central, meseta de | 66 | E1 |
| Siberia Central, meseta de | 118-119 | J1 |
| Siberia Occidental, llanura de | 66 | C1-2 |
| Siberia Occidental, llanura de | 118-119 | I1 |
| Siberia Oriental, mar de | 68 | G-H1 |
| Siberia Oriental, mar de | 66 | G-H1 |
| Siberia Oriental, mar de | 118-119 | L1 |
| Siberia Oriental, mar de | 120-121 | L1 |
| Siberia Septentrional, llanura de | 66 | D-E1 |
| Sibiu | 86 | F4 |
| Sicilia | 32 | E1 |
| Sicilia | 34 | E1 |
| Sicilia | 86 | E5 |
| Sicilia | 84 | E5 |
| Sicilia | 118-119 | G2 |
| Sicilia | 120-121 | G2 |
| Sidney | 100 | E7 |
| Sierra de los Parecís | 48 | F-G5 |
| Sierra del Mar | 48 | G6 |
| Sierra General de Goiás | 48 | G5 |
| Sierra Leona | 34 | B4 |
| Sierra Leona | 120-121 | F3 |
| Sierra Madre del Sur | 48 | D-E4 |
| Sierra Madre Occidental | 48 | D3 |
| Sierra Madre Occidental | 118-119 | C3 |
| Sierra Madre Oriental | 48 | D3 |
| Sierra Madre Oriental | 118-119 | C3 |
| Siguiri | 34 | B-C3 |
| Sijote Alin, montes | 66 | F2 |
| Sikasso | 34 | C3 |
| Siktivkar | 86 | I2 |
| Simféropol | 86 | G4 |
| Simkent | 68 | C2 |
| Sinaí | 118-119 | H3 |
| Sinaí, península del | 32 | G2 |
| Singapur | 68 | E4 |
| Singapur | 68 | E4 |
| Singapur (ciudad) | 120-121 | J3 |
| Singapur (país) | 120-121 | J3 |
| Sir Daría | 118-119 | I2 |
| Sir Daria, río | 66 | C2 |
| Siracusa | 86 | E5 |
| Siria | 68 | A3 |
| Siria | 120-121 | H2 |
| Sirte | 34 | E1 |
| Sirte, golfo de | 32 | E1 |
| Sistema Central | 84 | C4-5 |
| Sistema Ibérico | 84 | C4 |
| Siverma, meseta de | 66 | D1 |
| Skelleftea | 86 | E-F2 |
| Skien | 86 | D3 |
| Skopje | 120-121 | G2 |
| Skopje | 86 | F4 |
| Sliven | 86 | F4 |
| Snares | 100 | F8 |
| Sociedad, islas de la | 100 | J5 |
| Socotora, isla | 118-119 | H3 |
| Socotora, isla | 120-121 | H3 |
| Socotora, isla | 68 | B4 |
| Socotora, isla | 66 | B4 |
| Sofala, bahía de | 32 | G7 |
| Sofía | 86 | F4 |
| Sofía | 120-121 | G2 |
| Sohâg | 34 | F-G2 |
| Sokoto | 34 | D3 |
| Sokoto, río | 32 | D3 |
| Solikamsk | 86 | I3 |
| Somalia | 34 | H4 |
| Somalia | 120-121 | H3 |
| Somalia, península de | 32 | H4 |
| Somalia, península de | 118-119 | H3 |
| Somaliland | 34 | H4 |
| Somaliland | 120-121 | H3 |
| Songea | 34 | G6 |
| Soweto | 34 | F7 |
| Split | 86 | E4 |
| Springs | 34 | F7 |
| Srednekolymsk | 68 | G1 |
| Sri Jayawardenapura Kotte | 68 | C4 |
| Sri Jayawardenapura Kotte | 120-121 | I3 |
| Sri Lanka | 118-119 | I3 |
| Sri Lanka (Ceilán) | 68 | D4 |
| Sri Lanka (Ceilán) | 120-121 | I3 |
| Srinagar | 68 | C3 |
| Stanovoi, montes | 66 | F2 |
| Stanovoi, montes | 118-119 | J-K2 |
| Starbuck | 100 | J4 |
| Staryj Oskol | 86 | G3 |
| Stavanger | 86 | D3 |

| | | |
|---|---|---|
| Stávropol | 86 | H4 |
| Steinkjer | 86 | D-E2 |
| Stepankert | 86 | H5 |
| Sterlitamak | 86 | I3 |
| Stewart | 100 | F8 |
| Stornoway | 86 | C3 |
| Stuttgart | 86 | D-E4 |
| Suazilandia | 34 | G7 |
| Suazilandia | 120-121 | G-H4 |
| Sucre | 50 | F5-6 |
| Sucre | 120-121 | D4 |
| Sudán | 34 | F-G3 |
| Sudán | 120-121 | G-H3 |
| Sudán del Sur | 34 | G4 |
| Sudán del Sur | 120-121 | G-H3 |
| Sudeste, cabo | 100 | D8 |
| Sudeste, cabo | 118-119 | K5 |
| Suecia | 86 | E2 |
| Suecia | 120-121 | G1 |
| Suez | 34 | G2 |
| Suez, Canal de | 32 | G1 |
| Suiza | 86 | D4 |
| Suiza | 120-121 | G2 |
| Sujumi | 86 | G-H4 |
| Sumatra | 68 | E5 |
| Sumatra | 66 | E5 |
| Sumatra | 118-119 | J4 |
| Sumatra | 120-121 | J4 |
| Sumgait | 86 | H4-5 |
| Sundsvall | 86 | E2 |
| Suntar | 68 | E1 |
| Superior, lago | 48 | E2 |
| Superior, lago | 118-119 | C-D2 |
| Sur, isla del | 100 | F-G8 |
| Sur, isla del | 118-119 | L5 |
| Sur, isla del | 120-121 | L5 |
| Surabaya | 68 | E5 |
| Surakarta | 68 | E5 |
| Surat | 68 | C3 |
| Surat Thani | 68 | D-E4 |
| Surinam | 50 | G4 |
| Surinam | 120-121 | E3 |
| Sutlej, río | 66 | C3 |
| Suva | 100 | G-H5 |
| Suva | 120-121 | L4 |
| Svalbard | 118-119 | G1 |
| Svalbard | 120-121 | G1 |
| Sverdrup | 118-119 | C-D1 |
| Sverdrup | 120-121 | C-D1 |
| Svobodnyj | 68 | F2 |
| Swains | 100 | H-I5 |
| Szczecin | 86 | E3 |
| **T**abora | 34 | G5 |
| Tabriz | 68 | B3 |
| Tacheng | 68 | D2 |
| Tacloban | 68 | F4 |
| Taegu | 68 | F3 |
| Taejon | 68 | F3 |
| Tafua | 100 | H6 |
| Tahat | 32 | D2 |
| Tahiti | 100 | J-K5 |
| Tahoua | 34 | D3 |
| Taichung | 68 | F3 |
| Tailandia | 68 | E4 |
| Tailandia | 120-121 | J3 |
| Taimir, lago | 66 | E1 |
| Taimir, península de | 66 | E1 |
| Tainan | 68 | E3 |
| Taipei | 68 | F3 |
| Taipei | 120-121 | K3 |
| Taiwán | 68 | F3 |
| Taiwán | 120-121 | K3 |
| Taiyuan | 68 | E3 |
| Tajo | 84 | C4-5 |
| Tajumulco, volcán | 48 | E4 |
| Takla Makan, desierto de | 66 | C-D3 |
| Tallinn | 86 | F3 |
| Tallinn | 120-121 | G2 |
| Tamale | 34 | C4 |
| Tamanrasset | 34 | D2 |
| Tambov | 86 | H3 |
| Támesis | 84 | C3 |
| Támesis | 118-119 | F2 |
| Tamgak | 32 | D2-3 |
| Tampere | 86 | F2 |
| Tamworth | 100 | E7 |
| Tana, lago | 32 | G3 |
| Tana, río | 32 | H5 |
| Tanezrouft | 32 | C2 |
| Tanga | 34 | G5 |
| Tanganika, lago | 32 | G5 |
| Tánger | 34 | C1 |
| Tangerang | 68 | E5 |
| Tangshán | 68 | E2 |
| Tanna | 100 | G6 |
| Tanzania | 34 | G5 |
| Tanzania | 120-121 | H4 |
| Taonan | 68 | F2 |
| Taongi | 100 | F2 |
| Tapajós | 48 | G5 |
| Taraz | 68 | C2 |
| Tarfaya | 34 | B2 |
| Tarragona | 86 | D4 |
| Taskent | 68 | C2 |
| Taskent | 120-121 | I2 |
| Tasmania | 100 | D8 |
| Tasmania | 118-119 | K5 |
| Tasmania | 120-121 | K5 |
| Tasmania, mar de | 100 | E-F7 |
| Tasmania, mar de | 118-119 | L5 |
| Tayikistán | 68 | C3 |
| Tayikistán | 120-121 | I2 |
| Tazovski | 68 | C-D1 |
| Tbilisi | 86 | H4 |
| Tbilisi | 120-121 | H2 |
| Tchibanga | 34 | D-E5 |
| Tegucigalpa | 50 | E4 |
| Tegucigalpa | 120-121 | D3 |
| Teherán | 68 | B3 |
| Teherán | 120-121 | H2 |
| Teresina | 50 | G5 |
| Ternopol | 86 | F4 |
| Terranova | 118-119 | E2 |
| Terranova | 120-121 | E2 |
| Terranova, isla | 50 | G2 |
| Terranova, isla | 48 | G2 |
| Territorio Británico del Índico | 120-121 | I4 |
| Tesalónica | 86 | F4 |
| Tete | 34 | G6 |
| Tetuán | 34 | C1 |
| Thabana | 32 | F-G7 |
| Thai Nguyen | 68 | E3 |
| The Valley | 120-121 | D3 |
| The Valley | 50 | F4 |
| Three Kings Islands | 100 | F-G7 |
| Tian Shan | 66 | C-D2 |
| Tianjín | 68 | E3 |
| Tiaret | 34 | D1 |
| Tíber | 84 | E4 |
| Tibesti, montes | 32 | E2 |
| Tibesti, montes | 118-119 | G3 |
| Tibet | 68 | D3 |
| Tíbet, Meseta del | 66 | D3 |
| Tíbet, Meseta del | 118-119 | I-J2 |
| Tierra de Francisco José | 118-119 | H1 |
| Tierra de Francisco José | 120-121 | H1 |
| Tierra del Fuego, Isla Grande de | 50 | F7 |
| Tierra del Fuego, Isla Grande de | 48 | F7 |
| Tierra del Fuego, Isla Grande de | 118-119 | D5 |
| Tierra del Fuego, Isla Grande de | 120-121 | D5 |
| Tierra del Norte | 118-119 | J1 |
| Tierra del Norte | 120-121 | J1 |
| Tigris | 118-119 | H2 |
| Tigris, río | 66 | B3 |
| Tijuana | 50 | D3 |
| Tiksi | 68 | F1 |
| Timbu | 68 | D3 |
| Timbu | 120-121 | I-J3 |
| Timisoara | 86 | F4 |
| Timor | 32 | F5 |
| Timor | 100 | B4 |
| Timor | 118-119 | K4 |
| Timor Oriental | 68 | F5 |
| Timor Oriental | 120-121 | K4 |
| Timor, mar de | 68 | F5 |
| Timor, mar de | 66 | F5 |
| Timor, mar de | 100 | A5 |
| Timor, mar de | 118-119 | K4 |
| Tindouf | 34 | C2 |
| Tirana | 86 | E4 |
| Tirana | 120-121 | G2 |
| Tirreno, mar | 86 | E5 |
| Tirreno, mar | 84 | E5 |
| Titicaca, lago | 48 | F5 |
| Titicaca, lago | 118-119 | D4 |
| Tiumen | 68 | C2 |
| Tlemcén | 34 | C1 |
| Toamasina | 34 | H6 |
| Tobolsk | 68 | C2 |
| Tobruk | 34 | F1 |
| Tocantins | 48 | G5 |
| Togo | 34 | D4 |
| Togo | 120-121 | G3 |
| Tokelau, islas | 100 | H-I4 |
| Tokelau, islas | 120-121 | A4 |
| Tokio | 68 | G3 |
| Tokio | 120-121 | K2 |
| Toledo | 86 | C4-5 |
| Toliara | 34 | H7 |
| Toliatti | 86 | H3 |
| Tombuctú | 34 | C3 |
| Tomsk | 68 | D2 |
| Tonga | 100 | H5 |
| Tonga | 118-119 | M4 |
| Tonga | 120-121 | M4 |
| Toronto | 50 | E-F2 |
| Torre Cerredo | 84 | C4 |
| Torreón | 50 | D3 |
| Toulouse | 86 | D4 |
| Tours | 86 | D4 |
| Townsville | 100 | D5 |
| Trabzon | 68 | A2 |
| Transvaal | 32 | F7 |
| Tres Gargantas, embalse | 118-119 | J3 |
| Tres Puntas, cabo | 32 | C4 |
| Trinidad y Tobago | 120-121 | D3 |
| Trinidad y Tobago | 50 | F4 |
| Trinidad, isla | 118-119 | E3 |
| Trinidad, isla | 120-121 | E3 |
| Trípoli | 34 | E1 |
| Trípoli | 120-121 | G2 |
| Tripolitania | 32 | E1 |
| Tristán da Cunha | 118-119 | F5 |
| Tristán da Cunha | 120-121 | F5 |
| Trivandrum | 68 | C4 |
| Tromsø | 86 | E2 |
| Trondheim | 86 | D-E2 |
| Trujillo | 50 | F5 |
| Tshikapa | 34 | E-F5 |
| Tslofajarona | 32 | H6 |
| Tsumeb | 34 | E6 |
| Tuamotu, archipiélago | 118-119 | B4 |
| Tuamotu, islas | 100 | K6 |
| Tubai, islas | 100 | J6 |
| Tubkal | 32 | C1 |
| Tucson | 50 | D3 |
| Tudela | 86 | C4 |
| Tula | 86 | G3 |
| Tule | 50 | F1 |
| Túnez | 120-121 | G2 |
| Túnez | 120-121 | G2 |
| Túnez (ciudad) | 34 | D-E1 |
| Túnez (país) | 34 | D-E1 |
| Tura | 68 | E1 |
| Turfán | 68 | D2 |
| Turgay | 68 | C2 |
| Turín | 86 | D4 |
| Turkana, lago | 32 | G4 |
| Turkmenabat | 68 | C3 |
| Turkmenistán | 68 | B3 |
| Turkmenistán | 120-121 | H-I2 |
| Turku | 86 | F2 |
| Turquía | 86 | F4 |
| Turquía | 68 | A3 |
| Turquía | 120-121 | H2 |
| Tuvalu | 100 | G4 |
| Tuvalu | 118-119 | L4 |
| Tuvalu (ciudad) | 120-121 | L4 |
| Tuvalu (país) | 120-121 | L4 |
| Tver | 86 | G3 |
| **U**agadugu | 34 | C3 |
| Uagadugu | 120-121 | F-G3 |
| Uahiguya | 34 | C3 |
| Ubangui, meseta del | 32 | E-F4 |
| Ubangui, río | 32 | E4 |
| Uberlandia | 50 | G5 |
| Ucayali | 48 | F5 |
| Uchta | 86 | I2 |
| Ucrania | 86 | F-G4 |
| Ucrania | 120-121 | G-H2 |
| Ufá | 86 | I3 |
| Uganda | 34 | G4 |
| Uganda | 120-121 | H3 |
| Uíge | 34 | E5 |
| Ujung Pandang (Makasar) | 68 | E-F5 |
| Ulaangom | 68 | D2 |
| Ulan Bator | 68 | E2 |
| Ulan Bator | 120-121 | J2 |
| Ulan-Ude | 68 | E2 |
| Uljanovsk | 86 | H3 |
| Ulsán | 68 | F3 |
| Umea | 86 | E-F2 |
| Uppsala | 86 | E2-3 |
| Ural | 84 | I4-I3 |
| Ural | 118-119 | H2 |
| Ural, río | 66 | B2 |
| Urales, montes | 84 | I2-3 |
| Urales, montes | 66 | B1-2 |
| Urales, montes | 118-119 | H1-2 |
| Uralsk | 86 | I3 |
| Urfa | 68 | A3 |
| Uruguay | 50 | G6 |
| Uruguay | 48 | G6 |
| Uruguay | 120-121 | E5 |
| Uruguay, río | 118-119 | E4-5 |
| Urumqui | 68 | D2 |
| Ushuaia | 50 | F7 |
| Ust-Kamchatsk | 68 | H2 |
| Ust-Kut | 68 | E2 |
| Ust-Nera | 68 | G1 |
| Usti | 86 | E3 |
| Uzbekistán | 68 | C2 |
| Uzbekistán | 120-121 | H-I2 |
| **V**aasa | 86 | F2 |
| Vadodara | 68 | C3 |
| Vadso | 86 | F1 |
| Vaduz | 120-121 | G2 |
| Vaduz | 86 | D-E4 |
| Vaiaku | 100 | H5 |
| Vaiaku | 120-121 | M4 |
| Valdés, península de | 118-119 | D-E5 |
| Valencia | 50 | F4 |
| Valencia | 86 | C5 |
| Valladolid | 86 | C4 |
| Valle Luangua | 32 | G6 |
| Valmiera | 86 | F3 |
| Valparaíso | 50 | F6 |
| Vancouver | 50 | C2 |
| Vancouver, isla | 50 | C2 |
| Vancouver, isla | 48 | C2 |
| Vancouver, isla | 118-119 | B2 |
| Vancouver, isla | 120-121 | B2 |
| Vanern, lago | 84 | E3 |
| Vanuatu | 100 | F5 |
| Vanuatu | 120-121 | L4 |
| Varna | 86 | F4 |
| Varsovia | 86 | E-F3 |
| Varsovia | 120-121 | G2 |
| Västerås | 86 | E3 |
| Vaticano | 120-121 | G2 |
| Vaticano | 86 | E4 |
| Vättern, lago | 84 | E3 |
| Vaxjo | 86 | E3 |
| Venecia | 86 | E4 |
| Venecia, golfo de | 84 | E4 |
| Venezuela | 50 | F4 |
| Venezuela | 120-121 | D3 |
| Veracruz | 50 | E4 |
| Verde, cabo | 32 | B3 |
| Verde, cabo | 34 | A3 |
| Verde, cabo | 118-119 | F3 |
| Vereeniging | 34 | F7 |
| Verjoyansk | 68 | F1 |
| Verjoyansk, montes de | 66 | F1 |
| Verjoyansk, montes de | 118-119 | K1 |
| Verona | 86 | E4 |
| Viborg | 86 | F-G2 |
| Viborg | 86 | D3 |
| Victoria | 34 | I5 |
| Victoria | 66 | D3 |
| Victoria | 120-121 | H4 |
| Victoria, isla | 118-119 | C1 |
| Victoria, isla | 120-121 | C1 |
| Victoria, lago | 32 | G5 |
| Victoria, lago | 34 | G5 |
| Victoria, lago | 118-119 | H4 |
| Victoria, río | 100 | C5 |
| Viedma | 50 | F7 |
| Viena | 86 | E4 |
| Viena | 120-121 | G2 |
| Vientiane | 68 | E4 |
| Vientiane | 120-121 | J3 |
| Vietnam | 68 | E4 |
| Vietnam | 120-121 | J3 |
| Vigo | 86 | C4 |
| Vilayawada | 68 | D4 |
| Vilnius | 86 | F3 |
| Vilnius | 120-121 | G2 |
| Vinitsa | 86 | F4 |
| Vinn | 68 | E4 |
| Viña del Mar | 50 | F6 |
| Vishakhapatnam | 68 | D4 |
| Vístula | 84 | E3 |
| Vístula | 118-119 | G2 |
| Vitebsk | 86 | F-G3 |
| Viti Levu | 100 | G5 |
| Vitória | 50 | G6-7 |
| Vizcaya, golfo de | 84 | C4 |
| Vladikavkaz | 86 | H4 |
| Vladimir | 86 | G-H3 |
| Vladivostok | 68 | F2 |
| Vlöre | 86 | E-F4 |
| Volga | 84 | H4 |
| Volga | 118-119 | H2 |
| Volgogrado | 86 | H4 |
| Vologda | 86 | G3 |
| Volta Negra, río | 32 | C3-4 |
| Volta, lago | 32 | D4 |
| Volta, lago | 118-119 | F-G3 |
| Volzskij | 86 | H4 |
| Vorónezh | 86 | G-H3 |
| Vosgos | 84 | D4 |
| Vostok | 100 | J5 |
| Vyazma | 86 | G3 |
| **W**ad Madani | 34 | G3 |
| Wallis y Futuna | 100 | H5 |
| Wallis y Futuna | 120-121 | M4 |
| Walvis Bay | 34 | E7 |
| Walvis, bahía de | 32 | E7 |
| Warangal | 68 | C-D4 |
| Warri | 34 | D4 |
| Washington | 50 | F3 |
| Washington | 120-121 | D2 |
| Wau | 34 | F4 |
| Weddell, mar de | 118-119 | E6 |
| Weddell, mar de | 120-121 | E6 |
| Wellesley | 100 | C-D5 |
| Wellington | 100 | G8 |
| Wellington | 120-121 | L5 |
| Wenzhou | 68 | F3 |
| Whitney, mount | 48 | D3 |
| Wick | 86 | C3 |
| Wihelm | 100 | D4 |
| Wihelm | 118-119 | K4 |
| Willemstad | 120-121 | D3 |
| Willemstad | 50 | F4 |
| Windhoek | 34 | E7 |
| Windhoek | 120-121 | G4 |
| Winnipeg | 50 | E2 |
| Winnipeg, lago | 48 | E2 |
| Winnipeg, lago | 118-119 | C2 |
| Winton | 100 | D6 |
| Woodroffe | 100 | C6 |
| Wrangel | 118-119 | L-M1 |
| Wrangel | 120-121 | L-M1 |
| Wroclaw | 86 | E3 |
| Wuhán | 68 | E3 |
| **X**ai Xai | 34 | G7 |
| Xi´an | 68 | E3 |
| Xiamén | 68 | E3 |
| Xining | 68 | E3 |
| Xinyang | 68 | E3 |
| Xuzhou | 68 | E3 |
| **Y**abal Sham | 66 | B3 |
| Yado, Meseta de | 32 | E2 |
| Yakarta | 68 | E5 |
| Yakarta | 120-121 | J4 |
| Yakutsk | 68 | F1 |
| Yalta | 86 | C4 |
| Yamal, península de | 66 | C1 |
| Yamantau | 84 | I3 |
| Yamusukro | 34 | C4 |
| Yamusukro | 120-121 | F3 |
| Yancheng | 68 | F3 |
| Yangtsé | 32 | E3 |
| Yantai | 68 | E-F3 |
| Yap | 100 | C3 |
| Yaren | 100 | F4 |
| Yaren | 120-121 | L4 |
| Yaroslavl | 86 | G3 |
| Yaundé | 34 | E4 |
| Yemen | 68 | B4 |
| Yemen | 120-121 | H3 |
| Yenisei, río | 66 | D1 |
| Yenisei, río | 118-119 | I1 |
| Yereván | 86 | H5 |
| Yereván | 120-121 | H2 |
| Yessey | 68 | E1 |
| Yibuti (ciudad) | 34 | H3 |
| Yibuti (ciudad) | 120-121 | H3 |
| Yibuti (país) | 34 | H3 |
| Yibuti (país) | 120-121 | H3 |
| Yinchuán | 68 | E3 |
| Yingkou | 68 | E-F2 |
| Yining | 68 | D2 |
| Yokohama | 68 | F3 |
| York, cabo | 100 | D5 |
| York, cabo | 118-119 | K4 |
| Yuba, río | 32 | H4 |
| Yucatán | 118-119 | C-D3 |
| Yukón | 48 | C1 |
| Yukón, río | 118-119 | A1 |
| Yulín | 68 | E3 |
| Yulin, cabo | 68 | E4 |
| Yulin, cabo | 66 | E4 |
| Yumén | 68 | D2 |
| Yunán, Meseta de | 66 | D-E3 |
| **Z**abrze | 86 | E3 |
| Zadar | 86 | E4 |
| Zagreb | 120-121 | G2 |
| Zagreb | 86 | E4 |
| Zagros, montes | 66 | B3 |
| Zagros, montes | 118-119 | H2 |
| Zahedán | 68 | B-C3 |
| Zambeze, río | 32 | F6-G6 |
| Zambeze, río | 118-119 | H4 |
| Zambia | 34 | F6 |
| Zambia | 120-121 | G4 |
| Zamboanga | 68 | F4 |
| Zanzíbar | 32 | H5 |
| Zanzíbar | 34 | G-H5 |
| Zapaleri | 48 | F6 |
| Zara Kuh | 66 | B3 |
| Zaragoza | 86 | C4 |
| Zaria | 34 | D3 |
| Zhanjlang | 68 | E3 |
| Zhdanov | 86 | G4 |
| Zhengzhou | 68 | E3 |
| Zherzkazgan | 68 | C2 |
| Zhuzhou | 68 | E3 |
| Zibó | 68 | E3 |
| Ziel | 100 | C6 |
| Zigansk | 68 | F1 |
| Zigong | 68 | E3 |
| Ziguinchor | 34 | B3 |
| Zilina | 186 | E4 |
| Zimbabue | 34 | F-G6 |
| Zimbabue | 120-121 | G-H4 |
| Zinder | 34 | D3 |
| Zuirat | 34 | B2 |
| Zurick | 186 | D4 |

# COMUNIDADES AUTÓNOMAS

## DE ESPAÑA

# ESPAÑA
## FÍSICA

España, situada en el extremo sudoccidental de Europa, limita al norte con los Pirineos y el mar Cantábrico, al oeste con el océano Atlántico y al sureste con el mar Mediterráneo. La integran los territorios de la **península ibérica** (excepto Portugal, Andorra y Gibraltar), las islas Baleares (Illes Balears), Canarias, Ceuta, Melilla y plazas menores de soberanía en el norte de África.

El **relieve** se organiza en torno a un gran bloque central, la Meseta, en la que se encuentran el sistema Central y los montes de Toledo. A su vez, se subdivide en submeseta norte y submeseta sur; la primera ocupada por el río Duero y la segunda por el Tajo y el Guadiana. Los bordes de la Meseta los constituyen, al norte, la cordillera Cantábrica, los montes Vascos y los montes de León, que enlazan con el macizo Galaico; al este, el sistema Ibérico y, al sur, Sierra Morena.

Tres **depresiones** rodean la Meseta con los tres ríos más importantes de la Península: la del Ebro, al noreste, la del Guadalquivir, al sur, y la del Tajo-Sado al oeste. Limitando las dos primeras depresiones se encuentran los Pirineos, al norte, que forman frontera con Francia, y el sistema Bético, al sur.

Nombre oficial:
*Reino de España*
Capital:
*Madrid*
Superficie:
*505 938 km²*
Habitantes:
*47 150 819*
Densidad de población:
*92,39 hab./km²*

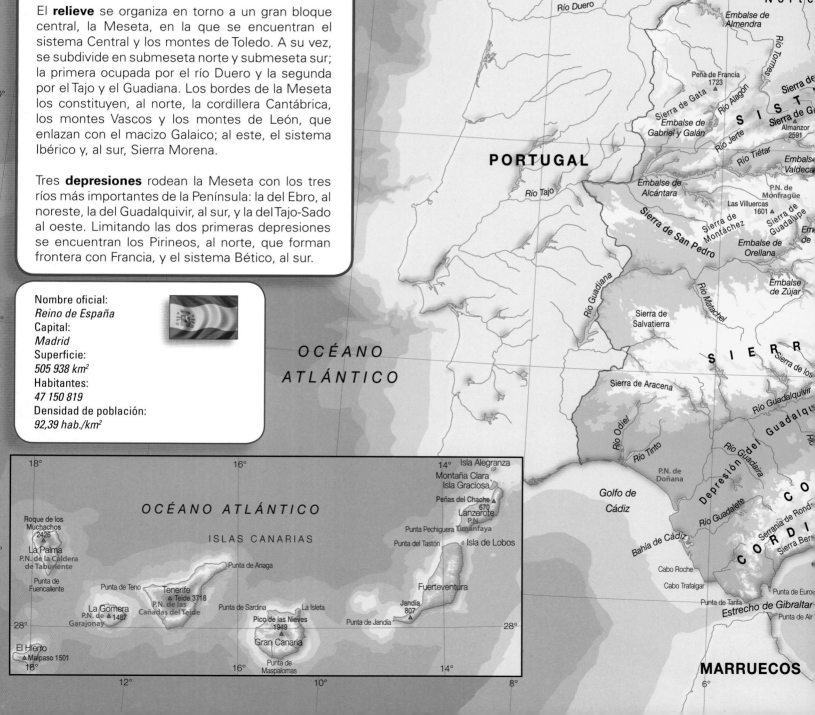

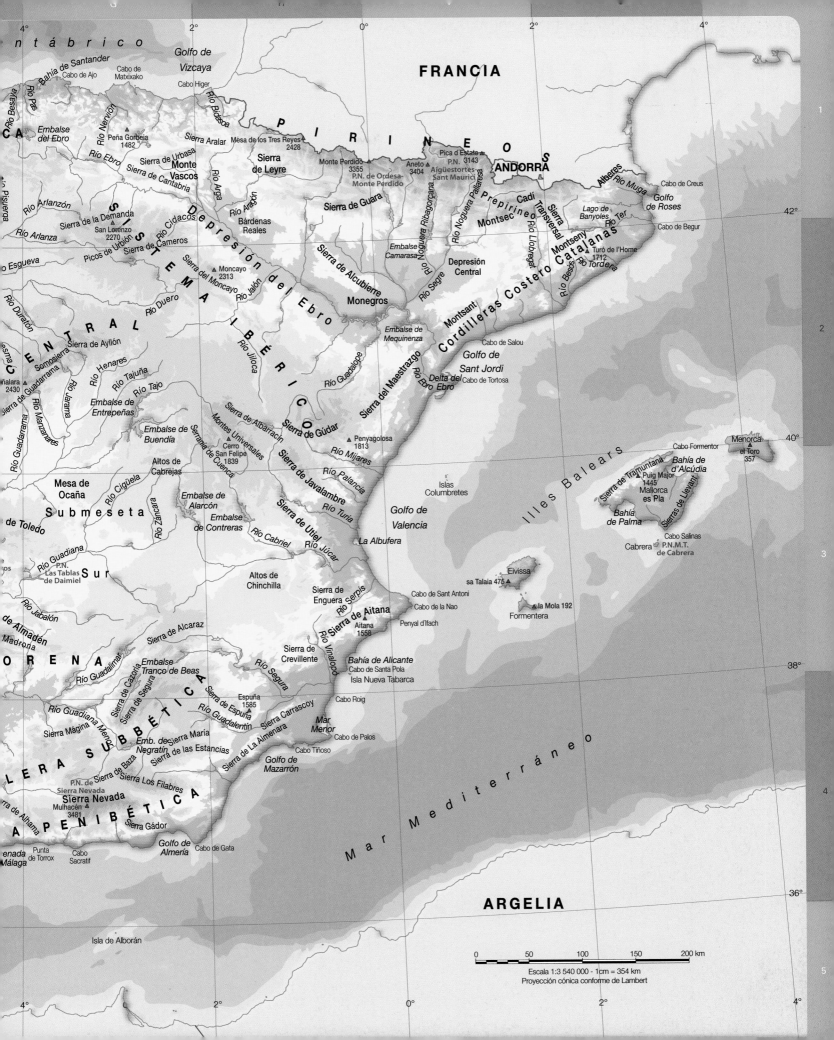

# ESPAÑA
## POLÍTICO

Muchos son los pueblos que han pasado por España: íberos, celtas, fenicios y griegos. Desde el año 200 a. C. al 475 d. C. formó parte del Imperio romano hasta la llegada de los visigodos, y en el siglo VIII fue conquistada por los árabes.

Esta España musulmana, a la que se conoce con el nombre de **al-Ándalus**, permitió la difusión de la cultura árabe por Europa. A partir de las montañas del norte se inició la expulsión de los árabes o **Reconquista**, que finalizó en el s. XV, bajo el mandato de los Reyes Católicos. Con ellos se conquistaron las tierras de América y España dirigió un gran imperio con el monarca Carlos I. Poco a poco se fue debilitando, hasta la pérdida de las últimas **colonias** americanas a finales del s. XIX. En el XX, España sufrió una **guerra civil** (1936-1939). Su vencedor, el general Franco, impuso una dictadura que duraría hasta 1975. A su muerte se instaura la monarquía con Juan Carlos I, y se establece la **democracia**. Bajo esta democracia, el país ha ido prosperando, superando un golpe militar fallido en 1981. En 1986, España entra a formar parte de la **Unión Europea**, y en 2002 la peseta fue sustituida por el euro (moneda oficial europea desde 1999). La capital del Estado es Madrid. Áreas metropolitanas que superan el millón de habitantes o se aproximan a él son las de Madrid, Barcelona, Valencia, Sevilla, Bilbao y Málaga.

España está integrada por 17 comunidades autónomas y dos ciudades autónomas (Ceuta y Melilla); en total, 50 provincias y 8116 municipios.

**Núcleos urbanos (según número de habitantes)**
Madrid  Capital de nación
■ ● ■  Capital de comunidad
○ ◉ □  Capital de provincia
⊡  Más de 1 000 000 de habitantes
◉  de 100 000 a 1 000 000 de habitantes
□  de 50 000 a 100 000 habitantes
○  Menos de 50 000 habitantes
Lugo  Patrimonio de la humanidad por la Unesco

# ESPAÑA
## CULTURAL

La Torre de Hércules
Monumentos prerománicos Oviedo y del Reino de Asturias
Mar Cantábrico
Urdaibai
Terras do Miño
Muniellos
Redes
Somiedo
Cueva de Altamira y arte rupestre paleolítico del norte de España
Puente colgante de Portugalete
FRANCIA
Ciudad vieja de Santiago de Compostela
Camino de Santiago de Compostela
Muralla romana de Lugo
Ordesa-Monte Perdido
Ordesa-Viñamala
ANDORRA
Montseny
Las Médulas
Catedral de Burgos
Bardenas Reales
Iglesia románicas lombardas del Vall de Boí
Sitio arqueológico de Atapuerca
Monasterio de San Millán de Yuso y de Suso
Monasterio de Poblet
Obras de Antoni Gaudí
OCÉANO ATLÁNTICO
PORTUGAL
Ciudad vieja de Salamanca
Ciudad vieja y acueducto de Segovia
Cuenca Alta del Río Manzanares
Arquitectura mudéjar de Aragón
Restos arqueológicos de Tarraco
Palau de la Música Catalana y Hospital de Sant Pau
Ciudad vieja de Ávila e iglesias extramuros
Universidad y barrio histórico de Alcalá de Henares
Menorca
Monasterio y real sitio de El Escorial
Casco antiguo de Cuenca
Ciudad vieja de Cáceres
Centro histórico de Toledo
Paisaje cultural de Aranjuez
Arte rupestre del arco mediterráneo de la Península Ibérica
La Lonja de la Seda de Valencia
Real monasterio de Santa María de Guadalupe
Mancha Húmeda
Eivissa, biodiversidad y cultura
Conjunto arquitectónico de Mérida
Las Sierras de Cazorla y Segura
Palmeral de Elche
Las Dehesas de Sierra Morena
Centro histórico de Córdoba
Conjuntos monumentales renacentistas de Úbeda y Baeza
Sierra Nevada
Catedral, Alcázar y Archivo de Indias de Sevilla
Marismas del Odiel
Cabo de Gata-Nijar
Doñana
Parque Nacional de Doñana
Alhambra, Generalife y Albarracín de Granada
Mar Mediterráneo
Grazalema
Sierra de las Nieves y su Entorno
ARGELIA
MARRUECOS

### Lenguas
- Castellano
- Catalán/Valenciano
- Gallego
- Vasco
- Aranés (Occitano)
- ◎ Patrimonio de la Humanidad
- ● Reservas de la Biosfera

OCÉANO ATLÁNTICO
La Palma
Lanzarote
San Cristóbal de La Laguna
Parque Nacional del Teide
Parque Nacional de Garajonay
El Hierro

①

②

③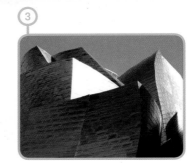

④

## Enología
Todo lo relacionado con la cultura del vino juega un papel muy importante en la sociedad española. Existen muchas y variadas denominaciones de origen de vinos reconocidos internacionalmente como Rioja, Ribera del Duero, Somontano, Penedés, Ribeiro y tantos otros.

## Don Quijote de la Mancha
*El Quijote*, como se denomina normalmente a *El ingenioso hidalgo don Quijote de la Mancha*, consagró a Miguel de Cervantes como una de las primeras plumas de la literatura universal. Es la obra más importante de la literatura española.

## Museo Guggenheim
Ubicado en Bilbao, ciudad a la que dio impulso desde su inauguración en 1997, es tenido por uno de los mejores ejemplos del arte vanguardista del s. XX. Es obra del arquitecto americano Frank O. Gehry. Destaca el edificio por sus curvas de piedra, cristal y titanio.

## Velázquez y Goya
Velázquez, el gran pintor de la corte de Felipe IV, con su dominio de la luz y del retrato, representa, junto a Goya, un maestro en captar el espíritu de sus modelos, el genio de la pintura española.

El **Camino de Santiago**, también llamado *Ruta Jacobea*, es una ruta de peregrinación a Santiago de Compostela (Galicia). En esta ciudad se descubrió, a principios del siglo IX, el sepulcro del apóstol Santiago el Mayor. La concha de vieira es símbolo identificativo de los peregrinos jacobeos.

**Real Monasterio de El Escorial.** Complejo de estilo herreriano, declarado patrimonio de la humanidad y cuyo nombre oficial es Real Sitio de San Lorenzo de El Escorial, fue mandado construir por Felipe II en el siglo XVI para conmemorar la batalla de San Quintín.

 Tanto en España como en Hispanoamérica al español se le conoce también con el nombre de *castellano*, debido a su región de origen (Castilla).

Dos acontecimientos internacionales en 1992 enaltecieron a España en el panorama cultural internacional: la celebración de los XXV Juegos Olímpicos de Barcelona y la Exposición Universal de Sevilla. En los albores del s. XXI, ciudades como Valencia, con su Ciudad de las Artes y de las Ciencias; Bilbao, con el museo Guggenheim; y Zaragoza, con su exposición en 2008 dedicada al agua, aumentaron su prestigio internacional.

Muchas ciudades españolas han sido distinguidas con el título de **patrimonio de la humanidad**. En concreto, han merecido esta distinción Alcalá de Henares, Ávila, Cáceres, Córdoba, Cuenca, Eivissa, Mérida, Salamanca, San Cristóbal de la Laguna, Santiago de Compostela, Segovia, Tarragona, Toledo, Úbeda y Portugalete, entre otras. Con ello, España es el país del mundo en el que más ciudades ostentan este prestigioso título.

España ha sido cuna de importantes **escritores** ya desde la época romana. Grandes obras literarias han ido marcando su historia: el *Cantar de Mío Cid* en la Edad Media; *La Celestina*; las obras de Góngora y Quevedo; y sobre todo el *Quijote*, de Cervantes, en los ss. XVI y XVII; las *Rimas* de G. A. Bécquer en el Romanticismo, y *La Regenta* de Clarín en el s. XIX. En el s. XX surgieron autores de gran calidad como Juan Ramón Jiménez, Antonio Machado, Federico García Lorca, Rafael Alberti, Miguel Delibes o Camilo José Cela. En **pintura**, los principales protagonistas fueron El Greco, Velázquez, Murillo, Ribera, Zurbarán, Goya, Sorolla, Picasso, Dalí, Miró...

Las tradiciones folclóricas españolas conocidas a nivel mundial son, indudablemente, el flamenco y los toros. En gastronomía los platos más conocidos fuera de las fronteras son la tortilla de patata, la paella, el cocido madrileño, la fabada asturiana o el gazpacho.

# ESPAÑA
## ECONOMÍA

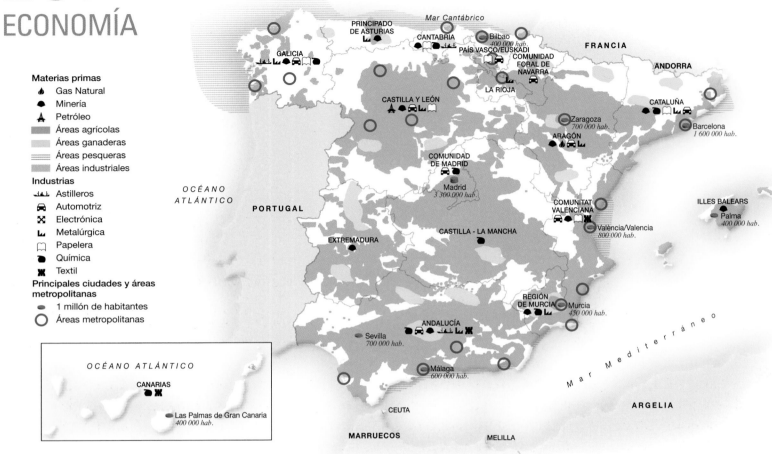

**Materias primas**
- 🔥 Gas Natural
- ● Minería
- ⛏ Petróleo
- ▓ Áreas agrícolas
- ░ Áreas ganaderas
- ≡ Áreas pesqueras
- ▒ Áreas industriales

**Industrias**
- ⚓ Astilleros
- 🚗 Automotriz
- ✖ Electrónica
- ⌐ Metalúrgica
- ▭ Papelera
- ▪ Química
- ✾ Textil

**Principales ciudades y áreas metropolitanas**
- ● 1 millón de habitantes
- ◯ Áreas metropolitanas

*Mar Cantábrico*

PRINCIPADO DE ASTURIAS
CANTABRIA
Bilbao *400 000 hab.*
PAÍS VASCO/EUSKADI
COMUNIDAD FORAL DE NAVARRA
FRANCIA
ANDORRA
GALICIA
CASTILLA Y LEÓN
LA RIOJA
CATALUÑA
Zaragoza *700 000 hab.*
ARAGÓN
Barcelona *1 600 000 hab.*

OCÉANO ATLÁNTICO
PORTUGAL

COMUNIDAD DE MADRID
Madrid *3 300 000 hab.*

ILLES BALEARS
Palma *400 000 hab.*

COMUNITAT VALENCIANA
València/Valencia *800 000 hab.*

EXTREMADURA
CASTILLA - LA MANCHA

REGIÓN DE MURCIA
Murcia *450 000 hab.*

ANDALUCÍA
Sevilla *700 000 hab.*

Málaga *600 000 hab.*

*Mar Mediterráneo*

CEUTA
ARGELIA
MARRUECOS
MELILLA

OCÉANO ATLÁNTICO
CANARIAS
Las Palmas de Gran Canaria *400 000 hab.*

---

**1**

### Moda española
Empresas de moda española como el grupo Inditex, Mango, Adolfo Domínguez o Cortefiel han traspasado nuestras fronteras y se encuentran en las principales calles comerciales de muchos países del mundo.

**2**

### Turismo
España, con sus más de 3000 playas, es uno de los destinos turísticos más visitados del mundo, lo que supone que este sector sea vital para la economía del país por ser una de las principales fuentes de ingresos.

**3**

### Finanzas
Las Torres KIO están situadas en la plaza de Castilla de Madrid y son la puerta al centro financiero de AZCA (manzana de oficinas que alberga los centros de negocios y oficinas más importantes de Madrid).

**4**

### Agroalimentación
El prestigio gastronómico del país ayuda a la industria alimentaria a aumentar sus exportaciones con productos estrella como son el jamón, el vino y el aceite de oliva. Este sector es uno de los más productivos de la economía española.

**Energías renovables.** La fuerza del viento y la radiación solar son aprovechadas para la producción de energía eléctrica. España se ha convertido en estos últimos años en uno de los mayores productores de energía eólica del mundo.

**Burbuja inmobiliaria.** En España, el crecimiento del precio de la vivienda y la especulación durante los últimos años han formado una burbuja inmobiliaria. El resultado de la explosión de esta burbuja ha sido caída de la demanda y precios en este sector.

A partir de 1957, se establece un plan de estabilización que permite que España poco a poco encuentre el equilibrio económico. Deja de ser un país agrario para convertirse en industrial: fabricación de automóviles y construcción naval fueron las bases en las que se asentó esta industrialización. El turismo y la emigración de más de un millón de españoles a los principales países europeos también contribuyó a sacar a flote la economía del momento.

La economía española siempre ha estado marcada por las actividades **agrícola** y **ganadera**. Gracias al desarrollo de las ciudades y del comercio, España vio ampliadas considerablemente sus tierras de cultivo y en el s. XVI vivió una buena época de esplendor económico, perturbada a finales de dicho siglo por un aumento de los precios que perjudicó al sistema, provocando revueltas en la sociedad española. En 1575, el Estado español se declara en bancarrota.

Con la llegada de Felipe V (1715) se empiezan a tomar medidas contra el caos: se establecen nuevos impuestos, se lucha contra la corrupción y se unifica todo el territorio bajo las normas de Castilla. Hacia mediados del XIX, España se va industrializando gracias a su apertura al exterior, a las nuevas tecnologías y a los nuevos capitales. Hasta entonces, únicamente había vivido de su mercado interior, que ahora se veía reducido y de una agricultura tradicional con poco intercambio. Acusaba una falta de instituciones que impulsaran la **industrialización**.

Sin embargo, las guerras mundiales y la guerra civil provocaron en la vida de los españoles una época de hambruna, enfermedades y escasez de fuentes de energía. En 1973, el precio del petróleo se dispara y España, país dependiente de las fuentes petrolíferas extranjeras, se ve afectada. Si le añadimos el panorama político que estaba viviendo con la **transición**, la economía española de nuevo se ve debilitada. A partir de 1985, España inicia una época de desarrollo económico que se extiende hasta inicios del siglo XXI.

La entrada masiva de inmigrantes atraídos por el crecimiento económico y la explosión de la burbuja inmobiliaria provocan el fin del crecimiento; en 2008 comienza una **crisis** que hace que en el año 2011 la tasa de parados sea de un 20,7 % de la población activa.

# ESPAÑA
## ACTUALIDAD

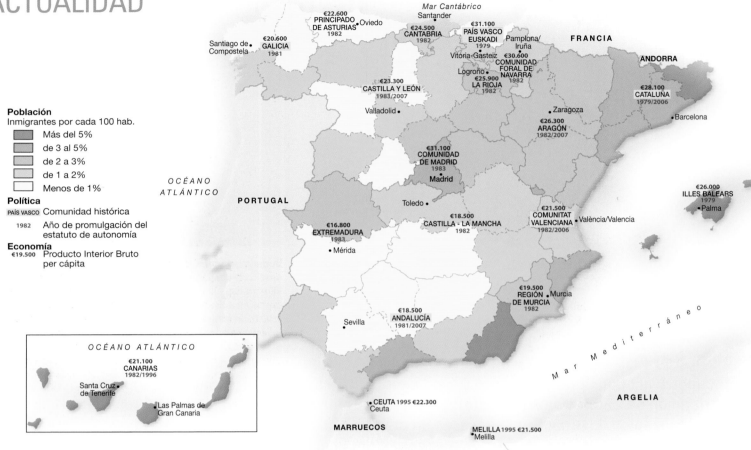

Mar Cantábrico

**€22.600**
PRINCIPADO
DE ASTURIAS• Oviedo
1982

Santander

**€24.500**
CANTABRIA
1982

**€31.100**
PAÍS VASCO
EUSKADI
1979

Pamplona/
Iruña

FRANCIA

ANDORRA

Santiago de •
Compostela

**€20.600**
GALICIA
1981

Vitoria-Gasteiz

**€30.600**
COMUNIDAD
FORAL DE
NAVARRA
1982

Logroño •

**€25.900**
LA RIOJA
1982

**€28.100**
CATALUÑA
1979/2006

**€23.300**
CASTILLA Y LEÓN
1983/2007

• Zaragoza

• Barcelona

Valladolid •

**€26.300**
ARAGÓN
1982/2007

OCÉANO
ATLÁNTICO

**€31.100**
COMUNIDAD
DE MADRID
1983

Madrid

**€26.000**
ILLES BALEARS
1979

• Palma

PORTUGAL

Toledo •

**€21.500**
COMUNITAT
VALENCIANA
1982/2006

València/Valencia

**€16.800**
EXTREMADURA
1983

**€18.500**
CASTILLA - LA MANCHA
1982

• Mérida

**€19.500**
REGIÓN
DE MURCIA
1982

• Murcia

**€18.500**
ANDALUCÍA
1981/2007

Sevilla •

Mar Mediterráneo

OCÉANO ATLÁNTICO

**€21.100**
CANARIAS
1982/1996

Santa Cruz
de Tenerife •

• Las Palmas de
Gran Canaria

• CEUTA 1995 €22.300
Ceuta

MELILLA 1995 €21.500
• Melilla

MARRUECOS

ARGELIA

**Población**
Inmigrantes por cada 100 hab.

Más del 5%
de 3 al 5%
de 2 a 3%
de 1 a 2%
Menos de 1%

**Política**
PAÍS VASCO Comunidad histórica
1982 Año de promulgación del
estatuto de autonomía

**Economía**
€19.500 Producto Interior Bruto
per cápita

---

①

②

③

④

**Pateras**
En los últimos años, España ha recibido un número creciente de inmigrantes sin papeles, llegados en pateras. Los lugares de desembarco no solo alcanzan la península ibérica, sino también las costas de Canarias.

**Tres estrellas Michelín**
Arzak, Adrià, Santamaría (1957-2011), Berasategui, Ruscalleda, Subijana y los hermanos Roca son cocineros de renombre, poseedores de tres estrellas Michelín, que hacen que la gastronomía sea reconocida más allá de nuestras fronteras.

**Alta velocidad**
En 1992, coincidiendo con la Exposición Universal de Sevilla, se pone en marcha la primera línea férrea de alta velocidad en España, que une Madrid y la capital andaluza.

**Cultura española**
Es reconocida internacionalmente gracias a figuras relevantes en todos los campos artísticos. Como ejemplos, el cantante Plácido Domingo, el cineasta Pedro Almodóvar, el escritor Carlos L. Zafón, la bailarina Tamara Rojo o el pintor Miquel Barceló.

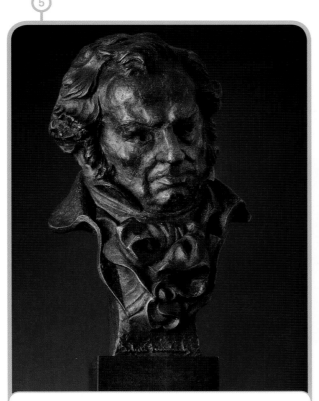

**Premios Goya**. Los Premios de la Academia de Cine nacieron en 1985 en Madrid por iniciativa del productor Alfredo Matas. El premio consiste en una escultura del busto de Francisco de Goya, obra del escultor José Luis Fernández, con la característica de que es único, ya que ningún Goya es igual a otro. Estos premios anuales se entregan en diferentes modalidades del panorama cinematográfico.

**Década de oro del deporte español**. Los éxitos de los deportistas españoles ha ido incrementándose hasta situar a España entre las principales potencias mundiales del deporte. Rafa Nadal se ha convertido en el mejor tenista de la historia de España, Pau Gasol ha logrado en los últimos años triunfos en la mayor liga del mundo de baloncesto, la NBA. Fernando Alonso ha llegado a lo más alto en la Fórmula 1. Otros deportistas destacados son los componentes de las selecciones nacionales de fútbol y baloncesto, Jorge Lorenzo, Gemma Mengual, Gervasio Deferr, Edurne Pasabán, etc.

 ¿Sabías que las siglas del tren AVE significa «alta velocidad española»?

El siglo XXI no puede comenzar mejor para la cultura española, al alzarse Pedro Almodóvar con el **Óscar** en 2002 al mejor guion original por *Hable con ella* y, en 2004, Alejandro Amenábar con *Mar adentro*, como mejor película de habla no inglesa.

Estos años han sido también los de la **arquitectura espectáculo**, donde importa tanto el continente como el contenido; ejemplos son la Ciudad de las Artes y las Ciencias de Valencia, las ampliaciones del museo del Prado o el museo de Arte Contemporáneo Reina Sofía. Museos como el de la Evolución Humana de Burgos, el Musac de León, el D2 de Salamanca o el museo de arte contemporáneo de Castilla-La Mancha Fernando Picornell en Hellín (Albacete) abrieron sus puertas en la primera década de este nuevo siglo.

Las **casas reales** se modernizan al protagonizar matrimonios donde los herederos de las monarquías europeas no se ven obligadas a casarse con personas pertenecientes a la nobleza o a la realeza. La boda del príncipe Felipe de Borbón con Letizia Ortiz acaparó las miradas de todo el mundo el 22 de mayo de 2004.

Los últimos años se han convertido, por méritos propios, en los más laureados de la historia del deporte español. Los grandes éxitos, sin duda, han sido la Eurocopa de fútbol de 2008, conquistada en Viena y, en 2010, la consecución del primer Mundial de fútbol para España en Sudáfrica, al imponerse en la final a Holanda por 1-0.

# ANDALUCÍA

Andalucía es una comunidad autónoma de España que ocupa el sur del país. Comprende las provincias de Almería, Sevilla, Granada, Málaga, Cádiz, Córdoba, Huelva y Jaén. Su relieve está conformado por Sierra Morena, la depresión Bética y los montes Béticos. Los ríos principales son el Guadalquivir y el Guadiana.

**Parque Nacional de Doñana (Huelva)**
Es un conjunto de ecosistemas (playa, dunas, cotos, marisma...) en el que viven especies únicas y en peligro de extinción, como el águila imperial ibérica y el lince ibérico. Cuenta con el título de reserva de la biosfera y fue declarado patrimonio de la humanidad.

**Romería del Rocío (Huelva)**
Se celebra cada año en El Rocío, en la aldea de Almonte (Huelva). Se trata de una peregrinación hasta la ermita de la Virgen del Rocío bien a pie, a caballo o en carreta. Durante el camino se disfruta del paisaje, pues la romería atraviesa el Parque Nacional de Doñana.

**Mezquita de Córdoba**
Fue construida en los ss. VIII-X como una réplica de la gran mezquita de Damasco y es uno de los edificios más singulares del mundo islámico. Un dato curioso es su orientación sur, pues generalmente las mezquitas árabes están orientadas en dirección a La Meca.

**Zahara de los Atunes (Cádiz)**
Pequeño pueblo vinculado desde antiguo a la pesca del atún. Cada año en Zahara, Conil, Barbate o Tarifa se pescan grandes cantidades de atún cerca de la orilla con el arte de la almadraba. Antes de la llegada del turismo a la región, la pesca de atunes era la fuente de ingresos más importante.

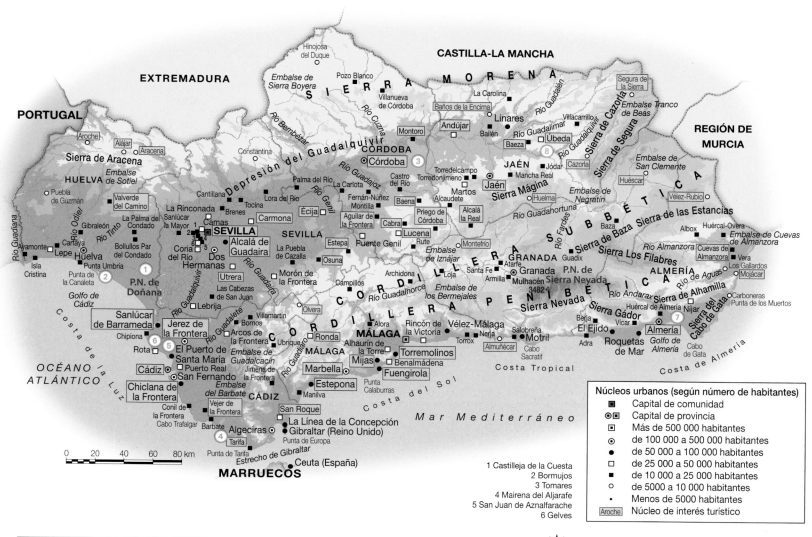

PORTUGAL

EXTREMADURA

CASTILLA-LA MANCHA

REGIÓN DE MURCIA

MARRUECOS

SIERRA MORENA

OCÉANO ATLÁNTICO

Mar Mediterráneo

**Núcleos urbanos (según número de habitantes)**

- Capital de comunidad
- Capital de provincia
- Más de 500 000 habitantes
- de 100 000 a 500 000 habitantes
- de 50 000 a 100 000 habitantes
- de 25 000 a 50 000 habitantes
- de 10 000 a 25 000 habitantes
- de 5000 a 10 000 habitantes
- Menos de 5000 habitantes
- Aroche Núcleo de interés turístico

1 Castilleja de la Cuesta
2 Bormujos
3 Tomares
4 Mairena del Aljarafe
5 San Juan de Aznalfarache
6 Gelves

## La Extensión de las Provincias

| Sevilla | Córdoba | Jaén | Granada | Huelva | Almería | Cádiz | Málaga |
|---------|---------|------|---------|--------|---------|-------|--------|
| 14 036 km² | 13 771 km² | 13 496 km² | 12 647 km² | 10 128 km² | 8775 km² | 7436 km² | 7306 km² |

✸ ¿Sabías que Tarifa (Cádiz) es un lugar idóneo para la práctica de *windsurf*? La confluencia en dicha zona de las corrientes atlánticas y mediterráneas da origen a vientos regulares.

### Dehesa

Ecosistema seminatural, creado por la acción humana a través del aclarado del bosque mediterráneo, en el que se practican diversas actividades agrícolas, ganaderas y forestales. En resumen, un modelo de explotación racional de los recursos, de sostenibilidad y de los mejores ejemplos de convivencia entre la naturaleza y el ser humano. En el año 2002, la Unesco reconoció a la dehesa andaluza como reserva de la biosfera.

Nombre oficial:
*Andalucía*
Capital:
*Sevilla*
Superficie:
*87 597 km²*
Habitantes:
*8 415 490*
Densidad de población:
*94,78 hab./km²*
Altitud máxima:
*Mulhacén 3482 m*

# ANDALUCÍA

Andalucía es el principal centro de arte hispanoárabe, que engloba las obras artísticas construidas en la España musulmana (s. VIII-s. XV). Destacan la mezquita de Córdoba, y la Alhambra y el Generalife de Granada.

*Alhambra de Granada*

### Caballo andaluz
Esta raza, denominada oficialmente *Pura Raza Española,* se caracteriza por un porte elegante, proporciones armoniosas, ojos vivos y crinera larga y colgante. Jerez de la Frontera, en Cádiz, es famosa por sus yeguadas de pura raza.

### Chipiona (Cádiz)
La arquitectura típicamente andaluza se proyecta sobre un núcleo urbano musulmán, en el que destacan sus angostas, sinuosas y laberínticas calles con casas encaladas para repeler el calor, y los balcones llenos de flores. Estos pueblos son conocidos como *pueblos blancos.*

### Almería desde la Alcazaba
La ciudad de Almería fue fundada en el 955 por el califa Abderramán III. Por entonces se construyó también la fortaleza de la Alcazaba y se rodeó con murallas el núcleo de población. Más tarde se edificó una mezquita, considerada elemento básico de la ciudad musulmana.

### Olivares, Úbeda (Jaén)
Los olivares constituyen gran parte del paisaje de la provincia de Jaén, donde la producción de aceite de oliva es la actividad económica más importante de la provincia, siendo la mayor productora mundial.

La ciudad de Sevilla, capital de Andalucía, tiene un imponente patrimonio monumental y un rico calendario de ferias y fiestas. Por su valor histórico, el conjunto de la catedral, el Alcázar y el Archivo de Indias fue declarado patrimonio de la humanidad en 1987.

*Río Tinto en Huelva*

*Windsurf en Tarifa (Cádiz)*

*Catedral de Huelva*

El Puente Nuevo de Ronda (Málaga) es un alarde de ingeniería que marcó un hito en la historia de la ciudad. Este puente une dos zonas históricas, Mercadillo (parte nueva) y Ciudad (parte antigua).

*Espetos de sardinas en Málaga*

# ARAGÓN

Comunidad autónoma de España, situada en el norte del país. Está compuesta por las provincias de Zaragoza, Huesca y Teruel. Las llanuras en torno al Ebro, su río principal, están flanqueadas por los Pirineos al norte y el sistema Ibérico al sur. El clima es frío en invierno y más cálido en verano. Su capital es Zaragoza.

*Mallos de Agüero en Huesca*

### Albarracín (Teruel)

A más de 1000 m de altitud y a orillas del río Guadalaviar, en medio de impresionantes paisajes, se encuentra la población de Albarracín. Es uno de los núcleos medievales más espectaculares de España.

### Los amantes de Teruel

El escritor Hartzenbusch recogió en su obra *Los amantes de Teruel* la historia de Juan Martínez de Marcilla e Isabel de Segura, que, según la tradición, murieron de amor a principios del siglo XIII. En la imagen podemos admirar el mausoleo de estos dos amantes, que reposan juntos para la eternidad.

### Monasterio de San Juan de la Peña, Jaca (Huesca)

Considerado una joya del arte románico-aragonés, su iglesia se asienta en la roca. Data del s. XI y posee el más completo panteón románico de España. El entorno fue declarado espacio natural protegido en 1920. En la actualidad está reclasificado como monumento natural.

### Basílica de Nuestra Señora del Pilar (Zaragoza)

Es un edificio barroco construido entre los ss. XVII y XVIII. Según cuenta la tradición, se construyó en el mismo lugar en el que la Virgen se apareció un 2 de mayo del año 40 a. C. Una curiosidad del templo es la presencia de restos de bombas de la guerra civil.

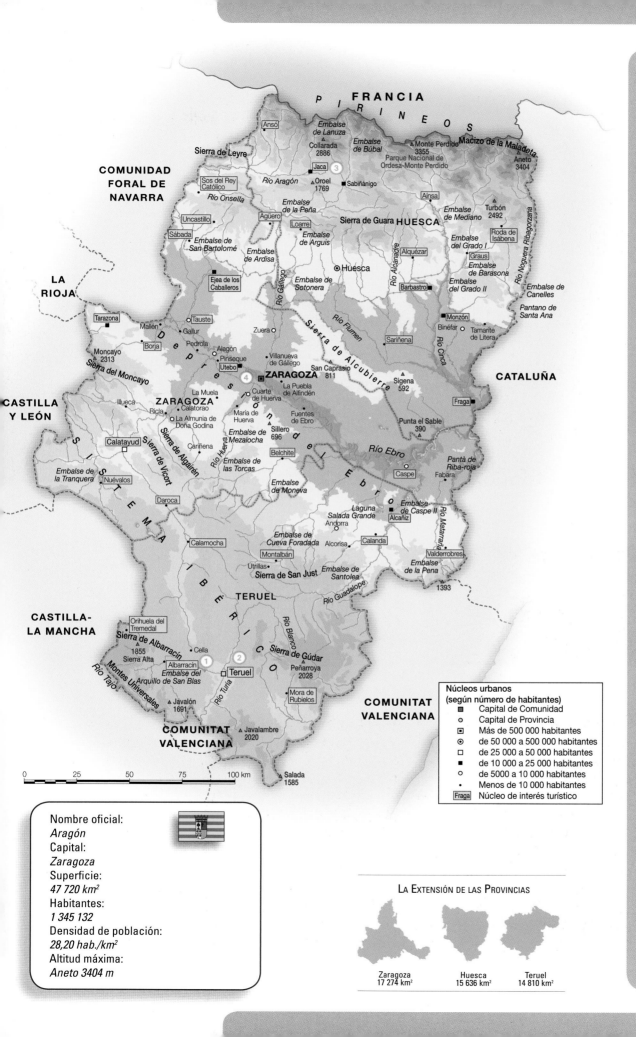

FRANCIA

PIRINEOS

COMUNIDAD FORAL DE NAVARRA

LA RIOJA

CASTILLA Y LEÓN

CASTILLA-LA MANCHA

COMUNIDAD VALENCIANA

CATALUÑA

COMUNIDAD VALENCIANA

Ansó
Embalse de Lanuza
Collarada 2886
Embalse de Búbal
Monte Perdido 3355
Macizo de la Maladeta
Aneto 3404
Parque Nacional de Ordesa-Monte Perdido
Sierra de Leyre
Jaca ③
Oroel 1769
Sabiñánigo
Río Aragón
Ainsa
Sos del Rey Católico
Río Onsella
Embalse de la Peña
Agüero
Loarre
Sierra de Guara  HUESCA
Turbón 2492
Embalse de Mediano
Roda de Isábena
Río Noguera Ribagorzana
Uncastillo
Sábada
Embalse de San Bartolomé
Embalse de Ardisa
Embalse de Arguis
Huesca
Alquézar
Embalse del Grado I
Graus
Embalse de Barasona
Embalse del Grado II
Embalse de Canelles
Ejea de los Caballeros
Río Gállego
Embalse de Sotonera
Río Alcanadre
Barbastro
Pantano de Santa Ana
Tarazona
Mallén
Tauste
Zuera
Río Flumen
Sariñena
Monzón
Binéfar
Tamarite de Litera
Río Cinca
Gallur
Moncayo 2313
Borja
Pedrola
Alagón
Pinseque
Villanueva de Gállego
San Caprasio 811
Sigena 592
Fraga
Sierra del Moncayo
Depresión
Utebo
ZARAGOZA ④
La Puebla de Alfindén
Illueca
La Muela
ZARAGOZA
Calatorao
Cuarte de Huerva
Fuentes de Ebro
Punta el Sable 390
Bicla
La Almunia de Doña Godina
María de Huerva
Calatayud
Sierra de Vícor
Sierra de Algairén
Río Huerva
Sillero 696
Belchite
Río Ebro
Pantà de Riba-roja
Fabara
Caspe
Embalse de Mezalocha
Embalse de la Tranquera
Nuévalos
Embalse de las Torcas
Embalse de Moneva
Embalse de Caspe II
Río Matarraña
Daroca
Laguna Salada Grande
Alcañiz
Andorra
Calamocha
Embalse de Cueva Foradada
Alcorisa
Calanda
Valderrobres
Montalbán
Utrillas
Sierra de San Just
Embalse de Santolea
Embalse de la Pena
1393
TERUEL
Río Guadalope
Orihuela del Tremedal
Sierra de Albarracín
1855
Sierra Alta
Cella
Río Blanco o Gúdar
Sierra de Gúdar
Peñarroya 2028
Albarracín
Embalse del Arquillo de San Blas
① ②
Teruel
Montes Universales
Río Turia
Mora de Rubielos
Río Tajo
Javalón 1691
Javalambre 2020
Salada 1585

0   25   50   75   100 km

**Núcleos urbanos**
(según número de habitantes)
■ Capital de Comunidad
○ Capital de Provincia
⊡ Más de 500 000 habitantes
⊙ de 50 000 a 500 000 habitantes
□ de 25 000 a 50 000 habitantes
■ de 10 000 a 25 000 habitantes
○ de 5000 a 10 000 habitantes
· Menos de 10 000 habitantes
Fraga  Núcleo de interés turístico

Nombre oficial:
*Aragón*
Capital:
*Zaragoza*
Superficie:
*47 720 km²*
Habitantes:
*1 345 132*
Densidad de población:
*28,20 hab./km²*
Altitud máxima:
*Aneto 3404 m*

LA EXTENSIÓN DE LAS PROVINCIAS

Zaragoza
17 274 km²

Huesca
15 636 km²

Teruel
14 810 km²

*Sallent de Gállego (Huesca)*

*Sierra del Moncayo (Zaragoza)*

*Panticosa (Huesca)*

**Estaciones de esquí**
En el pirineo aragonés podemos encontrar algunas de las principales estaciones de esquí del país. Entre ellas destacan las estaciones de Benasque, Canfranc, Candanchú, Panticosa, Cerler, Astún, Formigal, etc.

# ASTURIAS

El Principado de Asturias es una comunidad autónoma uniprovincial que se encuentra en el norte de España, entre la cordillera Cantábrica y el mar Cantábrico. En Asturias se distinguen tres regiones: el litoral, las comarcas centrales y las tierras montañosas. Es una comunidad uniprovincial, dividida administrativamente en 78 municipios o concejos.

*Lago Enol*

### Cabo Peñas

El cabo Peñas (Gozón) es el punto situado más al norte del Principado de Asturias, formado por una masa rocosa de acantilados que se eleva a 100 metros de altura. La zona del cabo Peñas fue declarada paisaje protegido en 1995.

### Prerrománico asturiano

Son numerosos los edificios y los restos arquitectónicos que se conservan en este periodo que va desde el siglo VIII hasta el X. En Oviedo se encuentran muchos de ellos: Santa María del Naranco, San Miguel de Lillo, San Julián de los Prados, la Cámara Santa o la fuente de Foncalada.

### Sidra asturiana

El escanciado (derramar la sidra desde lo alto y que caiga en el borde del vaso) es una constumbre arraigada en toda Asturias. Con el escanciado se consigue que la sidra se *espalme*, es decir, que forme espuma.
La cantidad de sidra que se escancia en un vaso y se ingiere de una sola vez se llama *culín* o *culete*.

### Playa Torimbia (Llanes)

Esta playa de Asturias está considerada una de las más bellas y espectaculares de la costa cantábrica. La costa asturiana se divide en dos zonas: la oriental, del cabo Peñas al límite con la provincia de Santander, y la occidental, del citado cabo a la ría del Eo.

Mar Cantábrico

Costa Verde

Cabo Peñas ①

Ría de Avilés ⑥ Luanco

Luanco

Candás

Ría de Aboño

Costa Verde

Ría de Villaviciosa

Ría de Santiuste

Ría de Tina Mayor

Ría del Eo

Tapia de Casariego
La Caridad
Luarca
Cudillero
Castrillón
Avilés
Las Vegas
Muros
Soto
Pravia
La Callezuela
Gijón/Xixón
Villaviciosa
Colunga
Prado
Ribadesella
Llanes
Colombres

Castropol
Navia
Coaña
Villayón
Salas
Grullos
Santullano
Posada
de Llanera
Lugones
Santa Eulalia
Arriondas
Sierra de
Cuera
Alles
Panes

Vegadeo
Boal
Navelgas
Grado
Noreña
Siero
Nava
Infiesto
Cangas
de Onís ⑦
Covadonga
Carreña

El Llano
Taramundi
Sierra de la Bobia
Río Navia
Sierra de Rañadoiro
Tineo
Belmonte
Oviedo
(Uviéu) ②
Langreo
San Martín
del Rey Aurelio
Benia de Onís
▲Mofrecho
900

Illano
Villanueva
Mieres
El Entrego
Laviana
P.N. de los
Picos de Europa

Santa Eulalia
de Oscos
Pola de
Allande
Villabre
Pola de
Lena
Cabañaquinta
Rioseco
Sames
Beleño

Grandas
Cangas
de Narcea
Río Narcea
Río Piguena
La Plaza
Bárzana
Sierra de Carroceda
Campo
de Caso
Torre Cerredo
⑤ 2648

GALICIA
Serra de Uría
Rabo
1890
Pola de
Somiedo
Naranjo de Bulnes
2519
CANTABRIA

San Antolín
CORDILLERA CANTÁBRICA

Río Ibias

Miravalles
1966

CASTILLA Y LEÓN

0  10  20  30  40  50 km

**Núcleos urbanos (según número de habitantes)**
- ◉ Capital de Comunidad
- ⊙ Más de 100 000 habitantes
- ● de 50 000 a 100 000 habitantes
- ☐ de 25 000 a 50 000 habitantes
- ■ de 10 000 a 25 000 habitantes
- ○ Menos de 10 000 habitantes
- Llanes Núcleo de interés turístico

⑤

⑥

⑦

✹ En esta región de historia milenaria se gestó la Reconquista, que dio origen a la España moderna.

## Picos de Europa

El Parque Nacional Picos de Europa, entre las provincias de Asturias, León y Cantabria, una extensión de 64 660 ha, de gran valor paisajístico, que fue declarado en 1918 el primer espacio natural protegido de España. Desde 2003 es zona de especial protección para las aves y reserva de la biosfera.

## Centro Niemeyer

El Centro Niemeyer de Avilés es el primer proyecto del arquitecto brasileño que se construye en España e inaugurado en 2011. Es un complejo cultural de relevancia internacional, abierto a todas las artes y manifestaciones culturales.

## Santuario de Covadonga

El templo, ubicado en los Picos de Europa, está dedicado a la patrona de Asturias, la Virgen de las Batallas, que preside el altar de la Santa Cueva. Es un destino de peregrinación obligado para los asturianos, en especial el 8 de septiembre, fecha en la que se celebra una romería para venerar su imagen.

Nombre oficial:
*Principado de Asturias*
Capital:
*Oviedo*
Superficie:
*10 603 km²*
Habitantes:
*1 081 348*
Densidad de población:
*102,35 hab./km²*
Altitud máxima:
*Torre Cerredo 2648 m*

# I. BALEARS

Las Islas Baleares (oficialmente Illes Balears) son un archipiélago español que, bañado por el mar Mediterráneo, constituyen una comunidad autónoma. Está formado por las islas de Mallorca, Menorca, Eivissa (Ibiza), Formentera, Cabrera y otras menores. En su relieve alternan las mesetas con colinas y montañas. El clima es mediterráneo.

*Catedral de Palma*

### Taulas en Menorca

Las taulas eran monumentos religiosos. Para defenderse de las invasiones, se construyeron edificios amurallados como los *talayots*. En Menorca hay muchos restos prehistóricos de la Edad del Bronce y de la Edad del Hierro.

### Palma

Palma, de fundación romana, vivió la época árabe y medieval dentro de su recinto amurallado, que se amplió y reforzó en los ss. XVI, XVII y XVIII. Es la ciudad más importante del archipiélago y se halla situada en la bahía de Palma.

### Instrumentos ibicencos

Los más representativos son la flauta de adelfa, dos grandes castañuelas en madera de enebro talladas y un tambor decorado.

### Costa balear

El litoral balear se caracteriza por la variedad de accidentes geográficos. Es alto y acantilado en el norte de Mallorca, donde la sierra de Tramontana llega hasta el mar. Lo mismo ocurre en el norte de Eivissa con la sierra de Aubarca. El resto de costas del archipiélago se caracterizan por la abundancia de calas.

Nombre oficial:
*Illes Balears*
Capital:
*Palma*
Superficie:
*4991 km²*
Habitantes:
*1 112 712*
Densidad de población:
*219,45 hab./km²*
Altitud máxima:
*Puig Major 1445 m*

*Mar Mediterráneo*

Illa dels Porros
Cala Morell · Illes Bledes · Fornells
Ferreries · es Mercadal · Illa d'en Colom
Ciutadella ① es Migjorn · Alaior · MENORCA · Maó
Gran · es Castell
Sant Climent · Sant Lluís
Benibeca
Biniancolla · Illa de l'Aire

⑤ Illa de Formentor
Pollensa · *Bahía de Pollença*
Puig Major · Lluc
1445
Port de Sóller · Sóller · Alcúdia
Valldemossa · *Bahía de d'Alcúdia*
Lloseta · sa Pobla
Alaró · Inca · Muro · Betlem · Capdepera
Bunyola · Binissalem · Santa
Sencelles · Sineu · Margalida
Puigpunyent · Maria de · Artà
Illa Dragonera · la Salut
Calvià · Marratxí · MALLORCA · son Servera
Andratx · Palma · Montuïri · Petra · Sant Llorenç
Algaida · des Cardassar
Illa de sa · Llucmajor · Porreres · Porto Cristo
Porrassa
Illa del Toro · *Bahía* · El Dorado · Felanitx
*de Palma* · Vermissa · Campos · Calonge
ses Salines · Santanyí

P.N.M.T. del
Archipiélago de Cabrera
Illa dels Conills · Illa Plana
CABRERA

*Mar Mediterráneo*

Sant Joan
Santa Agnès · de Labritja
de Corona · Sierra de la Mola · Illa de Tagomago
③ · Santa Eulària
Sant Antoni · EIVISSA · des Riu
de Portmany · Puig d'en Valls
Sant Agustí
Sant Josep · Eivissa
de sa Talaia
es Vedrà · San Francisco · Illa des Penjats
de Paula · s'Espardell
s'Esplamador
La Savina · Sant Ferran
San Francesc de Formentera · de ses Roques
FORMENTERA ⑥

**Núcleos urbanos (según número de habitantes)**
- ◉ Capital de Comunidad
- ⊙ Más de 100 000 habitantes
- ● de 50 000 a 100 000 habitantes
- ▢ de 25 000 a 50 000 habitantes
- ■ de 10 000 a 25 000 habitantes
- ○ de 5000 a 10 000 habitantes
- · Menos de 5000 habitantes
- es Castell Núcleo de interés turístico

0  10  20  30  40  50 km

⑤

⑥

## Cabo Formentor

Cabo formado por acantilados en el extremo norte de Mallorca. Tiene un importante núcleo turístico (Pollença), con bellos alrededores. Los cabos y las bahías predominan en todas las islas.

## Parque Nacional de Ses Salines, Formentera

Las aguas marinas que se encuentran en este parque nacional cumplen todas las características ideales del desarrollo de diferentes ecosistemas. Son aguas oxigenadas, limpias y libres de contaminantes.

LA EXTENSIÓN DE LAS ISLAS

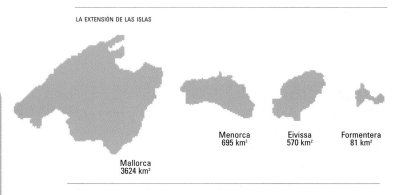

Menorca
695 km²

Eivissa
570 km²

Formentera
81 km²

Mallorca
3624 km²

✴ Las Illes Balears es la comunidad autónoma más pequeña de España, con algo menos de 5000 kilómetros cuadrados. A la isla de Eivissa (Ibiza) los griegos la llamaron *Pitiusa*, que quiere decir «isla de los pinos».

# CANARIAS

El archipiélago de Canarias se encuentra en el océano Atlántico, frente a las costas de África. Es de origen volcánico y está constituido por las islas de Gran Canaria, Lanzarote, Fuerteventura, Tenerife, El Hierro, La Gomera, La Palma y otras islas de menor tamaño como La Graciosa o Alegranza. Sus temperaturas son cálidas durante todo el año. El turismo es su principal fuente de ingresos. En Tenerife se halla el Teide, la cumbre más elevada de España, con 3718 m de altitud.

*Isla de Lanzarote*

### Teide
Montaña de naturaleza volcánica que se alza en la isla de Tenerife. El Teide, con sus 3718 m de altitud es la mayor altura de España. La zona en la que está situado ha sido catalogada como parque nacional con el nombre de *Las Cañadas del Teide.*

### Playa de Corralejo (Fuerteventura)
Corralejo es un antiguo barrio de pescadores convertido hoy en zona residencial y turística gracias a sus hermosas playas, lo que le convierte en su principal fuente de ingresos. Desde Corralejo se observa, en la lejanía del horizonte azul, el islote de Lobos.

### Las dos capitales
Las Palmas de Gran Canaria, capital de la provincia de Las Palmas, está formada por las islas de Gran Canaria, Fuerteventura, Lanzarote, y archipiélagos como el de Chinito. Por otra lado, Santa Cruz de Tenerife, capital de la provincia de Tenerife, esta formada por las islas de Tenerife, Gomera, Hierro y La Palma.

### La Gomera
Las zonas llanas próximas a la costa de la isla de la Gomera son propicias para el cultivo del aguacate, plátano, papaya (en la imagen) o mango. Sin embargo, la producción es pequeña con lo cual sirve, exclusivamente, de abastecimiento para la isla.

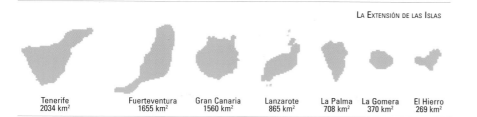

LA EXTENSIÓN DE LAS ISLAS

Tenerife
2034 km²

Fuerteventura
1655 km²

Gran Canaria
1560 km²

Lanzarote
865 km²

La Palma
708 km²

La Gomera
370 km²

El Hierro
269 km²

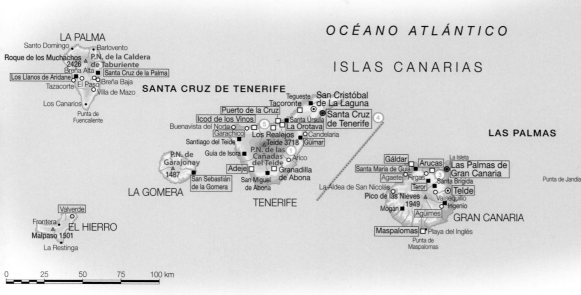

OCÉANO ATLÁNTICO

ISLAS CANARIAS

LA PALMA
Santo Domingo
Barlovento
Roque de los Muchachos
2426
P.N. de la Caldera de Taburiente
Breña Alta
Santa Cruz de la Palma
Los Llanos de Aridane
Tazacorte
El Paso
Breña Baja
Villa de Mazo
Los Canarios
Punta de Fuencaliente

SANTA CRUZ DE TENERIFE

Tegueste
San Cristóbal de La Laguna
Tacoronte
Puerto de la Cruz
Icod de los Vinos
Santa Úrsula
Santa Cruz de Tenerife
Buenavista del Norte
La Orotava
Garachico
Los Realejos
Candelaria
Santiago del Teide
Teide 3718
Güímar
Guía de Isora
P.N. de las Cañadas del Teide
Arico
P.N. de Garajonay
1487
Adeje
Granadilla de Abona
San Sebastián de la Gomera
San Miguel de Abona

LA GOMERA

TENERIFE

Valverde
Frontera
EL HIERRO
Malpaso 1501
La Restinga

LAS PALMAS

Gáldar
Arucas
La Isleta
Santa María de Guía
Las Palmas de Gran Canaria
Agaete
Firgas
Santa Brígida
La Aldea de San Nicolás
Teror
Telde
Pico de las Nieves
1949
Valsequillo
Mogán
Ingenio
Agüimes
GRAN CANARIA
Maspalomas
Playa del Inglés
Punta de Maspalomas

LANZAROTE
Isla Alegranza
ARCHIPIÉLAGO CHINIJO
Montaña Clara
Graciosa
Roque del Este
Peñas del Chache
Haría
P.N. 670
Timanfaya
Teguise
San Bartolomé
Yaiza
Tías
Arrecife
Punta Pechiguera
Playa Blanca

FUERTEVENTURA
Corralejo
Isla de Lobos
Punta del Tostón
Cotillo
La Oliva
Puerto del Rosario
Betancuria
Antigua
Pájara
Tuineje
Jandía
807
Gran Tarajal
Punta de Jandía
Morro del Jable

**Núcleos urbanos (según número de habitantes)**

- ◉ Capital de Comunidad
- ⊙□ Capital de provincia / cabildo
- ⊙ Más de 100 000 habitantes
- ● de 50 000 a 100 000 habitantes
- □ de 25 000 a 50 000 habitantes
- ■ de 10 000 a 25 000 habitantes
- ○ de 5000 a 10 000 habitantes
- · Menos de 5000 habitantes
- Haría Núcleo de interés turístico

0   25   50   75   100 km

⑤

⑥

⑦

✳ En La Palma se localiza la Caldera de Taburiente, uno de los mayores cráteres volcánicos del mundo, con unos 9 km de diámetro.

## Drago milenario de Icod de los Vinos (Tenerife)

El drago es un árbol originario de Canarias, del que se obtiene la resina llamada *sangre de drago*, utilizada en medicina. Tiene un tronco grueso, crece lentamente y puede llegar a vivir varios siglos. El de Icod de los Vinos, uno de los más emblemáticos, se calcula que tiene casi seis siglos.

## Parque Nacional de Timanfaya (Lanzarote)

Está ubicado entre los municipios de Tinajo y Yaiza. Paisaje de accidentada orografía, podría calificarse de lunar, con parajes rocosos de origen volcánico, predominando las tonalidades rojas, ocres y negras. Canarias actualmente cuenta con cuatro parques nacionales.

## Cabras majoreras

En Tuineje (Fuerteventura) existen, además de extensas plantaciones de aloe, instalaciones de cría de cabras majoreras, con cuya leche se produce un delicioso queso majorero. Estos quesos, elaborados según una tradición milenaria, son merecedores de una Denominación de Origen Protegida.

Nombre oficial:
*Canarias*
Capital:
*Santa Cruz de Tenerife / Las Palmas de Gran Canaria*
Superficie:
*7447 km²*
Habitantes:
*2 125 256*
Densidad de población:
*283 hab./km²*
Altitud máxima:
*Teide 3718 m*

# CANTABRIA

Cantabria es una comunidad autónoma uniprovincial del norte de España, cuya capital es Santander. Está separada del interior por la cordillera Cantábrica y los Picos de Europa. Sus ríos principales son el Saja, el Besaya, el Nansa y el Pas. En esta comunidad se encuentran las cuevas de Altamira, donde se conservan valiosas pinturas prehistóricas.

*Panorámica de Castro Urdiales*

①

②

③

④

**Cueva de Altamira**
Próxima a la localidad de Santillana del Mar, se encuentra la cueva de Altamira, la llamada *Capilla Sixtina del arte cuaternario*. Descubierta en 1879, alberga en su interior pinturas de bisontes, ciervos, caballos y jabalíes en colores ocre, rojo y negro.

**Parque Natural Saja-Besaya**
Se extiende a lo largo de 24 500 hectáreas por la zona centro de Cantabria, de las que una cuarta parte están cubiertas por especies como el haya y el roble. Constituye uno de los parajes más fértiles en fauna y flora del territorio nacional.

**Santillana del Mar**
Pueblo de origen medieval con calles empedradas, declarado conjunto histórico-artístico en 1943. Destaca su arquitectura típicamente montañesa, con casas de piedra y muros cortafuegos, muchas de ellas blasonadas. En la colegiata, de trazas románicas, destaca el claustro.

**Santander**
Capital de la comunidad, está situada en la margen izquierda de la bahía que lleva su nombre. En 1941, sufrió un gran incendio y tuvo que ser reconstruida. Es una ciudad moderna, elegante, cosmopolita, con una intensa vida cultural y gran atractivo turístico que se sintetiza en sus extensas y reconocidas playas.

Nombre oficial:
*Cantabria*
Capital:
*Santander*
Superficie:
*5321 km²*
Habitantes:
*592 560*
Densidad de población:
*110,73 hab./km²*
Altitud máxima:
*Torre Blanca 2617 m*

✳ Cantabria estuvo unida a Castilla hasta 1982. Era una región perteneciente a la antigua Castilla la Vieja, su única provincia costera.

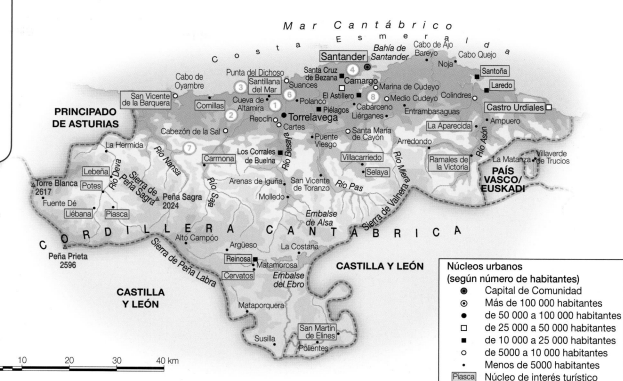

*Mar Cantábrico*
*Esmeralda*

Bahía de Santander · Cabo de Ajo · Cabo Quejo

**Santander**

PRINCIPADO DE ASTURIAS

Cabo de Oyambre · Punta del Dichoso · Santillana del Mar · Santa Cruz de Bezana · Camargo · Noja · Santoña
San Vicente de la Barquera · Comillas · Cueva de Altamira · Suances · Marina de Cudeyo · Laredo
Cabezón de la Sal · Piélagos · El Astillero · Medio Cudeyo · Colindres · Castro Urdiales
La Hermida · Reocín · Polanco · Cabárceno · Liérganes · Entrambasaguas · Ampuero
Lebeña · Carmona · Cartes · Santa María de Cayón · La Aparecida
Torre Blanca 2617 · Potes · Los Corrales de Buelna · Puente Viesgo · Arredondo · Villaverde de Trucios
Fuente Dé · Piasca · Villacarriedo · Ramales de la Victoria · La Matanza
Liébana · Peña Sagra 2024 · Arenas de Iguña · Selaya · PAÍS VASCO/EUSKADI
Peña Prieta 2596 · San Vicente de Toranzo · Molledo
CORDILLERA CANTÁBRICA · Embalse de Alsa
Alto Campóo · Argüeso · La Costana
Reinosa · Matamorosa · CASTILLA Y LEÓN
CASTILLA Y LEÓN · Cervatos · Embalse del Ebro
Mataporquera
Susilla · San Martín de Elines · Polientes

Río Nansa · Río Deva · Sierra de Peña Sagra · Río Saja · Río Besaya · Río Pas · Río Miera · Río Asón · Sierra de Valnera
Sierra de Peña Labra · Torrelavega

0 10 20 30 40 km

**Núcleos urbanos**
(según número de habitantes)
- ◉ Capital de Comunidad
- ⊙ Más de 100 000 habitantes
- ● de 50 000 a 100 000 habitantes
- □ de 25 000 a 50 000 habitantes
- ■ de 10 000 a 25 000 habitantes
- ○ de 5000 a 10 000 habitantes
- · Menos de 5000 habitantes
- Piasca Núcleo de interés turístico

✳ El cocido montañés, el más típico de la comunidad, está hecho a base de alubias blancas, berzas, patatas y cerdo.

**5**
**6**
**7**
**8**

**Fuente Dé**
Es uno de los lugares más turísticos de Cantabria, localizado en el valle de Liébana, al abrigo de los Picos de Europa. Su famoso teleférico salva un desnivel de 753 m y eleva al pasajero hasta los 1850 m de altitud, desde donde goza de unas vistas vertiginosas.

**Suances**
La antigua población romana conocida como *Portus Blendium* es en la actualidad una activa villa turística. Destaca su espectacular panorámica sobre la costa cantábrica, que se divisa desde la parte alta de la población.

**Carmona**
Localidad del municipio del valle de Cabuérniga. El paisaje de los valles centrales de Cantabria se dispone en pequeñas aldeas agrupadas en el fondo de los valles y rodeadas de tierras de labor. En cambio, las vertientes, por su difícil aprovechamiento, son ocupadas por zonas de pastos o cubierta forestal.

**Parque de Cabárceno**
En este parque, construido sobre una antigua mina a cielo abierto, se pueden ver animales de las más variadas especies en semilibertad, de ahí que se haya convertido en uno de los principales reclamos turísticos de la comunidad.

# CASTILLA - LA MANCHA

Comunidad autónoma española que se extiende por la parte sur de la meseta central. Comprende las provincias de Toledo, Ciudad Real, Cuenca, Guadalajara y Albacete. Está flanqueada por los sistemas Central, Ibérico y Sierra Morena, y atravesada por los montes de Toledo. El Tajo, el Júcar y el Guadiana son sus principales ríos. Toledo, capital de esta comunidad, es una ciudad plagada de monumentos.

*Panorámica de Toledo*

### La Alcarria

Comarca natural que se extiende por las provincias de Guadalajara, Cuenca y Madrid, y está regada por el Tajo, el Tajuña y sus afluentes. La Alcarria fue inmortalizada por el premio nobel español Camilo José Cela en su obra *Viaje a la Alcarria*.

### Alcalá de Júcar

Pueblo de la provincia de Albacete, construido sobre una loma montañosa. Dedicado principalmente a la agricultura y la ganadería, en los últimos años ha desarrollado una importante infraestructura de turismo rural.

### Quesos manchegos

El reglamento de la D. O. Queso Manchego admite únicamente el producto que acoge leche de ovejas de raza manchega. Estas ovejas producen su mayor cantidad de leche entre los meses de abril, mayo y junio.

### Catedral de Cuenca

Edificio de estilo gótico, erigido sobre una antigua mezquita. Esta catedral posee gran cantidad de elementos de influencia francesa, ya que su promotora, Leonor Plantagenet, esposa del rey Alfonso VIII, fue asesorada por arquitectos anglonormandos.

Nombre oficial:
*Castilla-La Mancha*
Capital:
*Toledo*
Superficie:
*79 461 km²*
Habitantes:
*2 113 506*
Densidad de población:
*26 hab./km²*
Altitud máxima:
*Lobo 2273 m*

**Núcleos urbanos**
**(según número de habitantes)**

● Capital de Comunidad
●⊙ Capital de Provincia
⊙ Más de 100 000 habitantes
● de 50 000 a 100 000 habitantes
□ de 25 000 a 50 000 habitantes
■ de 10 000 a 25 000 habitantes
○ de 5000 a 10 000 habitantes
· Menos de 5000 habitantes
Alarcón Núcleo de interés turístico

0  25  50  75  100 km

LA EXTENSIÓN DE LAS PROVINCIAS

Ciudad Real
19 813 km²

Cuenca
17 140 km²

Toledo
15 370 km²

Albacete
14 924 km²

Guadalajara
12 214 km²

✳ ¿Sabías que en Campo de Calatrava se encuentran localizados cerca de setenta volcanes?

✳ ¿Sabías que *La Mancha* es un nombre árabe que significa «llanura elevada» y es el escenario donde se desarrollan las aventuras de don Quijote y Sancho?

# CASTILLA - LA MANCHA

Castilla-La Mancha cuenta con lugares llenos de arte y cultura, como la ciudad de Cuenca y sus casas colgadas, el teatro de Almagro, los palacios de Sigüenza, etc. Sus parajes naturales son de gran belleza y de una gran riqueza ecológica, como los Parques Nacionales de las Tablas de Daimiel y Cabañeros, los Parques Naturales de las lagunas de Ruidera y la Tejera Negra, las hoces del Cabriel, el Alto Tajo o el nacimiento del río Mundo.

*Molinos en Consuegra (Toledo)*

### Hongos en Cuenca

El modelado cárstico que caracteriza a la llamada *Ciudad Encantada* es un laberinto de formaciones rocosas esculpidas por la erosión del viento y el agua, que dejan ver diferentes figuras bautizadas popularmente como *tormo, hongos, tobogán, hipopótamo, el teatro, los barcos...*

### Talavera de la Reina (Toledo)

Es conocida como *ciudad de la cerámica* por las piezas de barro, esmaltadas con vivos colores. Las Reales Fábricas de Tejido de Oro y Plata fueron fundadas en este lugar en el siglo XVIII, bajo el patrocinio real de Fernando VI y estuvieron en funcionamiento entre 1748 y 1851.

### Valverde de los Arroyos

Pueblo de la provincia de Guadalajara, cuya arquitectura de color negro se debe a la utilización de la pizarra como material de construcción. Esto ha dado lugar a casas que se confunden con el terreno, muy integradas con el paisaje que las rodea.

### Lagunas de Ruidera

El Parque Natural de las Lagunas de Ruidera está formado por quince lagunas situadas entre las provincias de Ciudad Real y Albacete. El nombre de *ruidera* podría deberse al ruido que hacen sus cascadas de agua, que enlazan unas lagunas con otras.

*Morteruelo*

*Parque Nacional de Cabañeros*

*Alcázar de Toledo*

*Río Mundo*

✶ Las casas colgadas de Cuenca son edificios civiles levantados sobre un risco de la hoz del río Huécar. El museo Arqueológico Provincial y el museo de Arte Abstracto están enclavados en una de las casas colgadas.

# CASTILLA y LEÓN

Comunidad autónoma del norte de España, formada por dos territorios históricos y las provincias de León, Zamora, Salamanca, Palencia, Soria, Segovia, Ávila, Burgos y Valladolid. Se encuentra entre la cordillera Cantábrica, los montes de León, el sistema Central y el sistema Ibérico. Sus inviernos son fríos y sus veranos, calurosos. El río principal que atraviesa sus tierras es el Duero. En esta comunidad se erigen algunas de las muestras arquitectónicas más importantes de España: el acueducto de Segovia, las catedrales de León y Burgos, las murallas de Ávila, etc.

*MUSAC, en León*

①

②

③

④

**Universidad de Salamanca**
Fue fundada por Alfonso X el Sabio en 1254, aunque las dependencias históricas que hoy vemos datan de 1411, cuando Benedicto XIII ordenó su construcción. En la imagen, fachada plateresca de la Universidad.

**Las Médulas (León)**
Se encuentran al noroeste de la provincia de León, en la comarca de El Bierzo, y constituyeron la mayor mina de oro a cielo abierto de todo el Imperio romano. Este paraje fue declarado patrimonio de la humanidad en 1997.

**Acueducto de Segovia**
Símbolo de la ciudad de Segovia, el acueducto romano, construido hacia finales del s. I d. C. siendo emperador Trajano, es una impresionante obra de ingeniería que tiene 728 m de longitud, 166 arcos y una altura máxima de 29 m en su tramo principal, conocido como *Puente del Diablo.*

**Catedral de Burgos**
Obra cumbre del arte gótico español, comenzada en el siglo XIII por el rey Fernando III el Santo. Su interior alberga innumerables tesoros artísticos: obras de Simón y Francisco de Colonia, Gil y Diego de Siloé... Fue declarada patrimonio de la humanidad en 1984.

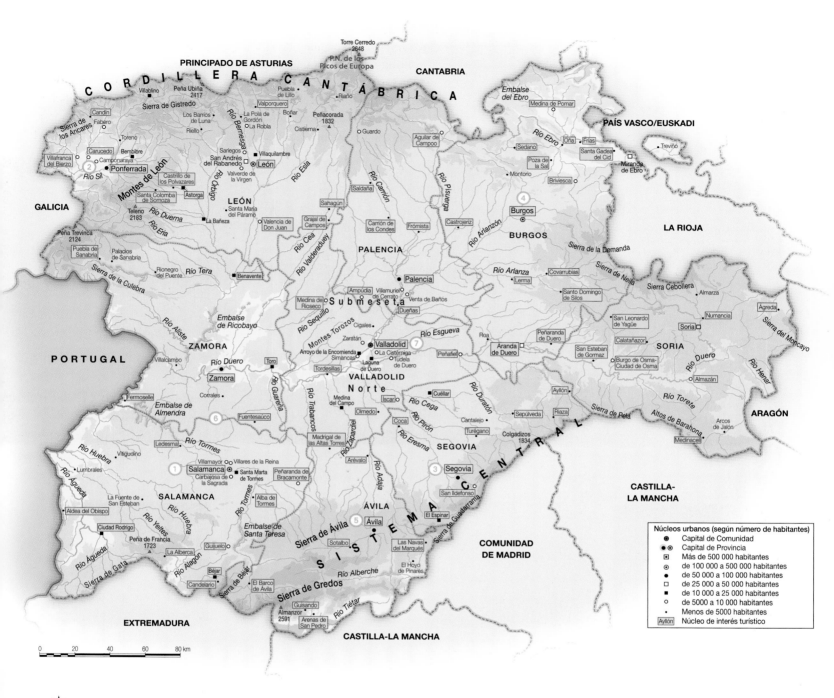

Los páramos constituyen el tipo de relieve más típico de la comunidad. Son tierras planas y altas que han quedado divididas y aisladas debido a la erosión de los ríos.

La Extensión de las Provincias

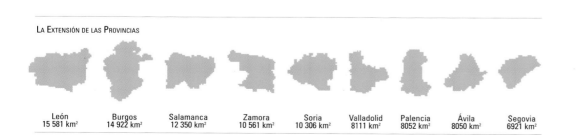

| León | Burgos | Salamanca | Zamora | Soria | Valladolid | Palencia | Ávila | Segovia |
|------|--------|-----------|--------|-------|------------|----------|-------|---------|
| 15 581 km² | 14 922 km² | 12 350 km² | 10 561 km² | 10 306 km² | 8111 km² | 8052 km² | 8050 km² | 6921 km² |

Nombre oficial:
*Castilla y León*
Capital:
*(Sin definir legalmente)*
Superficie:
*94 225 km²*
Habitantes:
*2 555 742*
Densidad de población:
*28 hab./km²*
Altitud máxima:
*Torre Cerredo 2648 m*

# CASTILLA y LEÓN

Históricamente, el reino de Castilla ocupaba la mayor parte de la meseta central y se extendía desde el mar Cantábrico hasta Sierra Morena, y desde Galicia hasta Cantabria. En los primeros tiempos de la Reconquista, las tierras castellanas dependían del reino de León. Más tarde, Castilla se independizó, hasta que en 1230 ambos reinos se unieron definitivamente. En 1982, Castilla y León se constituye como comunidad autónoma, abarcando la antigua región de Castilla la Vieja, excepto Cantabria y La Rioja.

*Panorámica de Segovia*

### Ávila
Destaca la ciudad más elevada de España (1130 m) por sus grandiosas murallas, que se extienden a orillas del río Adaja y constituyen el mayor símbolo avileño. La construcción de la muralla se inició en 1090, y es una de las mejor conservadas en España. Ha sido declarada patrimonio de la humanidad.

### Arribes del Duero
Este espacio situado entre las provincias de Zamora y Salamanca, natural y rural al mismo tiempo, debe su gran valor paisajístico a la erosión del Duero que, con el paso del tiempo, ha cortado el duro zócalo granítico.

### Museo Nacional de Escultura
Está ubicado en Valladolid, en el antiguo colegio de San Gregorio, un edificio gótico. Aunque la colección tiene piezas fechadas entre la Edad Media y el siglo XIX, destacan sobre todo las esculturas barrocas religiosas de autores como Gregorio Hernández.

### Cocido maragato
Los maragatos eran arrieros que vivían en la comarca que rodea Astorga, en León. El cocido que lleva su nombre se ha hecho famoso porque se come al revés, primero las carnes, el tocino, la oreja, el relleno y el chorizo, después los garbanzos con el repollo o berza y, por último, la sopa.

Frías se localiza en el valle de Tobalina, al norte de Burgos. Destaca la singular silueta del alzado de su castillo sobre un peñasco, bajo el que se apiña el caserío por la pendiente del cerro hacia el río Molinar. Como anécdota, decir que Frías es la ciudad más pequeña de España.

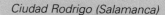

Ciudad Rodrigo (Salamanca)

Catedral de León

Semana Santa

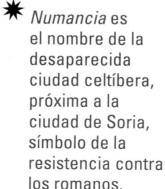

Ampudia (Palencia)

**Zamora**. La capital está situada a orillas del río Duero, entre las comarcas de la Tierra del Pan y la Tierra del Vino. Su catedral románica data del siglo XII y conserva restos de murallas de los siglos XI y XII. La celebración de la Semana Santa está declarada de interés turístico internacional.

✸ *Numancia* es el nombre de la desaparecida ciudad celtíbera, próxima a la ciudad de Soria, símbolo de la resistencia contra los romanos.

Cigüeñas

# CATALUÑA

Cataluña es una comunidad autónoma del noreste de España. Está constituida por las provincias de Barcelona, Tarragona, Lleida y Girona. Cataluña mira al mar Mediterráneo y a los Pirineos. Su clima es mediterráneo en la costa y continental en el interior. Sus ríos principales son el Ebro, el Segre (afluente del Ebro), el Ter, el Llobregat, el Fluvià, el Besòs y el Francolí. Se divide en 41 comarcas. La capital es Barcelona.

*Panorámica de Barcelona desde el parque Güell*

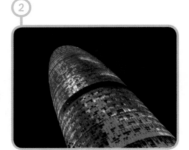

### Casas del Onyar (Girona)

La ciudad de Girona cuenta con monumentos de gran valor artístico e histórico, como la catedral o la muralla carolingia. A orillas del río Onyar se puede contemplar una de las estampas más emblemáticas de la ciudad de Girona, lo que le ha valido el sobrenombre de *la Florencia catalana*.

### Torre Agbar (Barcelona)

Es un bioedificio del arquitecto Jean Nouvel, que dibuja el nuevo *skyline* (silueta de las estructuras y edificios más altos de una ciudad) de Barcelona. La fachada dispone de millones de luces de colores, que se iluminan por la noche y forman infinitas combinaciones.

### Salardú (Lleida)

Sumergida en el pirenaico Vall d'Aran (valle de Arán) y rodeada de un extraordinario marco natural, la villa de Salardú constituye una pequeña joya arquitectónica. Capital administrativa del Naut Aran, es una de las poblaciones destacadas del valle.

### Castells

Se trata de torres humanas que pueden llegar a tener 10 pisos de altura y que se realizan en un ambiente festivo, en su cúspide se encarama la *enxaneta*, el más pequeño de todos. En 2010, *els castells* fueron declarados patrimonio cultural inmaterial de la humanidad.

**Nombre oficial:**
*Cataluña/Catalunya/Catalonha*
**Capital:**
*Barcelona*
**Superficie:**
*32 113 km²*
**Habitantes:**
*7 535 251*
**Densidad de población:**
*232,78 hab./km²*
**Altitud máxima:**
*Pica d´Estats 3143 m*

✴ Día de Sant Jordi (San Jorge). El 23 de abril constituye en Cataluña un día de celebración de la cultura y los sentimientos: la costumbre es regalar una rosa y un libro a las personas que quieres.

**Núcleos urbanos**
**(según número de habitantes)**

| | |
|---|---|
| ■ | Capital de Comunidad |
| ○ | Capital de Provincia |
| ⊡ | Más de 500 000 habitantes |
| ⊙ | de 100 000 a 500 000 habitantes |
| ● | de 50 000 a 100 000 habitantes |
| □ | de 25 000 a 50 000 habitantes |
| ■ | de 10 000 a 25 000 habitantes |
| ○ | de 5000 a 10 000 habitantes |
| · | Menos de 5000 habitantes |
| Pals | Núcleo de interés turístico |

1 Barberà del Vallès
2 Cerdanyola del Vallès
3 Montcada i Reixac
4 Santa Coloma de Gramanet
5 Sant Adrià de Besòs
6 Esplugues de Llobregat
7 Sant Joan Despí

0  25  50  75  100 km

La buena ubicación con respecto a Europa favoreció que Cataluña entrara en contacto con las corrientes procedentes del resto del continente, de ahí que el **modernismo** pronto dejara huella en las distintas facetas culturales, destacando, en arquitectura, Gaudí, Domènech i Montaner, Puig i Cadafalch; en pintura, Ramón Casas, Isidre Nonell o Santiago Rusiñol; en literatura, Joaquim Casas i Carbó y Jaume Massó i Torrents, entre otros.

LA EXTENSIÓN DE LAS PROVINCIAS

| Lleida | Barcelona | Tarragona | Girona |
|---|---|---|---|
| 12 172 km² | 7728 km² | 6303 km² | 5910 km² |

# EXTREMADURA

Comunidad autónoma del oeste de España que comprende las provincias de Cáceres y Badajoz. La capital es Mérida. Su relieve está conformado por una llanura limitada al norte por los montes de Toledo. El clima es cálido y muy seco. El río principal que atraviesa sus tierras es el Guadiana. En Mérida, en la provincia de Badajoz, se conserva un importante conjunto de arte romano.

*Panorámica de Cáceres*

### ① Embalse de La Serena

Extremadura tiene numerosos embalses en los que se produce energía eléctrica, usada para el riego del cultivo. Además, regulan la cantidad de agua que llevan los ríos, evitando así que se desborden o que bajen con muy poco caudal. El embalse de La Serena es el de mayor capacidad de España.

### ② Torta del Casar (Cáceres)

Queso cremoso completamente natural con D. O. P. (Denominación de Origen Protegida), elaborado mediante métodos tradicionales a base de leche cruda de oveja churra. Es, sin duda, uno de los más reconocidos quesos españoles.

### ③ Dehesa con alcornoques

En Extremadura existe una importante explotación forestal de alcornoque, que es utilizada para la fabricación de corcho. Durante los meses de verano, manos expertas desprenderán de los alcornoques su corteza, el corcho, dando paso a colores anaranjados en su tronco. Se realiza sin máquinas, cada nueve años aproximadamente.

### ④ Teatro romano de Mérida

El teatro romano de Mérida fue construido hace más de dos mil años. Tiene capacidad para seis mil espectadores. En la actualidad acoge el Festival de Teatro Clásico de Mérida. Fue declarado patrimonio de la humanidad en 1993.

Nombre oficial:
*Extremadura*
Capital:
*Mérida*
Superficie:
*41 634 km²*
Habitantes:
*1 105 000*
Densidad de población:
*26,51 hab./km²*
Altitud máxima:
*Calvitero 2401 m*

✴ La palabra *extremadura* significa «frontera más allá del Duero». Las provincias de mayor extensión de España son las dos que forman la comunidad.

✴ ¿Sabías que las mejores cerezas de España son las cultivadas en el valle del Jerte, en Cáceres?

CASTILLA Y LEÓN

Sierra de Gata

Calvitero 2401

Granadilla
Embalse de Gabriel y Galán
Abadía · 5
Hervás
Cuacos de Yuste
Villanueva de la Vera

Moraleja

Carcaboso
Río Jerte
Jaraíz de la Vera
Valverde de la Vera

Coria
Plasencia
Galisteo
Río Tiétar
Talayuela

Río Tajo
Serradilla
Navalmoral de la Mata

Alcántara
Cañaveral
P.N. de Monfragüe

Embalse de Alcántara
Sierra de Santo Domingo
CÁCERES
Embalse de Valdecañas

CASTILLA - LA MANCHA

Brozas
2
Trujillo
Cáceres
Guadalupe
Sierra de Altamira

Las Villuercas 1601
Sierra de Guadalupe

Alburquerque
Sierra de San Pedro
Sierra de Montánchez
Logrosán
Embalse de Cíjara

Almoharín
Herrera del Duque

PORTUGAL
Miajadas
Río Guadiana
Embalse de Orellana

La Nava de Santiago
3
Medellín
Villanueva de la Serena
1

Montijo
Mérida
Don Benito
Embalse de La Serena

Badajoz
4
Alange
Guareña
Campanario

Río Guadiana
Almendralejo
Embalse de Alange
Castuera

Olivenza
BADAJOZ
Río Zújar

Alconchel
Villafranca de los Barros
Sierra del Pedroso

Sierra de Salvatierra
Feria
Fuente del Maestre
ANDALUCÍA

Sierra Vieja 811
Los Santos de Maimona

San José 785
Zafra

Jerez de los Caballeros

Azuaga

Llerena
Reina

Fregenal de la Sierra
Calera de León

Tentudía 1112

0  20  40  60  80 km

**Núcleos urbanos**
**(según número de habitantes)**
● Capital de Comunidad
◉ Capital de provincia
⊙ Más de 100 000 habitantes
● de 50 000 a 100 000 habitantes
□ de 25 000 a 50 000 habitantes
■ de 10 000 a 25 000 habitantes
○ de 5000 a 10 000 habitantes
· Menos de 5000 habitantes
Reina Núcleo de interés turístico

**Jerez de los Caballeros**
Restos prehistóricos, romanos, visigodos y musulmanes, un castillo templario y torres barrocas elevándose sobre los tejados de los palacios y casas solariegas convierten a esta población en un conjunto histórico-artístico excepcional en la provincia de Badajoz.

LA EXTENSIÓN DE LAS PROVINCIAS

Badajoz
21 766 km²

Cáceres
19 868 km²

# GALICIA

Comunidad autónoma de España que ocupa el rincón noroccidental de la península ibérica. Comprende las provincias de A Coruña, Lugo, Ourense y Pontevedra. Su litoral se reparte entre el mar Cantábrico, al norte, y el océano Atlántico, al oeste, y tiene profundos acantilados y numerosas rías. El espacio interior está dominado por elevaciones montañosas y valles. El clima es muy húmedo. Los principales ríos son el Miño y el Sil. Su capital es Santiago de Compostela, punto final del Camino de Santiago.

*Islas Cíes*

## Pallozas

Son la construcción típica de la arquitectura popular gallega. Propias del norte peninsular, son edificaciones de forma ovalada, generalmente hechas de pizarra y paja. El interior se divide mediante un tabique, destinando la parte de la chimenea a vivienda y la otra, a establo.

## Marisco

Es el producto gastronómico más codiciado de estas tierras, y lo es hasta tal punto que muchas son las fiestas que le rinden honor, como la fiesta del marisco de O Grove, del percebe en Cedeira o Roncudo o del mejillón y berberecho de Vilanova de Arousa.

## Lugo

La ciudad de Lugo (*Lucus Augusti*) está íntimamente ligada a la época de la conquista romana, periodo en que fue fortificada y pasó a ser un destacado enclave comercial y un importante nudo de comunicaciones. La muralla es la mejor conservada de todas las construidas por los romanos.

## Hórreo

Típico de la cornisa cantábrica, en Galicia este granero es rectangular, sobre pilares de granito. El interior de esta construcción aísla el grano de la humedad del suelo. El hórreo de Carnota es uno de los más famosos de Galicia y ha sido declarado, por su simbología, conservación y arquitectura, monumento nacional.

RÍAS ALTAS
*Mar Cantábrico*
Cabo Ortegal · Punta de Estaca de Bares
Ría de Ortigueira · *Mariña Lucense*
OCÉANO ATLÁNTICO
Ortigueira · Xove · Cabo Burela · Burela
Cedeira · Viveiro · Foz · Ribadeo
Cabo Prior · Valdoviño · Narón · As Pontes de García Rodríguez · Mondoñedo · Río Eo
**Ferrol** · Mugardos · Golfo Ártabro · Ares · Pontedeume · Serra do Xistral · Xistral 1032 · **PRINCIPADO DE ASTURIAS**
Ría Betanzos · Sada
Costa da Morte · Islas Sisargas · **A Coruña** · Culleredo · Oleiros · Bergondo · Vilalba · Meira · Serra do Mirador
Punta de San Adrián · Malpica de Bergantiños · Ponteceso · Arteixo · Cambre · Betanzos · Abegondo
*Ría de Corme e Laxe* · Carballo · Guitiriz · Río Miño
Río Grande · **A CORUÑA** · Curtis · Cova 836 · **LUGO**
Camariñas · Vimianzo · Ordes · Sobrado · **Lugo** · Serra dos Ancares
Cabo Touriñán · Muxía · Santa Comba · Oroso · Arzúa · Melide · Meseta de Lugo · Becerreá
Cee · Río Xallas · Río Tambre · **Depresión** · Palas de Rei · Portomarín · Páramo 877 · Sarria · Serra do Courel
Isla Lobeira Grande · Cabo de Fisterra · Isla Lobeira Chica · Negreira · Ames · **Santiago de Compostela** · Vila de Cruces · Embalse de Belesar · Sierra de los Ancares
Outes · Teo · **Mediana** · Vedra · **CASTILLA Y LEÓN**
Muros · Noia · Padrón · Río Ulla · A Estrada · Silleda · Faro 1181 · Chantada · Monforte de Lemos
*Ría de Muros e Noia* · Porto do Son · Boiro · Rianxo · **PONTEVEDRA** · Lalín · Quiroga · Río Sil
A Pobra do Caramiñal · Caldas de Reis · Monforte de Lemos · A Pobra de Trives
Cabo de Corrubedo · Villagarcía de Arousa · Montes do Testeiro · O Carballiño · Rúa · Barco de Valdeorras
Ribeira · P.N.M.T. de las Islas · Cambados · Poio · **Ourense** · Pereiro de Aguiar · Peña Trevinca 2124
Isla de Sálvora · O Grove · Sanxenxo · **Pontevedra** · Marín · Ponte Caldelas · Serra do Suído · Avión 1151 · Ribadavia · Barbadás · 1707 · Viana do Bolo
Isla de Ons · Bueu · Soutomaior · Redondela · A Cañiza · **OURENSE** · Celanova · Allariz · Sierra de San Mamede
*Islas Atlánticas* · Moaña · Mondariz · Ponteareas · Xinzo de Limia
RÍAS BAIXAS · *Ría de Pontevedra* · Cangas de Morrazo · **Vigo** · Porriño · Salceda de Caselas · Bande · Verín
Islas Cíes · Nigrán · Baiona · Gondomar · Tui · Salvaterra de Miño · Monte do Quinxo · Río Limia · E. das Conchas
O Rosal · Tomiño · Río Miño · **PORTUGAL**
A Guarda · Parque Natural de Xurés

0   20   40   60   80 km

Núcleos urbanos
(según número de habitantes)
● Capital de Comunidad
● ◉ Capital de Provincia
⊡ Más de 500 000 habitantes
◉ de 100 000 a 500 000 habitantes
● de 50 000 a 100 000 habitantes
□ de 25 000 a 50 000 habitantes
■ de 10 000 a 25 000 habitantes
○ de 5000 a 10 000 habitantes
· Menos de 5000 habitantes
Verín Núcleo de interés turístico

✴ ¿Sabías que para obtener la compostelana del Camino de Santiago es necesario haber realizado al menos 100 km a pie o a caballo o 200 km en bicicleta?

**Costa da Morte**
Tramo de la costa gallega que se extiende desde Fisterra, en el suroeste, hasta Malpica de Bergantiños, en el noreste. La Costa de la Muerte (*Costa da Morte,* en gallego) se ha hecho célebre, desgraciadamente, a causa de los numerosos naufragios.

**Santiago de Compostela.** Sede del Gobierno gallego y término del peregrinaje del Camino de Santiago; ciudad moderna y cuna universitaria en la que cada año estudian más de 40 000 personas. El Camino de Santiago o Ruta Jacobea es una ruta de peregrinación a Santiago de Compostela.

# MADRID

La Comunidad de Madrid se extiende por el centro de España. Las sierras de Gredos y Guadarrama, en el sistema Central, la separan de Castilla y León, y el río Tajo de Castilla-La Mancha. Sus inviernos son fríos y sus veranos, calurosos. Su capital y la capital de España es la ciudad de Madrid. En la comunidad se encuentran el Monasterio y Real Sitio de San Lorenzo de El Escorial, el Paisaje Cultural de Aranjuez, y la Universidad y recinto histórico de Alcalá de Henares, declarados patrimonio de la humanidad.

*Plaza Mayor de Madrid*

①  ②  ③  ④

**Trajes típicos de chulapos**
Durante las fiestas patronales en las zonas más castizas de Madrid, algunas parejas se visten con el traje popular de chulapos. Así vestidos bailan el chotis girando sobre sus pies y levantando solo el talón del suelo.

**Palacio Real de Aranjuez**
El Real Sitio de Aranjuez, a orillas del río Tajo, en el sur de la Comunidad de Madrid, es un importante conjunto artístico y monumental. Lugar de recreo de la corte durante los reinados de Carlos III y Carlos IV, ha sido declarado paisaje cultural de la humanidad.

**Plaza de Chinchón**
Sobre los soportales, sostenidos por columnas de piedra, se alzan vistosas balconadas de madera. Estas han servido tradicionalmente, a lo largo de los años, como palco improvisado para celebraciones que han tenido lugar en esta plaza como corridas de toros, teatro... e incluso para una boda real.

**Alcalá de Henares**
Bañada por el río Henares, Alcalá es hoy en día un importante centro industrial universitario. Fue un significativo núcleo romano, conocido como *Complutum*. Ha sido declarada ciudad patrimonio de la humanidad en 1998. En esta localidad nació el escritor Miguel de Cervantes, en 1547.

Nombre oficial:
*Comunidad de Madrid*
Capital:
*Madrid*
Superficie:
*8027 km²*
Habitantes:
*6 481 514*
Densidad de población:
*795,61 hab./km²*
Altitud máxima:
*Peñalara 2430 m*

✸ Carlos III fue conocido como el mejor alcalde de Madrid por haber embellecido la ciudad con jardines, fuentes y hermosos edificios. Una de las muestras más conocidas de su labor es la fuente de Cibeles, uno de los símbolos más representativos de la capital.

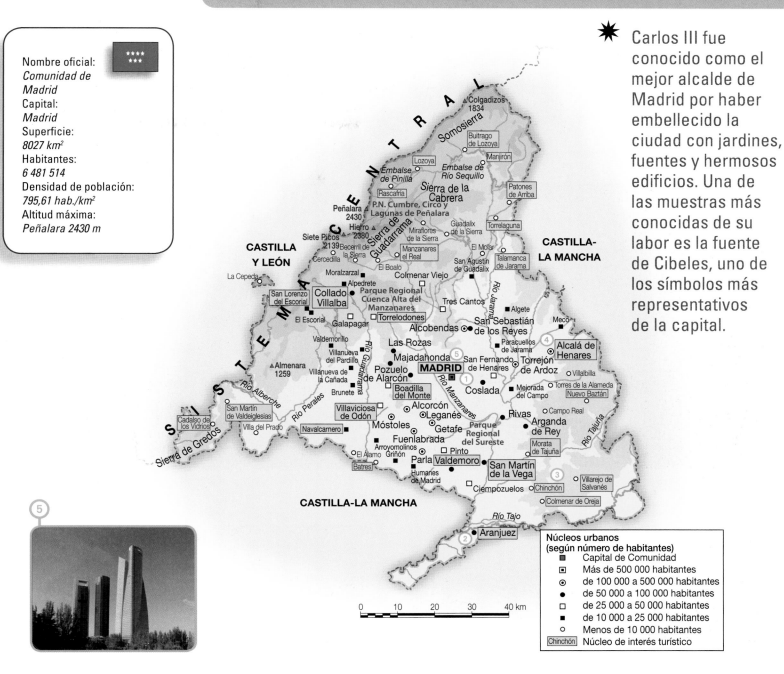

Núcleos urbanos
(según número de habitantes)
- ■ Capital de Comunidad
- ▣ Más de 500 000 habitantes
- ◉ de 100 000 a 500 000 habitantes
- ● de 50 000 a 100 000 habitantes
- □ de 25 000 a 50 000 habitantes
- ■ de 10 000 a 25 000 habitantes
- ○ Menos de 10 000 habitantes
- Chinchón Núcleo de interés turístico

0  10  20  30  40 km

**Cuatro Torres Business Area (CTBA)**
Este complejo financiero está localizado en el paseo de la Castellana. Los cuatro rascacielos que lo componen son: Torre Repsol, Torre Cristal, Torre Espacio y Torre Sacyr-Vallehermoso. Actualmente son los edificios más altos de España.

**Vexilología.** La bandera de la Comunidad de Madrid tiene siete estrellas plateadas de cinco puntas sobre fondo de color carmesí. Estas estrellas hacen alusión a la constelación de la Osa Menor y las cinco puntas de cada una a las provincias que rodean Madrid (Ávila, Segovia, Guadalajara, Cuenca y Toledo).

# MURCIA

La Región de Murcia es una comunidad autónoma situada al suroeste de España. A pesar de estar formada por una provincia, presenta un paisaje muy variado, desde las sierras de Almenara o Cartagena a los áridos altiplanos interiores. Sin embargo, lo que caracteriza el paisaje murciano es su famosa huerta, regada por el río Segura. Su clima es mediterráneo, con temperaturas suaves y ambiente seco.

*Cultivo de vides en Murcia*

### Catedral de Murcia

Se caracteriza por la variedad de estilos: gótico, renacentista, barroco y neoclásico, y los diversos añadidos que ha tenido (la torre-campanario y las nuevas capillas). Pero lo más característico es el imafronte, o fachada principal, de estilo barroco y forma cóncava.

### Caravaca de la Cruz. Fiesta de los Caballos del vino

Fiesta que celebra el 2 de mayo, declarada de interés turístico internacional. Son tres días en los que los caballos, ataviados con espléndidos mantos bordados en seda y oro, ocupan las calles, y en la cuesta del castillo, participan en la carrera de los Caballos del Vino.

### Cartagena

Fue fundada por los cartagineses y conquistada por los romanos (209 a. C.), que le dieron el nombre de *Cartago Nova*. Está emplazada en la costa sureste. Su puerto natural es uno de los más importantes del Mediterráneo.

### Teatro romano de Cartagena

Se descubrieron los restos del teatro romano en 1987 y se han conseguido recuperar en su casi totalidad. Su escenario es de 450 m, lo que lo convierte en uno de los más grandes de España. Se ha fechado su construcción en el año 3 a. C., con el emperador Augusto.

Nombre oficial:
*Región de Murcia*
Capital:
*Murcia*
Superficie:
*11 313 km²*
Habitantes:
*1 469 721*
Densidad de población:
*127,86 hab/ km²*
Altitud máxima:
*Revolcadores 2014 m*

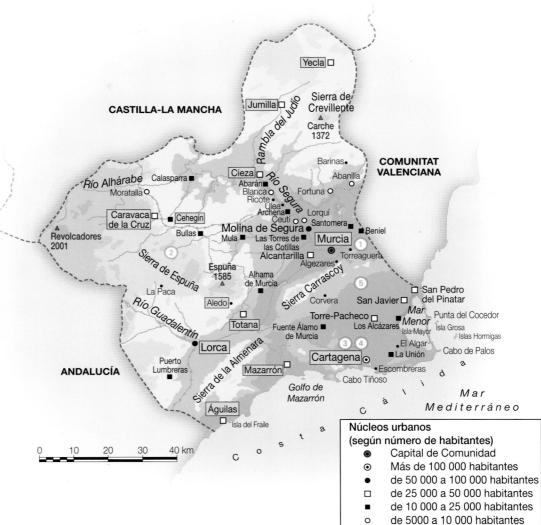

CASTILLA-LA MANCHA

COMUNITAT VALENCIANA

ANDALUCÍA

Yecla □

Jumilla □   Sierra de Crevillente

Rambla del Judío

Carche 1372 ▲

Barinas •   Abanilla

Río Alhárabe   Calasparra ■   Cieza □   Río Segura   Fortuna ○

Moratalla ○   Abarán •
Blanca ■
Ricote •   Lorquí •
Ulea •   Santomera ■
Caravaca de la Cruz □   Cehegín □   Archena ■   Beniel •
Ceutí ○ ○
Bullas ■   Molina de Segura ●   Murcia ◉ ①   Torreagüera •

Revolcadores 2001 ▲   Mula ■   Las Torres de las Cotillas ■   Alcantarilla □
②   Espuña 1585 ▲   Alhama de Murcia ■   Algezares ■
Sierra de España   ⑤   San Pedro del Pinatar □
La Paca •   Sierra Carrascoy   Corvera •   San Javier □   Mar Menor   Punta del Cocedor
Río Guadalentín   Aledo □   Torre-Pacheco □   Los Alcázares ■   Isla Mayor •   Isla Grosa
Totana □   Fuente Álamo de Murcia ■   ③ ④   El Algar •   Islas Hormigas
Lorca ●   Sierra de la Almenara   Cartagena ◉   La Unión ■   Cabo de Palos
Puerto Lumbreras •   Mazarrón □   Escombreras •
Cabo Tiñoso   Costa Cálida
Águilas □   Golfo de Mazarrón   Mar Mediterráneo
Isla del Fraile □

0   10   20   30   40 km

**Núcleos urbanos
(según número de habitantes)**
- ◉ Capital de Comunidad
- ⊙ Más de 100 000 habitantes
- ● de 50 000 a 100 000 habitantes
- □ de 25 000 a 50 000 habitantes
- ■ de 10 000 a 25 000 habitantes
- ○ de 5000 a 10 000 habitantes
- • Menos de 5000 habitantes
- Aledo Núcleo de interés turístico

✸ Lo característico del paisaje murciano es su famosa huerta, regada por el río Segura.

⑤

**Agricultura murciana**
La Región de Murcia destaca por disponer de un terreno óptimo para la agricultura, apropiado para los cultivos de secano y de regadío. Los principales cultivos de secano son los cereales, el olivo y la vid; los de regadío, las hortalizas y los frutales. Murcia es la mayor productora de hortalizas de España.

✸ El mar Menor es una albufera limitada, mar adentro, por un cordón de arena denominado *La Manga*.

**Arquitectura murciana**
La barraca ha sido la vivienda típica de la huerta murciana. Sus muros eran de adobe, y su techumbre, a dos aguas, de cañas y barro. Su interior se solía distribuir en dos estancias, una para la cocina y otra para la habitación. Fuera, el pesebre para los animales. Las barracas solían estar coronadas por una cruz de madera o metal, símbolo de la religiosidad popular de la huerta.

# NAVARRA

Navarra es una comunidad autónoma de España ubicada en el norte del país. Se extiende desde el sector más occidental de los Pirineos hasta la depresión del Ebro. Tan extenso territorio comprende desde los paisajes verdes, agrestes y húmedos de la montaña hasta las tierras llanas del sur, a veces de gran aridez. La franja intermedia entre estos dos sectores es una zona de transición donde se ubican las mayores ciudades navarras, incluida la capital, Pamplona-Iruña.

*Plaza del Castillo de Pamplona-Iruña*

**Parque eólico de Guerinda**
Un parque eólico es un conjunto de aerogeneradores (molinos) que transforman la energía eólica en energía eléctrica. Emplazado en el término municipal de Leoz, es el más grande de Europa.

**Bardenas Reales**
El paisaje semidesértico del sur contrasta con el verde del norte. Según las últimas investigaciones, el Castildetierra, en la imagen, está en grave peligro por el proceso natural de erosión.

**Panorámica de Estella**
A orillas del Ega, fundada en 1090, Estella-Lizarra es cabeza de merindad y ciudad más importante de la Navarra media occidental. Da nombre a la comarca de Tierra Estella, en pleno Camino de Santiago, materializado en sus monumentos medievales.

**San Fermín**
Los sanfermines se celebran en Pamplona-Iruña entre el 6 y el 14 de julio. Esta fiesta es famosa internacionalmente por los encierros, que consiste en conducir una manada de toros bravos, a través de las calles, hasta la plaza donde serán lidiados. Es el acto más importante de la feria taurina.

Nombre oficial:
*Comunidad Foral de Navarra*
Capital:
*Pamplona*
Superficie:
*10 390 km²*
Habitantes:
*641 293*
Densidad de población:
*60,69 hab./km²*
Altitud máxima:
*Mesa de los Tres Reyes 2428 m*

✳ La gastronomía navarra es, como la propia tierra, rica y variada, donde dos productos son la estrella: los pimientos del piquillo de Lodosa, y los espárragos con denominación de origen.

(5)

**Núcleos urbanos**
(según número de habitantes)
◉ Capital de Comunidad
⊙ Más de 100 000 habitantes
□ de 25 000 a 100 000 habitantes
■ de 10 000 a 25 000 habitantes
○ de 5000 a 10 000 habitantes
· Menos de 5000 habitantes
Ujué Núcleo de interés turístico

**De *pintxos* por Pamplona**

El *pintxo* adquiere carta de presentación propia, hasta el punto de que en ocasiones uno solo constituye el reclamo principal de un bar. Anualmente se celebra la Semana del *Pintxo*, en la que participan establecimientos de toda Navarra. Son en realidad muestras de alta cocina pero de pequeño tamaño.

✳ El paisaje navarro presenta fuertes contrastes, si comparamos el semidesierto de las Bardenas Reales, al sur, y los espesos bosques de hayas de Irati, al norte.

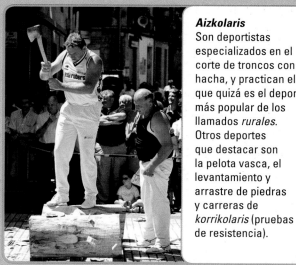

***Aizkolaris***
Son deportistas especializados en el corte de troncos con hacha, y practican el que quizá es el deporte más popular de los llamados *rurales*. Otros deportes que destacar son la pelota vasca, el levantamiento y arrastre de piedras y carreras de *korrikolaris* (pruebas de resistencia).

45

# PAÍS VASCO

El País Vasco o Euskadi es una comunidad autónoma situada en el norte de España. Comprende las provincias de Álava-Araba, donde se encuentra Vitoria-Gasteiz, la capital, y Bizkaia y Gipuzkoa. Es tierra de elevadas montañas y profundos valles. Sus ríos principales son el Nervión, el Urumea y el Bidasoa. El Ebro y su afluente el Zadorra son límite meridional de las comunidades.

*Donostia-San Sebastián*

**Panorámica de Hondarribia**
Este pueblo guipuzcoano de pescadores y de veraneo fue construido como plaza fuerte, y está enclavado en un alto desde donde se divisan las desembocaduras del río Bidasoa y Hendaya. El barrio de la Marina ha sido declarado monumento histórico-artístico.

**Peine del Viento**
Escultura de hierro y granito, obra de Eduardo Chillida, se ubica entre las rocas, al final del paseo de Ondarreta, en la ciudad de Donostia-San Sebastián. Desde su ubicación, resistiendo el envite de la marea alta, es el símbolo indiscutible de la ciudad.

**Pelota vasca**
Denominación genérica con que se conocen diversas especialidades de juego de pelota que, arraigadas en el País Vasco, han adoptado el nombre de *pelota vasca*. Numerosos pueblos tienen un frontón que, a menudo, hace las veces de plaza central principal.

**Tranvía ecológico**
En 2002, reaparecía en Bilbao el tranvía como una nueva alternativa de transporte ecológico y accesible que ahorra recursos naturales y materias primas reduce las emisiones contaminantes y el ruido ambiental.

Nombre oficial:
*País Vasco o Euskadi*
Capital:
*Vitoria-Gasteiz*
Superficie:
*7235 km²*
Habitantes:
*2 183 615*
Densidad de población:
*300,23 hab./km²*
Altitud máxima:
*Aizkorri 1544 m*

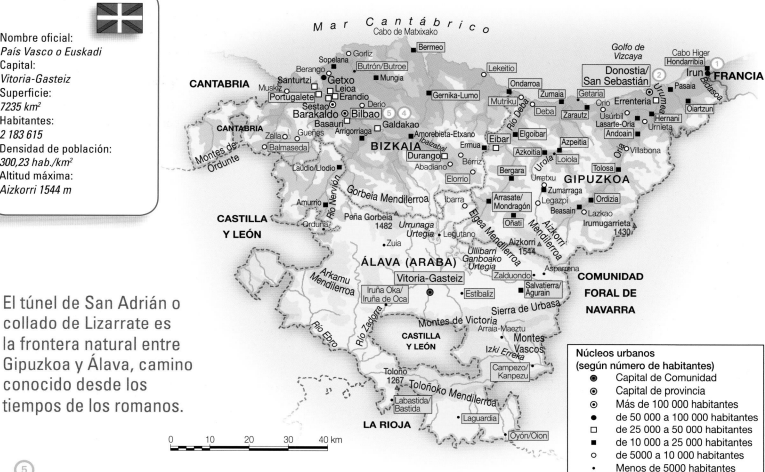

**Mar Cantábrico**
Cabo de Matxixako

CANTABRIA

Golfo de Vizcaya
Cabo Higer
Hondarribia
Irun FRANCIA
Donostia/San Sebastián
Pasaia
Oiartzun

Gorliz
Sopelana
Bermeo
Berango
Butrón/Butroe
Santurtzi
Getxo
Mungia
Lekeitio
Muskiz
Leioa
Ondarroa
Portugalete
Erandio
Gernika-Lumo
Zumaia
Getaria
Orio Errenteria
Sestao
Derio
Mutriku
Usúrbil
Hernani
Barakaldo
Bilbao
Deba
Zarautz
Lasarte-Oria
Urnieta
Basauri
Galdakao
Zarautz
Andoain
CANTABRIA
Arrigorriaga
Amorebieta-Etxano
Elgoibar
Villabona
Zalla
Güeñes
Eibar
Azpeitia
Balmaseda
BIZKAIA
Ermua
Azkoitia
Loiola
Montes de Ordunte
Durango
Bérriz
Bergara
Urretxu
Tolosa
Abadiano
Laudio/Llodio
Elorrio
Zumarraga
GIPUZKOA
Amurrio
Gorbeia Mendilerroa
Ibarra
Arrasate/Mondragón
Legazpi
Ordizia
Río Nervión
Beasain
Peña Gorbeia 1482
Oñati
Lazkao
Orduña
Urrunaga Urtegia
Aizkorri 1544
Irumugarrieta 1430
Zuia
Ullibarri Ganboako Urtegia
Zalduondo
COMUNIDAD FORAL DE NAVARRA
ÁLAVA (ARABA)
Asparrena
Vitoria-Gasteiz
Arkamu Mendilerroa
Iruña Oka/Iruña de Oca
Estíbaliz
Salvatierra/Agurain
Río Ebro
Río Zadorra
Sierra de Urbasa
Montes de Victoria
Arraia-Maeztu
Montes Vascos
CASTILLA Y LEÓN
Izki Erreka
Toloño 1267
Campezo/Kanpezu
Toloñoko Mendilerroa
Labastida/Bastida
Laguardia
LA RIOJA
Oyón/Oion

CASTILLA Y LEÓN

0  10  20  30  40 km

5

⭐ El túnel de San Adrián o collado de Lizarrate es la frontera natural entre Gipuzkoa y Álava, camino conocido desde los tiempos de los romanos.

**Núcleos urbanos**
**(según número de habitantes)**
◉ Capital de Comunidad
⊙ Capital de provincia
⊙ Más de 100 000 habitantes
● de 50 000 a 100 000 habitantes
□ de 25 000 a 50 000 habitantes
■ de 10 000 a 25 000 habitantes
○ de 5000 a 10 000 habitantes
· Menos de 5000 habitantes
Loiola Núcleo de interés turístico

⭐ Vitoria-Gasteiz es una capital comprometida con el medioambiente y la sostenibilidad. Por ello se le otorgó el título de Capital Verde Europea.

LA EXTENSIÓN DE LAS PROVINCIAS

Álava-Araba
3037 km²

Bizkaia
2217 km²

Gipuzkoa
1980 km²

**Museo Guggenheim Bilbao**
El museo de arte contemporáneo, diseñado por el arquitecto estadounidense Frank O. Gehry, e inagurado en 1997, se ha convertido en el símbolo del nuevo Bilbao, dejando atrás el periodo industrial y renovando el paisaje de la orilla izquierda de la ría.

**Fotografía aérea de la ría de Bilbao.** La mayor concentración urbana e industrial del País Vasco se produce junto a la ría del Nervión. Entre Bilbao y el mar Cantábrico se suceden sin interrupción las poblaciones de Erandio, Leioa y Getxo, en la margen derecha; y Barakaldo, Sestao, Portugalete y Santurtzi, en la izquierda.

# LA RIOJA

Comunidad autónoma de España localizada en el norte del país. El sistema Ibérico la separa de la meseta central, y el río Ebro, del País Vasco y Navarra. En torno a este río se encuentra la zona más llana, cubierta por extensos viñedos que producen los vinos de esta región, de merecida fama. La capital es Logroño. Los núcleos más importantes, aparte de la capital, son Calahorra, Arnedo, Haro y Alfaro.

*Tradicional viñedo de La Rioja*

**Monasterio de Yuso**
Monasterio localizado en San Millán de la Cogolla, fue declarado patrimonio de la humanidad junto al monasterio de Suso. Aquí aparecieron las primeras muestras de la lengua castellana (las glosas emilianenses) y las primeras de la lengua vasca.

**Logroño**
Capital de la comunidad autónoma de La Rioja, se sitúa a la orilla derecha del Ebro. Declarada Polo de Desarrollo, supuso que las industrias que se creasen en esta ciudad gozaran de una serie de ventajas económicas. Logroño concentra casi la mitad de la población riojana.

**Zurracapote**
Nombre que recibe la sangría o limonada en La Rioja. Está elaborada con vino, zumo de limón, canela, clavo y azúcar. Es una bebida típica de los pueblos riojanos y áreas del norte de Burgos, Soria, Ribera Navarra o País Vasco. También se prepara en otras provincias como Albacete, Granada, Jaén, Ciudad Real, Cuenca o Guadalajara.

**Río Iregua**
El río Iregua atraviesa el paisaje rocoso del sistema Ibérico para abrirse al llano más al norte y desembocar en el Ebro, cerca de Logroño, la capital. Entre su vegetación destacan el brezo, el hayedo y el pinar.

Nombre oficial:
*La Rioja*
Capital:
*Logroño*
Superficie:
*5045 km²*
Habitantes:
*322 621*
Densidad de población:
*63 hab./km²*
Altitud máxima:
*San Lorenzo 2271 m*

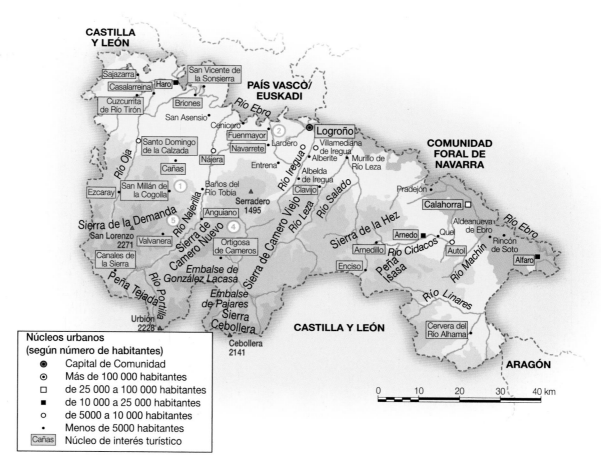

CASTILLA Y LEÓN

Sajazarra
Casalarreina
Haro
San Vicente de la Sonsierra
PAÍS VASCO/EUSKADI
Cuzcurrita de Río Tirón
Briones
San Asensio
Cenicero
Río Ebro
Fuenmayor
Lardero
Logroño
COMUNIDAD FORAL DE NAVARRA
Santo Domingo de la Calzada
Navarrete
Villamediana de Iregua
Alberite
Murillo de Río Leza
Nájera
Entrena
Cañas
Río Iregua
Albelda de Iregua
Pradejón
San Millán de la Cogolla
Baños del Río Tobía
Clavijo
Río Leza
Río Salado
Calahorra
Ezcaray
Río Najerilla
Serradero 1495
Sierra de la Hez
Arnedo
Aldeanueva de Ebro
Río Ebro
Anguiano
Ortigosa de Cameros
Arnedillo
Río Cidacos
Quel
Autol
Rincón de Soto
Sierra de la Demanda
Sierra de Camero Nuevo
Sierra de Camero Viejo
Enciso
Peña Isasa
Río Machín
Alfaro
San Lorenzo 2271
Valvanera
Canales de la Sierra
Embalse de González Lacasa
Río Linares
Peña Tejada
Río Portilla
Embalse de Pajares
Sierra Cebollera
CASTILLA Y LEÓN
Cervera del Río Alhama
Urbión 2228
Cebollera 2141
ARAGÓN

**Núcleos urbanos**
(según número de habitantes)
◉ Capital de Comunidad
⊙ Más de 100 000 habitantes
□ de 25 000 a 100 000 habitantes
■ de 10 000 a 25 000 habitantes
○ de 5000 a 10 000 habitantes
• Menos de 5000 habitantes
Cañas Núcleo de interés turístico

0   10   20   30   40 km

✴ La Rioja está situada en el valle del río Oja, de donde deriva su nombre.

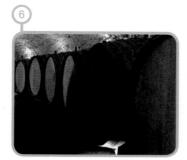

**Panorámica de Nájera**
El río Najerilla separa la antigua ciudad de la moderna. Fue antigua corte de los reyes de Navarra y residencia de los de Castilla durante la Edad Media. Su zona es un importante centro agrícola que produce vid y hortalizas. Destaca el monasterio de Santa María la Real, uno de los más interesantes de su género en España.

**Vino riojano**
La Rioja es conocida como una gran productora de vinos de buena calidad y gran prestigio mundial. El viñedo ocupa buena parte de la ribera del río Ebro. La variedad de uvas tempranillo, garnacha, mazuelo y graciano son las utilizadas para hacer el famoso vino tinto.

**San Vicente de la Sonsierra**
Toda la zona estuvo habitada desde tiempos prehistóricos. Como ejemplo de ello han quedado en pie el dolmen neolítico de la Cascaja o el poblado de la Edad del Hierro de La Nava. A los habitantes de San Vicente se les conoce en la comarca coloquialmente como *macanes*.

**Ruta de los dinosaurios**
En La Rioja existen más de 8000 huellas fosilizadas de dinosaurios (icnitas), lo que convierte a esta comunidad autónoma de poco más de 5000 km² en el mayor yacimiento de icnitas jurásicas del mundo. Las huellas tridáctilas (de tres dedos) son las más corrientes y, generalmente, corresponden a dinosaurios bípedos.

# COMUNITAT VALENCIANA

Comunidad autónoma del este (levante) de España. Comprende las provincias de Castelló/Castellón, València/Valencia y Alacant/Alicante. Cuenta con atractivas playas y, también, con montañas como el Maestrazgo (Maestrat) y las sierras subbéticas. Sus ríos principales son el Turia, Júcar y Segura. Su clima es mediterráneo, con temperaturas suaves todo el año.

*La Ciudad de las Artes y de las Ciencias de Valencia*

### Peñón de Ifach, Calp (Alicante)

Dominando el municipio alicantino de Calpe, encontramos una espectacular roca calcárea que se eleva 332 m sobre el nivel del mar y tiene una longitud de un kilómetro. En 1987 fue declarado parque natural debido a su riqueza florística y su avifauna. Se le llamó *Roca del norte* para distinguirlo del peñón de Gibraltar, en el sur.

### Peñíscola (Castellón)

La ciudad tiene enormes playas, lo que la convierte en un codiciado centro turístico. En su gastronomía destacan desde los pulpitos o el *suquet* de pescado hasta los mariscos, caracoles, cigalas… Los diferentes arroces, paellas y fideuás juegan también un papel primordial en su cocina.

### Fallas de Valencia

Valencia es famosa por las fallas, espectáculo de ruido, luz y fuego en el que cada primavera, el día de san José, se queman figuras que representan a algún personaje o suceso de actualidad. Por votación, todos los años un ninot se libra del fuego.

### Albufera de Valencia

Al sur de la ciudad de Valencia, se halla el Parque Natural de la Albufera, una laguna de poca profundidad con 21 km de longitud y cinco kilómetros de anchura. Está separada del mar por una estrecha franja de dunas arenosas. La albufera es una de las mayores reservas de aves migratorias de Europa.

Nombre oficial:
*Comunitat Valenciana*
Capital:
*València/Valencia*
Superficie:
*23 254 km²*
Habitantes:
*5 111 767*
Densidad de población:
*219 hab./km²*
Altitud máxima:
*Cerro Calderón 1836 m*

LA EXTENSIÓN DE LAS PROVINCIAS

València/Valencia
10 806 km²

Castelló/Castellón
6632 km²

Alacant/Alicante
5817 km²

**Map labels:**

CATALUÑA
ARAGÓN
CASTILLA-LA MANCHA
REGIÓN DE MURCIA

La Pobla de Benifassà
Morella
Sierra del Maestrazgo
Río de la Sénia
Río Seco
Muela de Ares 1321
Ares del Maestre
Sant Mateu
Vinaròs
Benicarló
Tirig
Peñíscola/Peñíscola
Alcalà de Xivert
CASTELLÓ/CASTELLÓN
Penyagolosa 1813
Lucena del Cid
Cabanes
Torreblanca
Punta de Capicort
L'Alcora
Oropesa del Mar /Oropesa
Río Mijares
Benicàssim/Benicasim
Ademuz
Cerro Calderón 1836
Onda
Castellón de la Plana/ Castelló de la Plana
Almassora/Almanzora
Jérica
Río Palancia
Betxí
Vila-real
Islas Columbretes
Salada 1585
Borriana/Burriana
Sierra de Jávalambre
Segorbe
Nules
La Vall d'Uixó
Almenara
Chelva
Río Turia
Sagunto/Sagunt
El Puerto
Mar Mediterráneo
Llíria
La Pobla de Vallbona
Pucol
Benaguasil
Bétera
El Puig
Utiel
Eliana
Massamagrell
Riba-roja de Túria
Sierra de Utiel
Chiva
VALÈNCIA/VALENCIA
Requena
Buñol
Torrent
Turís
Picassent
Silla
La Albufera
Golfo de Valencia
Río Cabriel
VALÈNCIA/ VALENCIA
Alginet
Benifaió
Carlet
Algemesí
Sueca
Río Júcar
L'Alcúdia
Embalse de Tous
Guadassuar
Alzira
Cullera
Bicorb
Alberic
Carcaixent
Villanueva de Castellón
Tabernes de la Valldigna
Ayora
Caroch 1125
Xàtiva
Simat de la Valldigna
Xeraco
L'Alcúdia de Crespins
Canals
Benigànim
Gandia
Montesa
Oliva
Albaida
Pego
Ondara
Dénia
Cabo de Sant Antoni
Sierra de Enguera
Ontinyent
ALACANT/ ALICANTE
Jávea/Xàbia
Bocairent
Río Serpis
Pedreguer
Cabo de la Nao
Banyeres de Mariola
Cocentaina
Benissa
Teulada
Alcoy/Alcoi
El Castell de Guadalest
Calp
Villena
Ibi
Onil
Aitana 1558
La Nucia
Peñón de Ifach
Biar
Sierra de Aitana
Finestrat
L'Alfàs del Pi
Altea
Sax
Uijona/Xixona
Benidorm
Elda
Río Verde
Villajoyosa/La Vila Joiosa
Petrer
Mutxamel
El Campello
Monóvar/Monòver
El Pinós/ Pinoso
Novelda
Monforte del Cid
Sant Joan d'Alacant
San Vicente del Raspeig/Sant Vicent del Raspeig
Aspe
Alacant/Alicante
Mar Mediterráneo
Crevillent
Elche/Elx
Bahía de Alicante
REGIÓN DE MURCIA
Albatera
Río Vinalopó
Santa Pola
Cabo de Santa Pola
Callosa de Segura
Almoradí
Isla Nueva Tabarca
Orihuela
Rojales
San Fulgencio
Guardamar del Segura
Río Segura
Laguna Salada de la Mata
Laguna Salada de Torrevieja
San Miguel de Salinas
Torrevieja
Pilar de la Horadada

1 Alboraya
2 Burjassot
3 Godella
4 Paterna
5 Manises
6 Mislata
7 Aldaia
8 Alaquàs
9 Xirivella
10 Picanya
11 Benetússer
12 Alfafar
13 Albal

**Núcleos urbanos (según número de habitantes)**

Capital de Comunidad
Capital de Provincia
Más de 500 000 habitantes
de 100 000 a 500 000 habitantes
de 50 000 a 100 000 habitantes
de 25 000 a 50 000 habitantes
de 10 000 a 25 000 habitantes
Menos de 10 000 habitantes
Ayora Núcleo de interés turístico

0  20  40  60  80 km

**El palmeral de Elche,** el más extenso de Europa, se halla en gran parte dentro de la ciudad y ha sido declarado patrimonio de la humanidad.

**Morella (Castellón)**
Capital de la comarca de Els Ports, se trata de una ciudad-fortaleza. Su castillo, erigido por los romanos sobre un peñón, rodea con sus murallas el casco antiguo. Fue declarada patrimonio histórico-artístico.

La cerámica de Manises es una de las tradiciones artesanas más apreciadas de la comunidad.

# CEUTA - MELILLA

Ciudades autónomas españolas situadas en el norte de África. Ceuta se localiza en una península unida al continente africano por un istmo en el que se asienta el núcleo urbano. El territorio de Melilla ocupa la parte occidental de la ensenada comprendida entre los cabos de Agua y de Tres Forcas, frente a la costa malagueña. Es considerada centro de culturas donde conviven cristianos, musulmanes, judíos e hindúes.

*Panorámica de Ceuta*

**Nombre oficial:**
*Ciudad Autónoma de Ceuta*
**Capital:**
*Ceuta*
**Superficie:**
*19 km²*
**Habitantes:**
*82 159*
**Densidad de población:**
*4240 hab./km²*

### Ciudad Autónoma de Ceuta

❶ *Estrecho de Gibraltar*
Punta Benzú
Punta Blanca
Isla de Perejil
Benzú
Isla de Santa Catalina
Punta Bermeja
*Bahía de Ceuta*
Punta de Almina
Benítez
△ Monte Hacho 186
**MARRUECOS**
**ESPAÑA** Ceuta (Sebta)
Príncipe Alfonso
*Mar Mediterráneo*
Tarajal
0 1 2 3 4 km
• Fnideq (Castillejos)
Zona neutral

*Panorámica y puerto de Melilla*

**Nombre oficial:**
*Ciudad Autónoma de Melilla*
**Capital:**
*Melilla*
**Superficie:**
*13 km²*
**Habitantes:**
*78 476*
**Densidad de población:**
*5476 hab./km²*

### Ciudad Autónoma de Melilla

❹
Playa del Quemado
Punta de Rostrogordo
Farhana
Rostrogordo
*Mar Mediterráneo*
Cabrerizas Altas
El Morrillo
Río Oro
Melilla la Vieja
**ESPAÑA**
Melilla (Melilia)
**MARRUECOS**
Playa La Palmera
Zona neutral
• Beni Enzar
0 1 2 3 4 km

Cádiz
Marbella •
Algeciras • Gibraltar (Reino Unido)
*Océano Atlántico*
*Estrecho de Gibraltar*
Isla del Perejil
❶ Ceuta (España)
*Mar Mediterráneo*
Isla de Alborán . (España)
Tánger •
Tetuán •
Peñón de Vélez de la Gomera (España)
Islas Alhucemas (España)
Melilla (España)
Islas Chafarinas (España)
Alhoceima
**MARRUECOS**
❷
❸
Nador •
❹
❺
**ARGELIA**

❷
*Mar Mediterráneo*
Peñón de Vélez de la Gomera
**MARRUECOS**
• Torres de Alcalá
0 1 2 3 4 km

❸
Morro Nuevo
Alhoceima
*Mar Mediterráneo*
Morro Viejo
*Bahía de Alhucemas*
Isla de Mar
Isla de Tierra
Islas Alhucemas
Peñón de Alhucemas
**MARRUECOS**
0 1 2 3 4 km

❺ ISLAS CHAFARINAS
Isla del Congreso
Isla del Rey Francisco
Isla de Isabel II
*Mar Mediterráneo*
Ras el Ma (Cabo del Agua)
**MARRUECOS**
0 1 2 3 4 km

# ÍNDICE TOPONÍMICO

## DE ESPAÑA

**A** Cañiza 39
A Coruña (ciudad) 39
A Coruña (ciudad) 4-5 D1
A Coruña (provincia) 39
A Coruña (provincia) 4-5 D1
A Estrada 39
A Guarda 39
A Guarda 4-5 D2
A Pobra de Trives 39
A Pobra do Caramiñal 39
Abadía 37
Abadiano 47
Abanilla 43
Abarán 43
Abegondo 39
Abodi, sierra de 45
Aboño, ría de 19
Abrera 35
Adaja, río 2-3 F2
Adaja, río 31
Adeje 23
Ademuz 4-5 H2
Ademuz 51
Adra 13
Agaete 23
Àger 35
Agramunt 35
Ágreda 31
Ágreda 4-5 G-H2
Aguas, río de 13
Águeda, río 31
Agüero 17
Aguilar de Campoo 4-5 F1
Aguilar de Campoo 31
Aguilar de la Frontera 13
Águilas 4-5 H4
Águilas 43
Agüimes 23
Aigüestortes-Sant Maurici, Parque Nacional 2-3 I1
Aigüestortes-San Maurici, Parque Nacional 35
Aínsa 17
Aitana 2-3 H3
Aitana 51
Aitana, sierra de 2-3 H3
Aitana, sierra de 51
Aizkorri 47
Aizkorri Mendilerroa 47
Ajo, cabo de 25
Ajo, cabo de 2-3 G1
Alacant/Alicante 4-5 H3
Alacant/Alicante 51
Alagón 17
Alagón, río 2-3 E-F2
Alagón, río 31
Alaior 21
Alájar 13
Alange 37
Alange, embalse de 37
Alaquàs 51
Alarcón 27
Alarcón, embalse de 2-3 G-H3
Alarcón, embalse de 27
Alaró 21
Álava (Araba) 47
Álava (Araba) 4-5 G1
Alba de Tormes 31
Albacete 4-5 G-H3
Albacete 4-5 G-H3
Albacete (ciudad) 27
Albacete (provincia) 27
Albaida 51
Albarracín 17
Albarracín 4-5 H2
Albarracín, sierra de 2-3 H2
Albarracín, sierra de 17
Albal 51
Albatera 51
Albelda de Iregua 49
Alberche, río 31
Alberche, río 41
Alberes 2-3 J1
Alberes 35
Alberic 51
Alberite 49
Alborán, isla de 2-3 G5
Alborán, isla de 4-5 G5
Alboraya 51
Albox 13
Alburquerque 37
Alcalá de Guadaira 4-5 F4
Alcalá de Guadaira 13
Alcalá de Henares 41
Alcalá de Henares 4-5 G2
Alcalá de Júcar 27
Alcalà de Xivert 51
Alcalá la Real 13
Alcanadre, río 17
Alcanar 35
Alcántara 37
Alcántara, embalse de 2-3 E3
Alcántara, embalse de 37
Alcantarilla 4-5 H3-4
Alcantarilla 43
Alcañiz 17
Alcañiz 4-5 H2
Alcaraz 27
Alcaraz 4-5 G3
Alcaraz, sierra de 2-3 G3
Alcaraz, sierra de 27
Alcarràs 35
Alcaudete 13
Alcázar de San Juan 4-5 G3
Alcázar de San Juan 27
Alcobendas 41
Alcobendas 4-5 G2
Alconchel 37
Alcorcón 41
Alcorcón 4-5 F-G2
Alcorisa 17
Alcover 35
Alcoy/Alcoi 4-5 H-I3
Alcoy/Alcoi 51
Alcubierre, sierra de 2-3 H2
Alcubierre, sierra de 17
Alcúdia 4-5 J3
Alcúdia 21
Aldaia 51
Aldea del Obispo 31
Aldea del Rey 27
Aldeanueva de Ebro 49
Aledo 43
Alegranza 4-5 D4
Alegranza, isla 2-3 D4
Alegranza, isla 23
Alfafar 51
Alfaro 49
Alfaro 4-5 H1
Algaida 21
Algairén, sierra de 17
Algeciras 13
Algeciras 4-5 F4
Algemesí 51
Algete 41
Algezares 43
Alginet 51
Alhama de Murcia 43
Alhama, sierra de 2-3 F-G4
Alhamilla, sierra de 13
Alhárabe, río 43
Alhaurín de la Torre 13
Alhoceima 52
Alhucemas 4-5 G5
Alhucemas, bahía de 52
Alhucemas, islas 52
Alhucemas, peñón de 52
Alicante 4-5 H3
Alicante 51
Alicante, bahía de 2-3 H-I3
Alicante, bahía de 51
Aliste, río 31
Allariz 39
Alles 19
Almacelles 35
Almadén 27
Almadén, sierra de 2-3 F3
Almadén, sierra de 27
Almagro 27
Almansa 27
Almansa 4-5 H3
Almanzor 2-3 F2
Almanzor 31
Almanzora, río 13
Almarza 31
Almassora/Almanzora 51
Almazán 31
Almazán 4-5 G2
Almenara 41
Almenara 51
Almenara, Sierra de la 43
Almendra, embalse de 2-3 F2
Almendra, embalse de 31
Almendralejo 37
Almendralejo 4-5 E3
Almería (ciudad) 13
Almería (ciudad) 4-5 G4
Almería (provincia) 13
Almería (provincia) 4-5 G4
Almería, golfo de 2-3 G4
Almería, golfo de 13
Almina, punta de 52
Almina, punta de 2-3 F5
Almodóvar del Campo 27
Almoharín 37
Almonte 4-5 E4
Almoradí 51
Almunia de Doña Godina, La 17
Almuñécar 13
Almuñécar 4-5 G4
Alora 13
Alovera 27
Alpedrete 41
Alpera 27
Alquézar 17
Alsa, embalse de 25
Altamira, sierra de 37
Altea 51
Alto Campóo 25
Altos de Barahona 31
Altos de Cabrejas 2-3 G2-3
Altos de Cabrejas 27
Altos de Chinchilla 2-3 H3
Altos de Chinchilla 27
Altsasu/Alsasua 45
Alzira 4-5 H3
Alzira 51
Amer 35
Ames 39
Amorebieta-Etxano 47
Amposta 35
Ampúdia 31
Ampuero 25
Amurrio 47
Anaga, punta de 2-3 C4
Ancares, sierra de los 39
Ancares, sierra de los 2-3 E1
Ancares, sierra de los 31
Anchuras 27
Anchuras 4-5 F3
Andalucía 4-5 F4
Andarax, río 13
Andoain 47
Andorra 17
Andratx 21
Andújar 4-5 F3-4
Andújar 13
Aneto 2-3 I1
Aneto 17
Aneto 35
Anglès 35
Anguiano 49
Ansó 17
Ansoáin/Ansoain 45
Antequera 4-5 F4
Antigua 23
Añover de Tajo 27
Aracena 13
Aracena 4-5 E4
Aracena, sierra de 2-3 E4
Aracena, sierra de 13
Aragón 4-5 H2
Aragón, río 2-3 H1
Aragón, río 45
Aragón, río 17
Aralar, sierra 2-3 G-H1
Aralar, sierra 45
Aranda de Duero 31
Aranda de Duero 4-5 G2
Aranguren 45
Aranjuez 41
Aranjuez 4-5 G2
Arbúcies 35
Archena 43
Archidona 13
Archipiélago Chinijo 23
Archipiélago de Cabrera, Parque-Nacional Marítimo Terrestre del 21
Arcos de Jalón 31
Arcos de la Frontera 13
Ardisa, embalse de 17
Arenas de Iguña 25
Arenas de San Pedro 31
Arenys de Mar 35
Ares 39
Ares del Maestre 51
Arévalo 31
Arévalo 4-5 F2
Arga, río 2-3 H1
Arga, río 45
Argamasilla de Alba 27
Arganda de Rey 41
Argentona 35
Argés 27
Argüeso 25
Arguis, embalse de 17
Arico 23
Arkamu Mendilerroa 47
Arlanza, río 2-3 G1
Arlanza, río 31
Arlanzón, río 2-3 G1
Arlanzón, río 31
Armilla 13
Arnedillo 49
Arnedo 49
Arnedo 4-5 G1
Arnes 35
Aroche 13
Arona 4-5 C5
Arquillo de San Blas, embalse del 17
Arraia-Maeztu 47
Arrasate/Mondragón 47
Arrecife 4-5 D4
Arrecife 23
Arredondo 25
Arrigorriaga 47
Arriondas 19
Arroyo de la Encomienda 31
Arroyomolinos 41
Artà 21
Artajona 45
Arteixo 39
Arteixo 4-5 D1
Arucas 4-5 C5
Arucas 23
Arzúa 39
As Pontes de García Rodríguez 39
Asón, río 25
Asparrena 47
Aspe 51
Astorga 4-5 E-F1
Astorga 31
Atarfe 13
Atienza 27
Atienza 4-5 G2
Autol 49
Ávila (ciudad) 31
Ávila (ciudad) 4-5 F2
Ávila (provincia) 31
Ávila (provincia) 4-5 F2
Ávila, sierra de 2-3 F2
Ávila, sierra de 31
Avilés 19
Avilés 4-5 E-F1
Avilés, ría de 19
Avión 39
Ayamonte 13
Ayamonte 4-5 E4
Ayllón 31
Ayllón, sierra de 2-3 G2
Ayllón, sierra de 27
Ayora 51
Azkoitia 47
Azpeitia 47
Azuaga 37
Azuqueca de Henares 4-5 G2
Azuqueca de Henares 27

**B**adajoz (ciudad) 37
Badajoz (ciudad) 4-5 E3
Badajoz (provincia) 37
Badajoz (provincia) 4-5 E3
Badalona 4-5 J2
Badalona 35
Baena 13
Baeza 13
Baeza 4-5 G3-4
Bailén 13
Baiona 39
Baiona 4-5 D1
Balaguer 4-5 I2
Balaguer 35
Balmaseda 47
Bande 39
Banya, punta de la 35
Banyeres de Mariola 51
Banyoles 35
Banyoles, lago de 2-3 J1
Banyoles, lago de 35
Baños de la Encina 13
Baños del Río Tobía 49
Bañuela 2-3 F3
Bañuela 27
Barakaldo 47
Barakaldo 4-5 G1
Barañáin 45
Barañáin 4-5 G-H1
Barasona, embalse de 17
Barbadás 39
Barbastro 17
Barbastro 4-5 H-I1
Barbate 13
Barbate, embalse del 13
Barberà del Vallès 35
Barcelona (ciudad) 4-5 J2
Barcelona (ciudad) 35
Barcelona (provincia) 4-5 I-J2
Barcelona (provincia) 35
Bardenas Reales 2-3 H1
Bareyo 25
Bargas 27
Barinas 43
Barlovento 23
Barruera 35
Barruera (Vall de Bohí) 4-5 I1
Bárzana 19
Basauri 47
Basauri 4-5 G1
Batres 41
Baza 13
Baza 4-5 G4
Baza, sierra de 2-3 G4
Baza, sierra de 13
Baztán 45
Baztán 4-5 H1
Beasain 47
Becerreá 39
Becerril de la Sierra 41
Beget 35
Begur, cabo de 2-3 J2
Begur, cabo de 35
Béjar 4-5 F2
Béjar 31
Béjar, sierra de 31
Belagua, río 45
Belchite 17
Beleño 19
Belesar, embalse de 39
Belesar, embalse de 2-3 E1
Belmonte 19
Belmonte 27
Belmonte 4-5 G3
Bembézar, río 13
Bembibre 4-5 E1
Bembibre 31
Benaguasil 51
Benalmádena 13
Benasque 4-5 I1
Benavente 4-5 E-F1
Benavente 31
Benetússer 51
Beni Enzar 52
Benia de Onís 19
Benibeca 21
Benicarló 51
Benicàssim/Benicasim 51
Benidorm 4-5 H-I3
Benidorm 51
Beniel 43
Benifaió 51
Benigànim 51
Benissa 51
Benítez 52
Benzú 52
Benzú, punta 52
Berango 47
Bardenas Reales 45
Berga 35
Bergara 47
Bergondo 39
Berja 13
Bermeja, punta 52
Bermeja, sierra 2-3 F4
Bermejales, embalse de los 13
Bermeo 47
Bermeo 4-5 G1
Bernesga, río 2-3 F1
Bernesga, río 31
Bérriz 47
Besalú 35
Besaya, río 25
Besaya, río 2-3 F1
Besòs, río 2-3 J2
Betancuria 23
Betanzos 39
Betanzos, ría 39
Betanzos, ría 2-3 D1
Bétera 51
Betlem 21
Betxí 51
Biar 51
Bicorb 51
Bidasoa 47
Bidasoa, río 2-3 H1
Bidasoa, río 45
Bilbao 47
Bilbao 4-5 G1
Binéfar 17
Biniancolla 21
Binissalem 21
Bizkaia 4-5 G1
Bizkaia 47
Blanca 43
Blanca, punta 52
Blanco, río 17
Blanes 4-5 J2
Blanes 35
Bledes, Illes 21
Boadilla del Monte 41
Boal 19
Bobia, sierra de la 19
Bobia, sierra de la 2-3 E1
Boiro 39
Bolaños de Calatrava 27
Bollullos Par del Condado 13
Boñar 31
Borja 17
Bormujos 13
Bornos 13
Borriana/Burriana 51
Breda 35
Brenes 13
Breña Alta 23
Breña Baja 23
Brihuega 27
Briones 49
Briviesca 31
Brozas 37
Brunete 41
Búbal, embalse de 17
Buenavista del Norte 23
Buendía, embalse de 2-3 G2
Buendía, embalse de 27
Bueu 39

Buitrago de Lozoya 41
Bullas 43
Bunyola 21
Buñol 51
Burela 39
Burela, cabo 39
Burgo de Osma 4-5 G2
Burgo de Osma-Ciudad de Osma 31
Burgos (ciudad) 31
Burgos (ciudad) 4-5 G1
Burgos (provincia) 31
Burgos (provincia) 4-5 G1
Burjassot 51
Burlada 45
Burlada 4-5 H1
Burriana 4-5 H-39
Butrón/Butroe 47

Cabanes 51
Cabañaquinta 19
Cabañeros, Parque Nacional de 2-3 F3
Cabañeros, Parque Nacional de 27
Cabárceno 25
Cabeza de Manzaneda 2-3 E1
Cabezón de la Sal 25
Cabo de Gata, Sierra del 13
Cabra 13
Cabrera 2-3 J3
Cabrera 4-5 J3
Cabrera 21
Cabrera, Parque Nacional Marítimo-Terrestre de 2-3 J3
Cabrera, sierra de la 41
Cabrerizas Altas 52
Cabriel, río 2-3 H3
Cabriel, río 27
Cabriel, río 51
Cáceres (ciudad) 37
Cáceres (ciudad) 4-5 E3
Cáceres (provincia) 37
Cáceres (provincia) 4-5 E3
Cadalso de los Vidrios 41
Cadaqués 35
Cadí 2-3 I1
Cadí 35
Cádiz (ciudad) 13
Cádiz (ciudad) 4-5 E4
Cádiz (provincia) 13
Cádiz (provincia) 4-5 E4
Cádiz, bahía de 2-3 E4
Cádiz, golfo de 2-3 E4
Cádiz, golfo de 13
Cádiz, golfo de 4-5 E4
Cala Morell 21
Calaburras, punta 2-3 F4
Calaburras, punta 13
Calafell 35
Calahorra 49
Calahorra 4-5 G-H1
Calamocha 17
Calanda 17
Calasparra 43
Calatañazor 31
Calatayud 17
Calatayud 4-5 H2
Calatorao 17
Caldas de Reis 39
Caldelas 39
Caldera de Taburiente, Parque Nacional de la 2-3 B4
Caldera de Taburiente, Parque Nacional de la 23
Caldes de Malavella 35
Caldes de Montbui 35
Calera de León 37
Callosa de Segura 51
Calonge 21
Calp/Calpe 51
Calvià 4-5 J3
Calvià 21
Calvitero 37
Calzada de Calatrava 27
Camarasa, embalse 2-3 I2
Camargo 25
Camargo 4-5 G1
Camariñas 39
Camariñas 4-5 D1
Camas 13
Camas 4-5 E4
Cambados 39
Cambre 39
Cambrils 4-5 I2
Cambrils 35
Camero Nuevo, Sierra de 49
Camero Viejo, Sierra de 49
Cameros, sierra de 2-3 G1
Campanario 37
Campezo/Kanpezu 47
Campillos 13
Campo de Caso 19
Campo de Criptana 27
Campo Real 41
Camponaraya 31
Campos 21
Canales de la Sierra 49
Canaleta, punta de la 13
Canals 51
Canarias 4-5 C4
Candás 19
Candelaria 23
Candelario 31
Candín 31
Canelles, embalse de 17
Canet de Mar 35
Cangas de Morrazo 39
Cangas de Narcea 19
Cangas de Onís 19
Cantabria 4-5 F-G1
Cantabria, sierra de 2-3 G1
Cantabria, sierra de 45
Cantábrico, mar 19
Cantábrico, mar 25
Cantábrico, mar 47
Cantábrico, mar 2-3 F-G1
Cantábrico, mar 4-5 F-G1
Cantalejo 31
Cantillana 13
Cañadas del Teide, Parque Nacional de las 2-3 B-C5
Cañas 49
Cañaveral 37
Cañete 27
Capdepera 21
Capicort, punta de 51
Caravaca de la Cruz 4-5 G-H3
Caravaca de la Cruz 43
Carbajosa de la Sagrada 31
Carballo 39
Carballo 4-5 D1
Carboneras 13
Carcaboso 37
Carcaixent 51
Carche 43
Cardona 35
Cares, río 19
Cariñena 17
Carlet 51
Carmona 25
Carmona 4-5 F4
Carmona 13
Caroch 51
Carrascoy, sierra 2-3 H4
Carrascoy, sierra 43
Carreña 19
Carrión de los Condes 31
Carrión, río 2-3 F1
Carrión, río 31
Carroceda, sierra de 19
Cartagena 4-5 H4
Cartagena 43
Cartaya 13
Cartes 25
Carucedo 31
Casalarreina 49
Cascante 45
Caspe 17
Caspe 4-5 H-I2
Caspe II, embalse de 17
Castejón 45
Castell d'Aro 35
Castell de Mur 35
Castellar del Vallès 35
Castelldefels 4-5 I-J2
Castelldefels 35
Castelló/Castellón 4-5 H-I2
Castelló/Castellón 51
Castelló d'Empúries 35
Castelló de Farfanya 35
Castelló de la Plana/Castellón de la Plana 4-5 I2-3
Castelló de la Plana/Castellón de la Plana 51
Castilla-La Mancha 4-5 G3
Castilla y León 4-5 F2
Castilleja de la Cuesta 13
Castrillo de los Polvazares 31
Castrillón 19
Castro del Río 13
Castro Urdiales 25
Castro Urdiales 4-5 G1
Castrojeriz 31
Castropol 19
Castropol 4-5 E1
Castuera 37
Cataluña 4-5 I-J2
Caudete 27
Cazorla 13
Cazorla, sierra de 2-3 G3-4
Cazorla, sierra de 13
Cea, río 2-3 F1
Cea, río 31
Cebollera 49
Cebollera, sierra 49
Cebollera, sierra 31
Cedeira 39
Cee 39
Cega, río 31
Cehegín 43
Celanova 39
Celanova 4-5 E1
Cella 17
Cenicero 49
Cerbère, cabo 35
Cercedilla 41
Cerdanyola del Vallès 4-5 J2
Cerdanyola del Vallès 35
Cerredo, Torre 19
Cerredo, Torre 2-3 F1
Cerredo, Torre 31
Cerro Calderón 51
Cervatos 25
Cervera 4-5 I2
Cervera 35
Cervera del Río Alhama 49
Ceuta 13
Ceuta 4-5 F5
Ceuta (Sebta) 52
Ceuta, bahía de 52
Ceutí 43
Chafarinas, islas 4-5 G5
Chafarinas, islas 52
Chantada 39
Chelva 51
Chiclana de la Frontera 13
Chiclana de la Frontera 4-5 E4
Chinchilla de Monte-Aragón 27
Chinchón 41
Chipiona 13
Chiva 51
Cidacos, río 2-3 G1
Cidacos, río 49
Ciempozuelos 41
Cíes, islas 39
Cíes, islas 2-3 D1
Cíes, islas 4-5 D1
Cieza 4-5 H3
Cieza 43
Cigales 31
Cigüela, río 2-3 G3
Cigüela, río 27
Cíjara, embalse de 2-3 F3
Cíjara, embalse de 37
Cinca, río 17
Cintruénigo 45
Cistierna 31
Cistierna 4-5 F1
Ciudad Real (ciudad) 27
Ciudad Real (ciudad) 4-5 F-G3
Ciudad Real (provincia) 27
Ciudad Real (provincia) 4-5 F-G3
Ciudad Rodrigo 4-5 E2
Ciutadella 4-5 J2-3
Ciutadella 21
Clavijo 49
Coaña 19
Coca 31
Cocedor, punta del 43
Cocentaina 51
Colgadizos 31
Colgadizos 41
Colindres 25
Collado Villalba 41
Collarada 17
Colmenar de Oreja 41
Colmenar Viejo 41
Colom, illa d'en 21
Colombres 19
Columbretes, islas 2-3 I3
Columbretes, islas 4-5 I3
Columbretes, islas 51
Colunga 19
Comillas 25
Comunidad de Madrid 4-5 F-G2
Comunitat Valenciana 4-5 H3
Conchas, embalse das 39
Congreso, isla del 52
Conil de la Frontera 13
Conills, illa dels 21
Constantina 13
Consuegra 27
Contreras, embalse de 2-3 H3
Contreras, embalse de 27
Cordillera Cantábrica 19
Cordillera Cantábrica 2-3 E-F1
Cordillera Cantábrica 31
Cordillera Penibética 2-3 F-G4
Cordillera Penibética 13
Cordillera Subbética 2-3 F-G4
Cordillera Subbética 13
Cordilleras Costero-Catalanas 2-3 I-J2
Cordilleras Costero-Catalanas 35
Córdoba 4-5 F4
Córdoba 4-5 F4
Córdoba (ciudad) 13
Córdoba (provincia) 13
Corella 45
Coria 37
Coria 4-5 E2-3
Coria del Río 13
Corme e Laxe, ría de 39
Cornellà de Llobregat 4-5 J2
Cornellà de Llobregat 35
Corral de Almaguer 27
Corralejo 23
Corrales 31
Corrubedo, cabo de 39
Corrubedo, cabo de 2-3 D1
Cortes 45
Corvera 43
Coslada 41
Coslada 4-5 G2
Costa Brava 35
Costa Cálida 43
Costa da Morte 39
Costa Daurada 35
Costa de Almería 13
Costa de la Luz 13
Costa del Sol 13
Costa Esmeralda 25
Costa Tropical 13
Costa Verde 19
Cotillo 23
Courel, serra do 39
Cova 39
Covadonga 19
Covarrubias 31
Creus 35
Creus, cabo de 2-3 J1
Creus, cabo de 35
Crevillent 51
Crevillente, sierra de 2-3 H3
Crevillente, sierra de 43
Cuacos de Yuste 37
Cuarte de Huerva 17
Cudillero 19
Cudillero 4-5 E1
Cuenca (ciudad) 27
Cuenca (ciudad) 4-5 G2
Cuenca (provincia) 27
Cuenca (provincia) 4-5 G3
Cuenca Alta del río Manzanares, Parque Regional 41
Cuenca, serranía de 2-3 G-H2
Cuenca, serranía de 27
Cuera, sierra de 19
Cueva de Altamira 25
Cueva Foradada, embalse de 17
Cuevas de Almanzora 13
Cuevas de Almanzora, Embalse de 13
Culebra, sierra de la 2-3 E1-2
Culebra, sierra de la 31
Cullera 4-5 H3
Cullera 51
Culleredo 39
Cumbre, Circo y Lagunas de Peñalara, Parque Natural 41
Curtis 39
Cuzcurrita de Río Tirón 49
Cuzna, río 13

d'Alcúdia, bahía de 2-3 J3
d'Alcúdia, bahía de 21
Daimiel 27
Daimiel 4-5 G3
Daroca 17
Deba 47
Deba, río 47
Deltebre 35
Demanda, sierra de la 2-3 G1
Demanda, sierra de la 49
Demanda, sierra de la 31
Dénia 4-5 I3
Dénia 51
Depresión central 2-3 I2
Depresión central 35
Depresión mediana 39
Depresión mediana 2-3 D1
Derio 47
Deva, río 25
Dichoso, punta del 25
Don Benito 37
Don Benito 4-5 F3
Doneztebe/Santesteban 45
Donostia/San Sebastián 47
Donostia/San Sebastián 4-5 G1
Doñana, Parque Nacional 2-3 E4
Doñana, Parque Nacional 13
Dos Hermanas 13
Dos Hermanas 4-5 F4
Dragonera, illa 21
Dueñas 31
Duerna, río 31
Duero, río 2-3 G2E2
Duero, río 31
Durango 47
Duratón, río 2-3 F-G2
Duratón, río 31
Durro 35

Ebro, delta del 2-3 I2
Ebro, delta del 35
Ebro, Depresión del 2-3 H2
Ebro, Depresión del 45
Ebro, embalse del 25
Ebro, embalse del 2-3 G1
Ebro, embalse del 31
Ebro, río 47
Ebro, río 2-3 I2 G1
Ebro, río 45
Ebro, río 17
Ebro, río 49
Ebro, río 31
Ebro, río 35
Écija 13
Écija 4-5 F4
Ega, río 45
Egüés 45
Eibar 47
Eivissa 2-3 I3
Eivissa (ciudad) 4-5 I3
Eivissa (ciudad) 21
Eivissa (isla) 4-5 I3
Eivissa (isla) 21
Ejea de los Caballeros 17
Ejea de los Caballeros 4-5 H1-2
El Álamo 41
El Algar 43
El Astillero 25
El Barco de Ávila 31
El Boalo 41
El Campello 51
El Casar 27
El Castell de Guadalest 51
El Dorado 21
El Ejido 4-5 G4
El Ejido 13
El Entrego 19
El Escorial 41
El Espinar 31
El Hierro 2-3 B5
El Hierro 4-5 B5
El Hierro 23
El Hoyo de Pinares 31
El Llano 19
El Molar 41
El Morrillo 52
El Paso 23
El Pinós/Pinoso 51
El Prat de Llobregat 35
El Prat del Llobregat 4-5 J2
El Puerto 51
El Puerto de Santa María 4-5 E4
El Puerto de Santa María 13
El Puig 51
El Robledo 27
el Toro 2-3 J4
El Vendrell 4-5 I2
El Vendrell 35
Elche de la Sierra 27
Elche/Elx 4-5 H3
Elche/Elx 51
Elda 4-5 H3
Elda 51
Elgea Mendilerroa 47
Elgoibar 47
Eliana 51
Elorrio 47
Enciso 49
Enguera, sierra de 2-3 H3
Enguera, sierra de 51
Entrambasaguas 25
Entrena 49
Entrepeñas, embalse de 2-3 G2
Eo, ría del 19
Eo, río 39
Eo, río 2-3 E1
Erandio 47
Eresma, río 2-3 F2
Eresma, río 31
Eria, río 31
Ermua 47
Errenteria 47
Erronkarri/ Roncal 45
es Castell 21
es Mercadal 21
es Migjorn Gran 21
es Pla 2-3 J3
es Vedrà 21
Escales, embalse de 35
Escalona 27

Escombreras 43
Esgueva, río 2-3 F-G2
Esgueva, río 31
Esla, río 2-3 F1
Esla, río 31
Esplugues de Llobregat 4-5 J2
Esplugues de Llobregat 35
Espuña 2-3 H3-4
Espuña 43
Espuña, sierra de 2-3 H3-4
Esquivias 27
Estaca de Bares, Punta de 39
Estaca de Bares, Punta de 2-3 E1
Estancias, sierra de las 2-3 G-H4
Estancias, sierra de las 13
Estella 4-5 G1
Estella/Lizarra 45
Estepa 13
Estepona 4-5 F4
Estíbaliz 47
Etxalar 45
Europa, punta de 2-3 F4
Europa, punta de 13
Extremadura 4-5 E-F3
Ezcaray 49

**F**abara 17
Fabero 31
Falces 45
Fardes, río 13
Farhana 52
Faro 39
Felanitx 21
Feria 37
Fermoselle 31
Fernán-Núñez 13
Ferreries 21
Ferrol 39
Ferrol 4-5 D-E1
Figueres 4-5 J1
Figueres 35
Finestrat 51
Firgas 23
Fisterra 4-5 D1
Fisterra, cabo de 39
Fisterra, cabo de 2-3 D1
Fitero 45
Flumen, río 17
Fluvià, río 35
Fnideq (Castillejos) 52
Formentera 2-3 I3
Formentera 4-5 I3
Formentera 21
Formentor, cabo 2-3 J2-3
Formentor, illa de 21
Fornells 21
Fortuna 43
Foz 39
Fraga 17
Fraga 4-5 I2
Fraile, isla del 43
Fregenal de la Sierra 37
Frómista 31
Frontera 23
Fuencaliente, punta de 2-3 B5
Fuencaliente, punta de 23
Fuengirola 13
Fuengirola 4-5 F4
Fuenlabrada 41
Fuenlabrada 4-5 F-G2
Fuenmayor 49
Fuensalida 27
Fuente Álamo 27
Fuente Álamo de Murcia 43
Fuente Dé 25
Fuente del Maestre 37
Fuentes de Ebro 17
Fuentesaúco 31
Fuerteventura 2-3 D4
Fuerteventura 4-5 D4-5
Fuerteventura 23

**G**abriel y Galán, embalse de 2-3 E2
Gabriel y Galán, embalse de 37
Gádor, sierra 2-3 G4
Gádor, sierra 13
Galapagar 41
Galdakao 47
Gáldar 23
Galicia 4-5 D-E1
Galisteo 37
Gállego, río 17
Gallur 17
Gandia 4-5 H-I3
Gandia 51
Garachico 23
Garajonay, Parque Nacional de 2-3 B5
Garona 35
Gata, cabo de 13
Gata, cabo de 2-3 G-H4
Gata, sierra de 2-3 E2
Gata, sierra de 31
Gata, sierra de 37
Gavà 4-5 I2
Gavà 35
Gelves 13
Genil, río 2-3 F4
Genil, río 13
Gernika-Lumo 47
Gerri de la Sal 35
Getafe 41
Getafe 4-5 G2
Getaria 47
Getxo 47
Getxo 4-5 G1
Gibraleón 13
Gibraltar 13
Gibraltar 4-5 F4
Gibraltar, estrecho de 2-3 F4-5
Gibraltar, estrecho de 13
Gibraltar, estrecho de 4-5 F4
Gibraltar, estrecho de 52
Gijón/Xixón 19
Gijón/Xixón 4-5 F1
Gipuzkoa 47
Gipuzkoa 4-5 G1
Girona (ciudad) 4-5 J2
Girona (ciudad) 35
Girona (provincia) 4-5 J1
Girona (provincia) 35
Gistredo, sierra de 31
Godella 51
Golfo Ártabro 39
Gondomar 39
González Lacasa, embalse de 49
Gorbeia Mendilerroa 47
Gorliz 47
Graciosa 4-5 D4
Graciosa 23
Graciosa, isla 2-3 D4
Grado 19
Grado I, embalse del 17
Grado II, embalse del 17
Grajal de Campos 31
Gran Canaria 2-3 C5
Gran Canaria 4-5 C5
Gran Canaria 23
Gran Tarajal 23
Granada 13
Granada 13
Granada (ciudad) 4-5 G4
Granada (provincia) 4-5 G4
Granadilla 37
Granadilla de Abona 23
Grandas 19
Grande, río 39
Granollers 35
Graus 17
Gredos, sierra de 2-3 F2
Gredos, sierra de 31
Gredos, sierra de 41
Griñón 41
Grosa, isla 43
Grossa, sierra 21
Grullos 19
Guadahortuna, río 13
Guadaira, río 2-3 F4
Guadaira, río 13
Guadajoz, río 13
Guadalajara (ciudad) 27
Guadalajara (ciudad) 4-5 G2
Guadalajara (provincia) 27
Guadalajara (provincia) 4-5 G2
Guadalcacín, embalse de 13
Guadalén, río 13
Guadalentín, río 2-3 H4
Guadalentín, río 43
Guadalete, río 2-3 E-F4
Guadalete, río 13
Guadalhorce, río 13
Guadalimar, río 2-3 G3
Guadalimar, río 13
Guadalix de la Sierra 41
Guadalmez, río 27
Guadalope, río 2-3 H2
Guadalope, río 17
Guadalquivir, Depresión del 2-3 F4
Guadalquivir, Depresión del 13
Guadalquivir, río 2-3 F4
Guadalquivir, río 13
Guadalquivir, río 13
Guadalupe 37
Guadalupe, sierra de 2-3 F3
Guadalupe, sierra de 37
Guadarrama, río 2-3 F-G2
Guadarrama, río 41
Guadarrama, sierra de 2-3 F-G2
Guadarrama, sierra de 31
Guadarrama, sierra de 41
Guadassuar 51
Guadiana Menor, río 2-3 G4
Guadiana, río 2-3 G3 E3
Guadiana, río 27
Guadiana, río 37
Guadiana, río 37
Guadiana, río 13
Guadiaro, río 13
Guadiela, río 27
Guadix 13
Guara, sierra de 2-3 H-I1
Guara, sierra de 17
Guardamar del Segura 51
Guardo 4-5 F1
Guardo 31
Guareña, río 31
Gúdar, sierra de 2-3 H2
Gúdar, sierra de 17
Gueñes 47
Güesa/Gorza 45
Guía de Isora 23
Guijuelo 31
Güímar 23
Guimerà 35
Guisando 31
Guitiriz 39

**H**acho, monte 52
Haría 23
Haro 49
Haro 4-5 G1
Hellín 27
Hellín 4-5 H3
Henar, río 31
Henares, río 2-3 G2
Henares, río 27
Herencia 27
Hernani 47
Herrera del Duque 37
Hervás 37
Hez, sierra de la 49
Hierro 41
Higer, cabo 47
Higer, cabo 2-3 G-H1
Hinojosa del Duque 13
Hita 27
Hondarribia 47
Hormigas, islas 43
Horta de Sant Joan 35
Huarte/Uharte 45
Huebra, río 31
Huelma 13
Huelva (ciudad) 13
Huelva (ciudad) 4-5 E4
Huelva (provincia) 13
Huelva (provincia) 4-5 E4
Huércal de Almería 13
Huércal-Overa 13
Huerva, río 17
Huesca (ciudad) 17
Huesca (ciudad) 4-5 H1
Huesca (provincia) 17
Huesca (provincia) 4-5 H-I1
Huéscar 13
Humanes de Madrid 41

**I**baizabal 47
Ibarra 47
Ibi 51
Ibias, río 19
Icod de los Vinos 23
Igualada 4-5 I2
Igualada 35
Illano 19
Illes Balears 2-3 I-J3
Illes Balears 4-5 J3
Illes Medes 4-5 J1
Illes Medes 35
Illescas 27
Illescas 4-5 F-G2
Illueca 17
Inca 21
Infiesto 19
Ingenio 23
Iniesta 27
Iranzu 45
Irati, río 45
Iregua, río 49
Irumugarrieta 47
Irumugarrieta 45
Irun 47
Irun 4-5 H1
Iruña Oka/Iruña de Oca 47
Irurtzun 45
Isabel II, isla de 52
Íscar 31
Isla Cristina 13
Isla del Fraile 13
Islas Atlánticas, Parque Nacional Marítimo-Terrestre de las Islas Atlánticas, 39
Parque Nacional Marítimo Terrestre de las 2-3 D1
Islas Canarias 2-3 C4
Itoiz, embalse de 45
Izki Erreka 47
Iznájar, embalse de 13

**J**abalón, río 2-3 G3
Jabalón, río 27
Jaca 17
Jaca 4-5 H1
Jadraque 27
Jaén (ciudad) 13
Jaén (ciudad) 4-5 G4
Jaén (provincia) 13
Jaén (provincia) 4-5 G4
Jalón, río 2-3 H2
Jandía 2-3 D5
Jandía 23
Jandía, punta de 2-3 D5
Jandía, punta de 23
Jaraíz de la Vera 37
Jarama, río 2-3 G2
Jarama, río 41
Javalambre 17
Javalambre, sierra de 2-3 H2-3
Javalambre, sierra de 51
Javalón 17
Jávea/ Xàbia 51
Javier 45
Jerez de la Frontera 4-5 E-F4
Jerez de la Frontera 13
Jerez de los Caballeros 37
Jerez de los Caballeros 4-5 E3
Jérica 51
Jerte, río 2-3 E-F2
Jerte, río 37
Jijona/Xixona 51
Jiloca, río 2-3 H2
Jimena de la Frontera 13
Jódar 13
Júcar, río 2-3 H3
Júcar, río 51
Jumilla 43

**L**'Alcúdia 51
L'Alcúdia de Crespins 51
L'Alfàs del Pi 51
L'Estany 35
l'Aire, illa de 21
L'Alcora 51
L'Escala 35
L'Hospitalet de Llobregat 4-5 J2
L'Hospitalet de Llobregat 35
La Alberca 31
La Albufera 2-3 H3
La Albufera 51
La Alcarria 27
La Aldea de San Nicolás 23
La Almenara, Sierra de la 2-3 H4
La Aparecida 25
La Bañeza 4-5 E-F1
La Bañeza 31
La Bisbal d'Empordà 35
La Callezuela 19
La Caridad 19
La Carlota 13
La Carolina 13
La Cepeda 41
La Cistérniga 31
La Costana 25
La Fuente de San Esteban 31
La Garriga 35
La Gomera 2-3 B5
La Gomera 4-5 B5
La Gomera 23
La Hermida 25
La Isleta 2-3 C5
La Isleta 23
La Línea de la Concepción 4-5 F4
La Línea de la Concepción 13
La Matanza 25
la Mola 2-3 I3
La Muela 17
La Nava de Santiago 37
La Nucia 51
La Oliva 23
La Orotava 4-5 C4-5
La Orotava 23
La Paca 43
La Palma 2-3 B4
La Palma 4-5 B4
La Palma 23
La Palma del Condado 13
La Palmera, playa 52
La Plaza 19
La Pobla de Benifassà 51
La Pobla de Vallbona 51
La Pola de Gordón 31
La Puebla de Alfindén 17
La Puebla de Almoradiel 27
La Puebla de Cazalla 13
La Puebla de Montalbán 27
La Restinga 23
La Rinconada 13
La Rioja 4-5 G1
La Robla 31
La Roda 27
La Roda 4-5 G-H3
La Savina 21
la Sénia 35
La Serena, embalse de 37
La Seu d'Urgell 35
La Seu d'Urgell 4-5 I1
La Solana 27
La Unión 43
La Vall d'Uixó 4-5 H-I3
La Vall d'Uixó 51
Labastida/Bastida 47
Laguardia 47
Laguna de Duero 31
Laguna de Duero 4-5 F2
Lalín 39
Lalín 4-5 D1
Langreo 19
Langreo 4-5 F1
Lanuza, embalse de 17
Lanzarote 2-3 D4
Lanzarote 4-5 D4
Lanzarote 23
Lardero 49
Laredo 25
Las Bardenas Reales 45
Las Cabezas de San Juan 13
Las Navas del Marqués 31
Las Palmas 4-5 C-D4
Las Palmas 23
Las Palmas de Gran Canaria 4-5 C5
Las Palmas de Gran Canaria 23
Las Pedroñeras 27
Las Rozas 41
Las Rozas 4-5 G2
Las Tablas de Daimiel, Parque Nacional 2-3 G3
Las Tablas de Daimiel, Parque Nacional 27
Las Torres de las Cotillas 43
Las Vegas 19
Las Villuercas 2-3 F3
Las Villuercas 37
Lasarte-Oria 47
Laudio/Llodio 47
Laviana 19
Lazkao 47
Lebeña 25
Lebrija 13
Ledesma 31
Leganés 41
Leganés 4-5 G2
Legazpi 47
Legutano 47
Leioa 47
Leitza 45
Lejona 4-5 G1
Lekeitio 47
León (ciudad) 31
León (ciudad) 4-5 F1
León (provincia) 31
León (provincia) 4-5 F1
León, montes de 2-3 E1
León, montes de 31
Lepe 13
Lepe 4-5 E4
Lerma 31
Les Borges Blanques 35
Leyre 45
Leyre, sierra de 2-3 H1
Leyre, sierra de 45
Leyre, sierra de 17
Leza, río 49
Liébana 25
Liérganes 25
Limia, río 39
Linares 13
Linares 4-5 G3
Linares, río 49
Llançà 35
Llanes 19
Llanes 4-5 F1
Lleida (ciudad) 4-5 I2
Lleida (ciudad) 35
Lleida (provincia) 4-5 I2
Lleida (provincia) 35
Llerena 37
Llevant, sierras de 2-3 J3
Llíria 51
Llívia 4-5 I-J1
Llívia 35

| Lugar | Pág. | Ref. | Lugar | Pág. | Ref. | Lugar | Pág. | Ref. | Lugar | Pág. | Ref. | Lugar | Pág. | Ref. | Lugar | Pág. | Ref. |
|---|---|---|---|---|---|---|---|---|---|---|---|---|---|---|---|---|---|
| Llobregat, río | 2-3 | I2 | Bergantiños | 39 | | Mesa de Ocaña | 2-3 | G3 | Monzón | 4-5 | H-I2 | Noreña | 19 | | Padrón | 39 | |
| Llobregat, río | 35 | | Manacor | 4-5 | J3 | Mezalocha, embalse de | 17 | | Mora | 27 | | Novelda | 51 | | País Vasco/Euskadi | 4-5 | G1 |
| Lloret de Mar | 35 | | Manacor | 21 | | Miajadas | 37 | | Móra d'Ebre | 35 | | Nueva Tabarca, isla | 2-3 | H-I3 | Pájara | 23 | |
| Lloseta | 21 | | Mancha Real | 13 | | Miera, río | 25 | | Mora de Rubielos | 17 | | Nueva Tabarca, isla | 4-5 | H-I3 | Pajares, embalse de | 49 | |
| Lluc | 21 | | Manilva | 13 | | Mieres | 19 | | Moraleja | 37 | | Nueva Tabarca, isla | 51 | | Palacios de Sanabria | 31 | |
| Llucmajor | 21 | | Manises | 51 | | Mieres | 4-5 | F1 | Moralzarzal | 41 | | Nuévalos | 17 | | Palamós | 35 | |
| Loarre | 17 | | Manjirón | 41 | | Miguel Esteban | 27 | | Morata de Tajuña | 41 | | Nuevo Baztán | 41 | | Palancia, río | 2-3 | H3 |
| Lobeira Chica, isla | 39 | | Manlleu | 35 | | Miguelturra | 27 | | Moratalla | 43 | | Nules | 51 | | Palancia, río | 51 | |
| Lobeira Grande, isla | 39 | | Manresa | 4-5 | I-J2 | Mijares, río | 2-3 | H2 | Morella | 4-5 | H-I2 | Numancia | 31 | | Palas de Rei | 39 | |
| Lobo | 27 | | Manresa | 35 | | Mijares, río | 51 | | Morella | 51 | | | | | Palencia (ciudad) | 31 | |
| Lobos, isla de | 2-3 | D4 | Manzanares | 27 | | Mijas | 13 | | Morena, sierra | 13 | | O Barco de Valdeorras | 39 | | Palencia (ciudad) | 4-5 | F1 |
| Lobos, isla de | 4-5 | D4 | Manzanares | 4-5 | G3 | Mijas | 4-5 | F4 | Morón de la Frontera | 13 | | O Carballiño | 39 | | Palencia (provincia) | 31 | |
| Lobos, isla de | 23 | | Manzanares el Real | 41 | | Miño, río | 39 | | Morro del Jable | 23 | | O Carballiño | 4-5 | D-E1 | Palencia (provincia) | 4-5 | F1 |
| Lodosa | 45 | | Manzanares, río | 2-3 | G2 | Miño, río | 39 | | Morro Nuevo | 52 | | O Grove | 39 | | Palma | 4-5 | J3 |
| Lodosa | 4-5 | G1 | Manzanares, río | 41 | | Miño, río | 2-3 | E1 | Morro Viejo | 52 | | O Porriño | 39 | | Palma | 21 | |
| Logroño | 49 | | Maó | 4-5 | K3 | Miño, río | 2-3 | E1 | Móstoles | 41 | | O Rosal | 39 | | Palma del Río | 13 | |
| Logroño | 4-5 | G1 | Maó | 21 | | Mirador, serra do | 39 | | Móstoles | 4-5 | F-G2 | Ocaña | 27 | | Palma, bahía de | 2-3 | J3 |
| Logrosán | 37 | | Maqueda | 27 | | Miraflores de la Sierra | 41 | | Mota del Cuervo | 27 | | Odiel, río | 2-3 | E4 | Palma, bahía de | 21 | |
| Loiola | 47 | | Mar Cantábrico | 39 | | Miranda de Ebro | 31 | | Motilla del Palancar | 27 | | Odiel, río | 13 | | Palos, cabo de | 2-3 | H4 |
| Loja | 4-5 | F4 | Mar, isla de | 52 | | Miranda de Ebro | 4-5 | G1 | Motril | 13 | | Oiartzun | 47 | | Palos, cabo de | 43 | |
| Loja | 13 | | Marbella | 13 | | Miravalles | 19 | | Motril | 4-5 | G4 | Oja, río | 49 | | Pals | 35 | |
| Lora del Río | 13 | | Marbella | 4-5 | F4 | Mislata | 51 | | Muela de Ares | 51 | | Oleiros | 39 | | Pamplona/Iruña | 45 | |
| Lorca | 4-5 | H4 | Marchamalo | 27 | | Moaña | 39 | | Muga, río | 2-3 | J1 | Oleiros | 4-5 | D1 | Pamplona/Iruña | 4-5 | H1 |
| Lorca | 43 | | Marcilla | 45 | | Mocejón | 27 | | Mugardos | 39 | | Olías del Rey | 27 | | Panes | 19 | |
| Lorquí | 43 | | María de Huerva | 17 | | Mofrecho | 19 | | Mula | 43 | | Olite | 45 | | Paracuellos de Jarama | 41 | |
| Los Alcázares | 43 | | Maria de la Salut | 21 | | Mogán | 23 | | Mulhacén | 2-3 | G4 | Oliva | 51 | | Páramo | 39 | |
| Los Arcos | 45 | | Marín | 39 | | Mojácar | 13 | | Mulhacén | 13 | | Olivenza | 37 | | Parla | 41 | |
| Los Barrios de Luna | 31 | | Marina de Cudeyo | 25 | | Mola, sierra de la | 21 | | Mungia | 47 | | Olivenza | 4-5 | E3 | Parla | 4-5 | G2 |
| Los Canarios | 23 | | Mariña Lucense | 39 | | Molina de Aragón | 27 | | Murcia | 4-5 | H3-4 | Olmedo | 31 | | Pas, río | 25 | |
| Los Corrales de Buelna | 25 | | Marratxí | 21 | | Molina de Aragón | 4-5 | H2 | Murcia | 43 | | Olot | 4-5 | J1 | Pas, río | 2-3 | G1 |
| Los Filabres, sierra | 2-3 | G4 | Martorell | 35 | | Molina de Segura | 4-5 | H3 | Murillo de Río Leza | 49 | | Olot | 35 | | Pasaia | 47 | |
| Los Filabres, sierra | 13 | | Martos | 13 | | Molina de Segura | 43 | | Muro | 21 | | Olvera | 13 | | Pastrana | 27 | |
| Los Gallardos | 13 | | Maspalomas | 23 | | Molledo | 25 | | Muros | 39 | | Onda | 51 | | Paterna | 4-5 | H3 |
| Los Llanos de Aridane | 23 | | Maspalomas, punta de | 2-3 | C5 | Mollerussa | 35 | | Muros | 19 | | Ondara | 51 | | Paterna | 51 | |
| Los Realejos | 23 | | Maspalomas, punta de | 23 | | Mollet del Vallès | 4-5 | J2 | Muros e Noia, ría de | 39 | | Ondarroa | 47 | | Patones de Arriba | 41 | |
| Los Santos de Maimona | 37 | | Massamagrell | 51 | | Moncayo | 2-3 | H2 | Muros e Noia, ría de | 2-3 | D1 | Onil | 51 | | Pechiguera, punta | 2-3 | D4 |
| Los Yébenes | 27 | | Massanet de la Selva | 35 | | Moncayo | 17 | | Muruzábal (Eunate) | 45 | | Ons | 4-5 | D1 | Pechiguera, punta | 23 | |
| Lozoya | 41 | | Matachel, río | 2-3 | E-F3 | Moncayo, sierra del | 2-3 | G-H2 | Muskiz | 47 | | Ons, isla de | 39 | | Pedreguer | 51 | |
| Luanco | 19 | | Matamorosa | 25 | | Moncayo, sierra del | 17 | | Mutriku | 47 | | Ons, isla de | 2-3 | D1 | Pedro Muñoz | 27 | |
| Luarca | 19 | | Mataporquera | 25 | | Moncayo, sierra del | 31 | | Mutxamel | 51 | | Onsella, río | 17 | | Pedrola | 17 | |
| Luarca | 4-5 | E1 | Mataró | 4-5 | J2 | Mondariz | 39 | | Muxía | 39 | | Ontinyent | 4-5 | H3 | Pedroso, sierra del | 37 | |
| Lucena | 4-5 | F4 | Mataró | 35 | | Mondéjar | 27 | | | | | Ontinyent | 51 | | Pego | 51 | |
| Lucena del Cid | 51 | | Matarraña, río | 17 | | Mondoñedo | 39 | | Nájera | 49 | | Oña | 31 | | Pela, sierra de | 31 | |
| Lugo (ciudad) | 39 | | Matxixako, cabo de | 2-3 | G1 | Mondoñedo | 4-5 | E1 | Najerilla, río | 49 | | Oñati | 47 | | Peñíscola/Peníscola | 51 | |
| Lugo (ciudad) | 4-5 | E1 | Matxixako, cabo de | 47 | | Monegros | 2-3 | H-I2 | Nansa, río | 25 | | Órbigo, río | 2-3 | F1 | Penjats, illa des | 21 | |
| Lugo (provincia) | 39 | | Mayor, isla | 43 | | Moneva, embalse de | 17 | | Nao, cabo de la | 2-3 | I3 | Órbigo, río | 31 | | Penyagolosa | 2-3 | H-I2 |
| Lugo (provincia) | 4-5 | E1 | Mazarrón | 4-5 | H4 | Monforte de Lemos | 39 | | Nao, cabo de la | 51 | | Ordes | 39 | | Penyagolosa | 51 | |
| Lugo, meseta de | 39 | | Mazarrón | 43 | | Monforte de Lemos | 4-5 | E1 | Naranjo de Bulnes | 19 | | Ordesa-Monte Perdido, Parque Nacional de | 2-3 | H-I1 | Penyal d'Ifach | 2-3 | I3 |
| Lugo, meseta de | 2-3 | E1 | Mazarrón, golfo de | 2-3 | H4 | Monforte del Cid | 51 | | Narcea, río | 19 | | Ordesa-Monte Perdido, Parque Nacional de | 17 | | Peña de Francia | 2-3 | E-F2 |
| Lugones | 19 | | Mazarrón, golfo de | 43 | | Monfragüe, Parque Nacional de | 2-3 | F3 | Narcea, río | 2-3 | E1 | Ordizia | 47 | | Peña de Francia | 31 | |
| Lumbier | 45 | | Meco | 41 | | Monfragüe, Parque Nacional de | 37 | | Narón | 39 | | Ordunte, montes de | 47 | | Peña Gorbeia | 47 | |
| Lumbrales | 31 | | Medellín | 37 | | Monóvar/Monòver | 51 | | Narón | 4-5 | D1 | Orduña | 47 | | Peña Gorbeia | 2-3 | G1 |
| | | | Mediano, embalse de | 17 | | Monreal | 45 | | Nava | 19 | | Orellana, embalse de | 2-3 | F3 | Peña Isasa | 49 | |
| Machín, río | 49 | | Medina de Pomar | 31 | | Mont-roig del Camp | 35 | | Navalcán | 27 | | Orellana, embalse de | 37 | | Peña Labra, sierra de | 25 | |
| Macizo Galaico | 39 | | Medina de Rioseco | 4-5 | F2 | Montáchez, sierra de | 2-3 | E-F3 | Navalcarnero | 41 | | Orgaz | 27 | | Peña Prieta | 25 | |
| Macizo Galaico | 2-3 | D-E1 | Medina de Rioseco | 31 | | Montalbán | 17 | | Navalmoral de la Mata | 37 | | Oria | 47 | | Peña Sagra | 25 | |
| Madrid | 41 | | Medina del Campo | 31 | | Montánchez, sierra de | 37 | | Navalmoral de la Mata | 4-5 | F3 | Orihuela | 4-5 | H3 | Peña Sagra, sierra de | 25 | |
| Madrid | 4-5 | G2 | Medina del Campo | 4-5 | F2 | Montaña Clara | 2-3 | D4 | Navarra | 4-5 | H1 | Orihuela | 51 | | Peña Tejada | 49 | |
| Madridejos | 4-5 | G3 | Medinaceli | 31 | | Montaña Clara | 4-5 | D4 | Navarrete | 49 | | Orihuela del Tremedal | 17 | | Peña Trevinca | 39 | |
| Madridejos | 27 | | Medio Cudeyo | 25 | | Montaña Clara | 23 | | Navelgas | 19 | | Orio | 47 | | Peña Trevinca | 2-3 | E1 |
| Madrigal de las Altas Torres | 31 | | Mediterráneo, mar | 51 | | Montblanc | 35 | | Navia | 19 | | Oro, río | 52 | | Peña Trevinca | 31 | |
| Madrigueras | 27 | | Mediterráneo, mar | 2-3 | I4 | Montcada i Reixac | 35 | | Navia, río | 19 | | Oroel | 17 | | Peña Ubiña | 2-3 | E-F1 |
| Madrona, sierra | 2-3 | F-G3 | Mediterráneo, mar | 13 | | Monte Perdido | 17 | | Navia, río | 2-3 | E1 | Oropesa | 27 | | Peña Ubiña | 31 | |
| Maestrazgo, sierra del | 51 | | Mediterráneo, mar | 4-5 | I4 | Montefrío | 13 | | Negratín, embalse de | 2-3 | G4 | Oropesa del Mar/ Orpesa | 51 | | Peña, embalse de la | 17 | |
| Maestrazgo, sierra del | 2-3 | H-I2 | Mediterráneo, mar | 43 | | Montes Universales | 2-3 | H2 | Negratín, embalse de | 13 | | Oroso | 39 | | Peñacorada | 31 | |
| Mágina, sierra | 2-3 | G4 | Mediterráneo, mar | 21 | | Montes Universales | 17 | | Negreira | 39 | | Orrega/Roncesvalles | 45 | | Peñafiel | 4-5 | F-G2 |
| Mágina, sierra | 13 | | Mediterráneo, mar | 35 | | Montes Universales | 27 | | Neila, sierra de | 31 | | Ortegal, cabo | 39 | | Peñafiel | 31 | |
| Mairena del Aljarafe | 13 | | Meira | 39 | | Montes Vascos | 2-3 | G1 | Nerja | 13 | | Ortegal, cabo | 2-3 | D-E1 | Peñalara | 2-3 | F2 |
| Majadahonda | 41 | | Mejorada del Campo | 41 | | Montes Vascos | 47 | | Nerpio | 27 | | Ortigosa de Cameros | 49 | | Peñalara | 41 | |
| Majadahonda | 4-5 | G2 | Melide | 39 | | Montes Vascos | 45 | | Nervión, río | 47 | | Ortigueira | 39 | | Peñaranda de Bracamonte | 31 | |
| Maladeta, Macizo de la | 17 | | Melilla | 4-5 | G5 | Montesa | 51 | | Nervión, río | 2-3 | G1 | Ortigueira, ría de | 39 | | Peñaranda de Duero | 31 | |
| Málaga (ciudad) | 13 | | Melilla (Melilia) | 52 | | Montijo | 37 | | Nevada, sierra | 13 | | Ortzanzurieta | 45 | | Peñarroya | 17 | |
| Málaga (ciudad) | 4-5 | F4 | Melilla la Vieja | 52 | | Montijo | 4-5 | E3 | Niebla | 4-5 | E4 | Ossa de Montiel | 27 | | Peñarroya-Pueblonuevo | 4-5 | F3 |
| Málaga (provincia) | 13 | | Membrilla | 27 | | Montilla | 13 | | Nieves, Pico de las | 2-3 | C5 | Osuna | 13 | | Peñas del Chache | 2-3 | D4 |
| Málaga (provincia) | 4-5 | F4 | Menor, mar | 2-3 | H4 | Montilla | 4-5 | F4 | Nieves, Pico de las | 23 | | Otsagabia/Ochagavía | 45 | | Peñas del Chache | 23 | |
| Málaga, ensenada de | 2-3 | F4 | Menor, mar | 43 | | Montorio | 31 | | Nigrán | 39 | | Ourense (ciudad) | 39 | | Peñas, cabo | 2-3 | F1 |
| Malagón | 27 | | Menorca | 2-3 | J-K2 | Montoro | 13 | | Níjar | 13 | | Ourense (ciudad) | 4-5 | E1 | Peñas, cabo | 19 | |
| Mallén | 17 | | Menorca | 4-5 | J-K3 | Montsant | 2-3 | I2 | Níjar | 4-5 | G4 | Ourense (provincia) | 39 | | Peñón de Ifach | 51 | |
| Mallorca | 2-3 | J3 | Menorca | 21 | | Montsant | 35 | | Noáin/Noain | 45 | | Ourense (provincia) | 4-5 | E1 | Peralada | 35 | |
| Mallorca | 4-5 | J3 | Mequinenza, embalse de | 2-3 | I2 | Montsec | 2-3 | I1 | Noguera Pallaresa, río | 2-3 | I1 | Outes | 39 | | Perales, río | 41 | |
| Mallorca | 21 | | Mequinenza, embalse de | 35 | | Montsec | 35 | | Noguera Pallaresa, río | 35 | | Oviedo (Uviéu) | 19 | | Peralta/Azkoien | 45 | |
| Malpaso | 23 | | Mérida | 37 | | Montseny | 2-3 | J2 | Noguera Ribagorçana, Río | 2-3 | I1 | Oviedo (Uviéu) | 4-5 | E-F1 | Perdido, monte | 2-3 | H-I1 |
| Malpaso | 2-3 | B5 | Mérida | 4-5 | E3 | Montseny | 35 | | Noguera Ribagorçana, Río | 35 | | Oyambre, cabo de | 25 | | Pereiro de Aguiar | 39 | |
| Malpica de | | | Mesa de los Tres Reyes | 2-3 | H1 | Montuïri | 21 | | Noia | 39 | | Oyón/Oion | 47 | | Perejil, isla de | 4-5 | F5 |
| | | | Mesa de los Tres Reyes | 45 | | Monzón | 17 | | Noja | 25 | | | | | Perejil, isla de | 52 | |

Petilla de Aragón 45
Petilla de Aragón 4-5 H1
Petra 21
Petrer 51
Piasca 25
Pica d´Estats 2-3 I1
Pica d´Estats 35
Picanya 51
Picassent 51
Picos de Europa,
 Parque Nacional de los 19
Picos de Europa,
 Parque Nacional de los 2-3 F1
Picos de Europa,
 Parque Nacional de los 31
Picos de Urbión 2-3 G1-2
Piélagos 25
Pigueña, río 19
Pilar de la Horadada 51
Pineda de Mar 35
Pinilla, embalse de 41
Pinseque 17
Pinto 41
Pirineos 2-3 H-I1
Pirineos 45
Pirineos 17
Pirineos 35
Pirón, río 31
Pisuerga, río 2-3 F1
Pisuerga, río 31
Plana, illa 21
Plasencia 37
Plasencia 4-5 E2
Playa Blanca 23
Playa del Inglés 23
Poio 39
Pola de Allande 19
Pola de Lena 19
Pola de Somiedo 19
Polanco 25
Polientes 25
Pollença, Badia de 21
Pollensa 21
Ponferrada 31
Ponferrada 4-5 E1
Ponte 39
Ponteareas 39
Ponteareas 4-5 D1
Ponteceso 39
Pontedeume 39
Pontevedra (ciudad) 39
Pontevedra (ciudad) 4-5 D1
Pontevedra (provincia) 39
Pontevedra (provincia) 4-5 D1
Pontevedra, ría de 39
Pontevedra, ría de 2-3 D1
Porreres 21
Porros, illa dels 21
Port de Sóller 21
Portilla, río 49
Porto Cristo 21
Porto do Son 39
Portomarín 39
Portugalete 47
Portugalete 4-5 G1
Posada de Llanera 19
Potes 25
Potes 4-5 F1
Poza de la Sal 31
Pozo Blanco 13
Pozuelo de Alarcón 41
Pozuelo de Alarcón 4-5 G2
Pradejón 49
Prado 19
Pravia 19
Prepirineo 2-3 I1
Prepirineo 35
Priego 27
Priego de Córdoba 13
Príncipado de Asturias 4-5 E-F1
Príncipe Alfonso 52
Prior, cabo 39
Prior, cabo 2-3 D1
Puçol 51
Puebla de Guzmán 13
Puebla de Lillo 31
Puebla de Sanabria 31

Puebla de Sanabria 4-5 E1
Puente Genil 13
Puente la Reina/Gares 45
Puente Viesgo 25
Puerto de la Cruz 4-5 C4-5
Puerto de la Cruz 23
Puerto del Rosario 4-5 D4
Puerto del Rosario 23
Puerto Lumbreras 43
Puerto Real 13
Puertollano 27
Puertollano 4-5 F-G3
Puig d'en Valls 21
Puig Major 2-3 J3
Puig Major 21
Puigcerdà 35
Puigpunyent 21
Punta de los Muertos 13
Punta el Sable 17
Punta Umbría 13
Purburell 17

Quejo, cabo 25
Quel 49
Quemado, playa del 52
Quintanar de la Orden 27
Quintanar del Rey 27
Quinxo, monte do 39
Quiroga 39

Rabo 19
Ramales de la Victoria 25
Rambla del Judío 43
Rañadoiro, sierra de 19
Ras el Ma
 (Cabo del Agua) 52
Rascafría 41
Reales 45
Redondela 39
Redondela 4-5 D1
Región de Murcia 4-5 H4
Reina 37
Reinosa 25
Reinosa 4-5 F1
Reocín 25
Requena 4-5 H3
Requena 51
Reus 4-5 I2
Reus 35
Revolcadores 43
Rey Francisco, isla del 52
Rianxo 39
Riaño 31
Rías Altas 39
Rías Baixas 39
Riaza 31
Riba-roja de Túria 51
Riba-roja, pantà de 17
Ribadavia 39
Ribadavia 4-5 D-E1
Ribadeo 39
Ribadesella 19
Ribeira 39
Ricla 17
Ricobayo, embalse de 2-3 F2
Ricobayo, embalse de 31
Ricote 43
Riello 31
Rincón de la Victoria 13
Rincón de Soto 49
Riner 35
Río Nalón 19
Río Sequillo,
 embalse de 41
Rionegro del Puente 31
Rioseco 19
Ripoll 35
Rivas 41
Rivas 4-5 G2
Roa 31
Roche, cabo 2-3 E4
Roda de Isábena 17
Roig, cabo 2-3 H4
Rojales 51
Roncal 4-5 H1
Ronda 4-5 F4
Ronda 13

Ronda, serranía de 2-3 F4
Roque de los
 Muchachos 2-3 D4
Roque de los
 Muchachos 23
Roque del Este 23
Roquetas de Mar 13
Roquetas de Mar 4-5 G4
Roses 35
Roses, golfo de 2-3 J1
Roses, golfo de 35
Rostrogordo 52
Rostrogordo, punta de 52
Rota 13
Rúa 39
Rubí 4-5 I2
Rubí 35
Rupit 35
Rute 13

S´Esplamador 21
S. Vicente del Raspeig
 /S. Vicent del Raspeig 4-5 H-I3
S'Espardell 21
sa Pobla 21
sa Porrassa, illa de 21
sa Talaia 2-3 I3
Sábada 17
Sabadell 4-5 J2
Sabadell 35
Sabiñánigo 17
Saceruela 27
Sacratif, cabo 2-3 G4
Sacratif, cabo 13
Sada 39
Sagunto/Sagunt 4-5 H-I3
Sagunto/Sagunt 51
Sahagún 31
Sahagún 4-5 F1
Saja, río 25
Sajarra 49
Sajazarra 49
Salada 17
Salada 51
Salada de la Mata,
 Laguna 51
Salada de Torrevieja,
 Laguna 51
Salada Grande, laguna 17
Salado, río 49
Salamanca (ciudad) 31
Salamanca (ciudad) 4-5 E-F2
Salamanca (provincia) 31
Salamanca (provincia) 4-5 E-F2
Salardú 35
Salas 19
Salceda de Caselas 39
Saldaña 31
Saldaña 4-5 F1
Salinas, cabo 2-3 J3
Salobreña 13
Salou 4-5 I2
Salou 35
Salou, cabo 2-3 I2
Salou, cabo 35
Salt 4-5 J1-2
Salt 35
Salvaterra de Miño 39
Salvatierra, sierra de 2-3 E3
Salvatierra, sierra de 37
Salvatierra/Agurain 47
Sálvora, isla de 39
Sames 19
San Adrián 45
San Adrián, punta de 39
San Adrián, punta de 2-3 D1
San Agustín de
 Guadalix 41
San Andrés del
 Rabanedo 31
San Andrés del
 Rabanedo 4-5 F1
San Antolín 19
San Asensio 49
San Bartolomé 23
San Bartolomé,
 embalse de 17
San Caprasio 17

San Clemente 27
San Clemente,
 embalse de 13
San Cristóbal de
 La Laguna 4-5 B-C4
San Cristóbal de
 La Laguna 23
San Esteban de Gormaz 31
San Felipe, Cerro 2-3 H2
San Felipe, Cerro 27
San Fernando 13
San Fernando 4-5 E4
San Fernando
 de Henares 41
San Francesc
 de Formentera 21
San Francisco de Paula 21
San Fulgencio 51
San Ildefonso 31
San Javier 4-5 H4
San Javier 43
San José 37
San Juan
 de Aznalfarache 13
San Just, sierra de 17
San Leonardo de Yagüe 31
San Lorenzo 2-3 G1
San Lorenzo 49
San Lorenzo
 del Escorial 41
San Mamede,
 Sierra de 2-3 E1
San Mamede,
 Sierra de 39
San Martín de Elines 25
San Martín de la Vega 41
San Martín de Unx 45
San Martín de
 Valdeiglesias 41
San Martín del
 Rey Aurelio 19
San Miguel de Abona 23
San Miguel de Salinas 51
San Millán de
 la Cogolla 49
San Pedro del Pinatar 43
San Pedro, sierra de 2-3 E3
San Pedro, sierra de 37
San Roque 13
San Sebastián de
 la Gomera 4-5 B5
San Sebastián de
 la Gomera 23
San Sebastián de
 los Reyes 41
San Sebastián de
 los Reyes 4-5 G2
San Vicente de
 la Barquera 25
San Vicente de
 la Sonsierra 49
San Vicente de Toranzo 25
San Vicente, sierra de 2-3 F2
San Vicente, sierra de 27
Sanabria, laguna de 2-3 E1
Sangüesa/Zangoza 45
Sanlúcar de Barrameda 13
Sanlúcar la Mayor 13
Sant Adrià de Besòs 35
Sant Agustí 21
Sant Antoni
 de Portmany 21
Sant Antoni, cabo de 2-3 I3
Sant Antoni, cabo de 51
Sant Boi de Llobregat 4-5 I-J2
Sant Boi de Llobregat 35
Sant Carles de
 la Ràpita 35
Sant Celoni 35
Sant Climent 21
Sant Cugat 4-5 I-J2
Sant Cugat del Vallès 35
Sant Feliu de Guíxols 35
Sant Feliu de Llobregat 35
Sant Ferran de
 ses Roques 21
Sant Hilari Sacalm 35

Sant Jaume
 de Frontanyà 35
Sant Joan d´Alacant 51
Sant Joan de Labritja 21
Sant Joan de
 les Abadesses 35
Sant Joan Despí 35
Sant Jordi, golfo de 2-3 I2
Sant Jordi, golfo de 4-5 I2
Sant Jordi, golfo de 35
Sant Josep de sa Talaia 21
Sant Llorenç
 des Cardassar 21
Sant Lluís 21
Sant Mateu 51
Sant Pere de Ribes 35
San Vicente del
 Raspeig/Sant Vicent
 del Raspeig 51
Santa Agnès de Corona 21
Santa Ana, pantano 17
Santa Ana, pantano 35
Santa Brígida 23
Santa Catalina, isla de 52
Santa Coloma
 de Farners 35
Santa Coloma
 de Gramenet 4-5 J2
Santa Coloma
 de Gramenet 35
Santa Coloma
 de Queralt 35
Santa Colomba
 de Somoza 31
Santa Comba 39
Santa Cruz de Bezana 25
Santa Cruz de la Palma 4-5 B4
Santa Cruz de la Palma 23
Santa Cruz de la Zarza 27
Santa Cruz de
 Tenerife (ciudad) 4-5 C4-5
Santa Cruz de
 Tenerife (ciudad) 23
Santa Cruz de
 Tenerife (provincia) 4-5 C4-5
Santa Cruz de
 Tenerife (provincia) 23
Santa Eulalia 19
Santa Eulalia de Oscos 19
Santa Eulària des Riu 21
Santa Fe 13
Santa Lucía
 de Tirajana 4-5 C5
Santa Margalida 21
Santa María de Cayón 25
Santa María de Guía 23
Santa María
 del Páramo 31
Santa Marta de Tormes 31
Santa Pau 35
Santa Pola 51
Santa Pola, cabo de 2-3 H-I3
Santa Pola, cabo de 51
Santa Tegra, punta de 2-3 D2
Santa Teresa,
 embalse de 31
Santa Úrsula 23
Santander 25
Santander 4-5 G1
Santander, bahía de 25
Santander, bahía de 2-3 G1
Santanyí 21
Santes 35
Santiago de
 Compostela 39
Santiago de
 Compostela 4-5 D1
Santiago del Teide 23
Santillana del Mar 25
Santillana del Mar 4-5 F1
Santiuste, ría de 19
Santo Domingo 23
Santo Domingo de
 la Calzada 49
Santo Domingo
 de Silos 31

Santo Domingo,
 sierra de 37
Santolea, embalse de 17
Santomera 43
Santoña 25
Santos, sierra de los 2-3 F3-4
Santullano 19
Santurtzi 47
Santurtzi 4-5 G1
Sanxenxo 39
Sardina, punta de 2-3 C5
Sariegos 31
Sariñena 17
Sarria 39
Satrústegui, sierra de 45
Sax 51
Seco, río 51
Sedano 31
Segorbe 51
Segovia (ciudad) 31
Segovia (ciudad) 4-5 F2
Segovia (provincia) 31
Segovia (provincia) 4-5 F2
Segre, río 2-3 I2
Segre, río 35
Segura de la Sierra 13
Segura, río 2-3 H3
Segura, río 27
Segura, río 43
Segura, río 51
Segura, sierra de 2-3 G3-4
Segura, sierra de 13
Selaya 25
Sella, río 19
Sencelles 21
Sénia, río de la 51
Sénia, río de la 35
Sepúlveda 31
Sepúlveda 4-5 G2
Sequillo, río 31
Serpis, río 2-3 H3
Serpis, río 51
Serra de Uria 19
Serradero 49
Serradilla 37
Ses Salines 21
Seseña 27
Sesma 45
Sestao 47
Sestao 4-5 G1
Sevilla (ciudad) 13
Sevilla (ciudad) 4-5 F4
Sevilla (provincia) 13
Sevilla (provincia) 4-5 F4
Siero 19
Sierra Alta 17
Sierra Boyera,
 embalse de 13
Sierra María 2-3 G4
Sierra Morena 2-3 F-G3
Sierra Morena 27
Sierra Nevada 2-3 G4
Sierra Nevada,
 Parque Nacional de 2-3 G4
Sierra Nevada,
 Parque Nacional de 13
Sierra Transversal 35
Sierra Transversal 2-3 I-J1
Sierra Vieja 37
Siete Picos 41
Sigena 17
Sigüenza 27
Sigüenza 4-5 G2
Sil, río 39
Sil, río 2-3 E1
Sil, río 31
Silla 51
Silleda 39
Sillero 17
Simancas 31
Simat de la Valldigna 51
Sineu 21
Sisargas, islas 39
Sisargas, islas 4-5 D1
Sistema Central 2-3 F-G2
Sistema Central 31
Sistema Central 41

| Name | Ref | Grid |
|---|---|---|
| Sistema Ibérico | 17 | |
| Sitges | 4-5 | I2 |
| Sitges | 35 | |
| Sobrado | 39 | |
| Socuéllamos | 27 | |
| Sóller | 21 | |
| Solsona | 35 | |
| Somosierra | 2-3 | G2 |
| Somosierra | 41 | |
| Son Servera | 21 | |
| Sonseca | 27 | |
| Sopelana | 47 | |
| Soria | 31 | |
| Soria | 31 | |
| Soria | 4-5 | G2 |
| Soria | 4-5 | G2 |
| Sort | 4-5 | I1 |
| Sos del Rey Católico | 17 | |
| Sotalbo | 31 | |
| Sotiel, embalse de | 13 | |
| Soto | 19 | |
| Sotonera, embalse de | 17 | |
| Soutomaior | 39 | |
| Suances | 25 | |
| Submeseta norte | 2-3 | F2 |
| Submeseta norte | 31 | |
| Submeseta sur | 2-3 | G3 |
| Submeseta sur | 27 | |
| Sueca | 4-5 | H3 |
| Sueca | 51 | |
| Sueve, sierra | 2-3 | F1 |
| Suido, serra do | 39 | |
| Sureste, Parque Regional del | 41 | |
| Súria | 35 | |
| Susilla | 25 | |
| Susqueda, pantà de | 35 | |
| **T**abernes de la Valldigna | 51 | |
| Tacoronte | 23 | |
| Tafalla | 45 | |
| Tafalla | 4-5 | H1 |
| Tagomago, illa de | 21 | |
| Tajo, río | 2-3 | D-E3 |
| Tajo, río | 17 | |
| Tajo, río | 41 | |
| Tajo, río | 27 | |
| Tajo, río | 37 | |
| Tajuña, río | 2-3 | G2 |
| Tajuña, río | 41 | |
| Tajuña, río | 27 | |
| Talamanca de Jarama | 41 | |
| Talavera de la Reina | 27 | |
| Talavera de la Reina | 4-5 | F3 |
| Talayuela | 37 | |
| Tamarite de Litera | 17 | |
| Tambre, río | 39 | |
| Tambre, río | 2-3 | D1 |
| Tapia de Casariego | 19 | |
| Tarajal | 52 | |
| Taramundi | 19 | |
| Tarancón | 27 | |
| Tarancón | 4-5 | G2 |
| Tarazona | 17 | |
| Tarazona | 4-5 | H2 |
| Tarazona de la Mancha | 27 | |
| Tarifa | 13 | |
| Tarifa, punta de | 2-3 | F4-5 |
| Tarifa, punta de | 13 | |
| Tarragona (ciudad) | 4-5 | I2 |
| Tarragona (ciudad) | 35 | |
| Tarragona (provincia) | 4-5 | I2 |
| Tarragona (provincia) | 35 | |
| Tàrrega | 35 | |
| Taüll | 35 | |
| Tauste | 17 | |
| Tazacorte | 23 | |
| Tegueste | 23 | |
| Teguise | 23 | |
| Teide | 2-3 | C5 |
| Teide | 23 | |
| Teide | 4-5 | C5 |
| Telde | 23 | |
| Teleno | 2-3 | E1 |
| Teleno | 31 | |

| Name | Ref | Grid |
|---|---|---|
| Tembleque | 27 | |
| Tenerife | 2-3 | B-C5 |
| Tenerife | 4-5 | B-C5 |
| Tenerife | 23 | |
| Teno, punta de | 2-3 | B5 |
| Tentudía | 37 | |
| Teo | 39 | |
| Ter, río | 2-3 | J1 |
| Ter, río | 35 | |
| Tera, río | 2-3 | E-F1 |
| Tera, río | 31 | |
| Teror | 23 | |
| Terrassa | 4-5 | I-J2 |
| Terrassa | 35 | |
| Teruel (ciudad) | 17 | |
| Teruel (ciudad) | 4-5 | H2 |
| Teruel (provincia) | 17 | |
| Teruel (provincia) | 4-5 | H2 |
| Testeiro, montes do | 39 | |
| Teulada | 51 | |
| Tías | 23 | |
| Tierra, isla de | 52 | |
| Tiétar, río | 2-3 | F2-3 |
| Tiétar, río | 31 | |
| Tiétar, río | 37 | |
| Timanfaya, Parque Nacional | 2-3 | D4 |
| Tina Mayor, ría de | 19 | |
| Tineo | 19 | |
| Tinto, río | 2-3 | E4 |
| Tinto, río | 13 | |
| Tiñoso, cabo | 2-3 | H4 |
| Tiñoso, cabo | 43 | |
| Tirig | 51 | |
| Tivissa | 35 | |
| Tobarra | 27 | |
| Tocina | 13 | |
| Toledo (ciudad) | 27 | |
| Toledo (ciudad) | 4-5 | F3 |
| Toledo (provincia) | 27 | |
| Toledo (provincia) | 4-5 | F-G3 |
| Toledo, montes de | 2-3 | F3 |
| Toledo, montes de | 27 | |
| Toloñoko Mendilerroa | 47 | |
| Tolosa | 47 | |
| Tomares | 13 | |
| Tomelloso | 27 | |
| Tomelloso | 4-5 | G3 |
| Tomiño | 39 | |
| Torcas, embalse de las | 17 | |
| Tordera | 35 | |
| Tordera, río | 2-3 | J2 |
| Tordesillas | 31 | |
| Tordesillas | 4-5 | F2 |
| Toreno | 31 | |
| Torete, río | 31 | |
| Tormes, río | 2-3 | F2 |
| Tormes, río | 31 | |
| Tornabous | 35 | |
| Toro | 4-5 | F2 |
| Toro | 31 | |
| Toro, illa del | 21 | |
| Torozos, montes | 2-3 | F2 |
| Torozos, montes | 31 | |
| Torre Blanca | 25 | |
| Torre-Pacheco | 43 | |
| Torreaguera | 43 | |
| Torreblanca | 51 | |
| Torredelcampo | 13 | |
| Torredembarra | 35 | |
| Torredonjimeno | 13 | |
| Torrejón de Ardoz | 41 | |
| Torrejón de Ardoz | 4-5 | G2 |
| Torrejón del Rey | 27 | |
| Torrelaguna | 41 | |
| Torrelavega | 25 | |
| Torrelavega | 4-5 | F-G1 |
| Torrelodones | 41 | |
| Torremolinos | 13 | |
| Torrent | 4-5 | H3 |
| Torrent | 51 | |
| Torres de Alcalá | 52 | |
| Torres de la Alameda | 41 | |
| Torres del Río | 45 | |
| Torrevieja | 4-5 | H3-4 |

| Name | Ref | Grid |
|---|---|---|
| Torrevieja | 51 | |
| Torrijos | 27 | |
| Torrijos | 4-5 | F2 |
| Torroella de Montgrí | 35 | |
| Torrox | 13 | |
| Torrox, punta de | 2-3 | G4 |
| Tortosa | 4-5 | I2 |
| Tortosa | 35 | |
| Tortosa, cabo de | 2-3 | I2 |
| Tortosa, cabo de | 35 | |
| Tossa de Mar | 35 | |
| Tostón, punta del | 2-3 | D4 |
| Tostón, punta del | 23 | |
| Totana | 43 | |
| Touriñán, cabo | 39 | |
| Touriñán, cabo | 2-3 | D1 |
| Tous, embalse de | 51 | |
| Trabancos, río | 31 | |
| Trafalgar, cabo | 2-3 | E4 |
| Trafalgar, cabo | 13 | |
| Tramuntana, sierra de | 2-3 | J3 |
| Tramuntana, sierra de | 21 | |
| Tranco de Beas, embalse | 2-3 | G3 |
| Tranco de Beas, embalse | 13 | |
| Tranquera, embalse de la | 17 | |
| Tres Cantos | 41 | |
| Treviño | 31 | |
| Treviño | 4-5 | G1 |
| Trillo | 27 | |
| Trujillo | 37 | |
| Tudela | 45 | |
| Tudela | 4-5 | H1 |
| Tudela de Duero | 31 | |
| Tudela de Duero | 4-5 | F2 |
| Tui | 39 | |
| Tui | 4-5 | D1 |
| Tuineje | 23 | |
| Turbón | 17 | |
| Turégano | 31 | |
| Turia, río | 2-3 | H3 |
| Turia, río | 17 | |
| Turia, río | 51 | |
| Turis | 51 | |
| Turó de l'Home | 2-3 | J2 |
| Turó de l'Home | 35 | |
| **Ú**beda | 4-5 | G3 |
| Úbeda | 13 | |
| Ubrique | 13 | |
| Uclés | 27 | |
| Ujué | 45 | |
| Ulea | 43 | |
| Ulla, río | 39 | |
| Ulla, río | 2-3 | D1 |
| Ullastret | 35 | |
| Ullibarri Ganboako Urtegia | 47 | |
| Uncastillo | 17 | |
| Urbasa, sierra de | 47 | |
| Urbasa, sierra de | 2-3 | G1 |
| Urbasa, sierra de | 45 | |
| Urbión | 49 | |
| Urnieta | 47 | |
| Urola | 47 | |
| Urrobi, río | 45 | |
| Urretxu | 47 | |
| Urrunaga Urtegia | 47 | |
| Urumea | 47 | |
| Usúrbil | 47 | |
| Utebo | 4-5 | H2 |
| Utiel | 51 | |
| Utiel, sierra de | 2-3 | H3 |
| Utiel, sierra de | 51 | |
| Utrera | 4-5 | F4 |
| Utrera | 13 | |
| Utrillas | 17 | |
| **V**aldecañas, embalse de | 2-3 | E3 |
| Valdecañas, embalse de | 37 | |
| Valdemorillo | 41 | |

| Name | Ref | Grid |
|---|---|---|
| Valdemoro | 41 | |
| Valdepeñas | 27 | |
| Valdepeñas | 4-5 | G3 |
| Valderaduey, río | 31 | |
| Valderrobres | 17 | |
| Valderrobres | 4-5 | H-I2 |
| Valdoviño | 39 | |
| Valéncia/Valencia (ciudad) | 4-5 | H3 |
| Valéncia/Valencia (ciudad) | 51 | |
| Valéncia/Valencia (provincia) | 4-5 | H3 |
| Valéncia/Valencia (provincia) | 51 | |
| Valencia de Don Juan | 4-5 | F1 |
| Valencia de Don Juan | 31 | |
| Valencia, golfo de | 2-3 | I3 |
| Valencia, golfo de | 4-5 | I3 |
| Valencia, golfo de | 51 | |
| Valladolid (ciudad) | 31 | |
| Valladolid (ciudad) | 4-5 | F2 |
| Valladolid (provincia) | 31 | |
| Valladolid (provincia) | 4-5 | F2 |
| Valldemossa | 21 | |
| Valls | 4-5 | I2 |
| Valls | 35 | |
| Valnera, sierra de | 25 | |
| Valporquero | 31 | |
| Valsequillo | 23 | |
| Valvanera | 49 | |
| Valverde | 4-5 | B5 |
| Valverde | 23 | |
| Valverde de la Vera | 37 | |
| Valverde de la Virgen | 31 | |
| Valverde del Camino | 13 | |
| Vedra | 39 | |
| Vegadeo | 19 | |
| Vejer de la Frontera | 13 | |
| Vélez de la Gomera | 4-5 | F5 |
| Vélez de la Gomera, Peñón de | 52 | |
| Vélez-Málaga | 4-5 | F4 |
| Vélez-Málaga | 13 | |
| Vélez-Rubio | 13 | |
| Vélez-Rubio | 4-5 | G4 |
| Venta de Baños | 31 | |
| Vera | 13 | |
| Verde, río | 51 | |
| Verín | 39 | |
| Verín | 4-5 | E2 |
| Vermissa | 21 | |
| Viana | 45 | |
| Viana do Bolo | 39 | |
| Vic | 4-5 | J1-2 |
| Vic | 35 | |
| Vícar | 13 | |
| Vicort, sierra de | 17 | |
| Victoria, montes de | 47 | |
| Vielha | 4-5 | I1 |
| Vielha | 35 | |
| Vigo | 39 | |
| Vigo | 4-5 | D1 |
| Vila de Cruces | 39 | |
| Vila-real | 4-5 | H3 |
| Vila-real | 51 | |
| Vila-seca | 35 | |
| Vilafant | 35 | |
| Vilafranca del Penedès | 4-5 | I2 |
| Vilafranca del Penedès | 35 | |
| Vilagarcía de Arousa | 4-5 | D1 |
| Vilalba | 39 | |
| Vilalba | 4-5 | E1 |
| Vilanova i la Geltrú | 35 | |
| Villa de Mazo | 23 | |
| Villa del Prado | 41 | |
| Villablino | 4-5 | E-F1 |
| Villablino | 31 | |
| Villabona | 47 | |
| Villabre | 19 | |
| Villacarriedo | 25 | |
| Villacarrillo | 13 | |
| Villafranca de los Barros | 37 | |
| Villafranca de los Barros | 4-5 | E3 |
| Villafranca de los Caballeros | 27 | |
| Villafranca del Bierzo | 31 | |
| Villafranca del Bierzo | 4-5 | E1 |
| Villagarcía de Arousa | 39 | |

| Name | Ref | Grid |
|---|---|---|
| Villajoyosa/ La Vila Joiosa | 51 | |
| Villalba de la Sierra | 27 | |
| Villalbilla | 41 | |
| Villalcampo | 31 | |
| Villamartín | 13 | |
| Villamayor | 31 | |
| Villamediana de Iregua | 49 | |
| Villamuriel de Cerrato | 31 | |
| Villanueva | 31 | |
| Villanueva de Castellón | 51 | |
| Villanueva de Córdoba | 13 | |
| Villanueva de Gállego | 17 | |
| Villanueva de la Cañada | 41 | |
| Villanueva de la Serena | 37 | |
| Villanueva de la Serena | 4-5 | F3 |
| Villanueva de la Torre | 27 | |
| Villanueva de la Vera | 37 | |
| Villanueva de los Infantes | 27 | |
| Villanueva del Pardillo | 41 | |
| Villaquilambre | 4-5 | F1 |
| Villaquilambre | 31 | |
| Villarejo de Salvanés | 41 | |
| Villares de la Reina | 31 | |
| Villarrobledo | 27 | |
| Villarrobledo | 4-5 | G3 |
| Villarrubia de los Ojos | 27 | |
| Villava/Atarrabia | 45 | |
| Villaverde de Trucios | 25 | |
| Villaviciosa | 19 | |
| Villaviciosa | 4-5 | F1 |
| Villaviciosa de Odón | 41 | |
| Villaviciosa, ría de | 19 | |
| Villayón | 19 | |
| Villena | 51 | |
| Vimianzo | 39 | |
| Vinalopó, río | 2-3 | H3 |
| Vinalopó, río | 51 | |
| Vinaròs | 4-5 | I2 |
| Vinaròs | 51 | |
| Virgen de la Peña | 45 | |
| Viso del Marqués | 27 | |
| Vitigudino | 31 | |
| Vitoria-Gasteiz | 47 | |
| Vitoria-Gasteiz | 4-5 | G1 |
| Viveiro | 39 | |
| Viveiro | 4-5 | E1 |
| Viveros | 27 | |
| Vizcaya, golfo de | 2-3 | G-H1 |
| Vizcaya, golfo de | 4-5 | G-H1 |
| Vizcaya, golfo de | 47 | |
| **X**allás, río | 39 | |
| Xàtiva | 4-5 | H3 |
| Xàtiva | 51 | |
| Xeraco | 51 | |
| Xinzo de Limia | 39 | |
| Xirivella | 51 | |
| Xistral | 39 | |
| Xistral, serra do | 39 | |
| Xove | 39 | |
| Xurés, Parque Natural de | 2-3 | D-E2 |
| Xurés, Parque Natural de | 39 | |
| **Y**aiza | 23 | |
| Yecla | 4-5 | H3 |
| Yecla | 43 | |
| Yeltes, río | 31 | |
| Yepes | 27 | |
| Yuncos | 27 | |
| **Z**adorra, río | 47 | |
| Zafra | 37 | |
| Zafra | 4-5 | E3 |
| Zalduondo | 47 | |
| Zalla | 47 | |
| Zamora (ciudad) | 31 | |
| Zamora (ciudad) | 4-5 | F2 |
| Zamora (provincia) | 31 | |
| Zamora (provincia) | 4-5 | F2 |
| Záncara, río | 2-3 | G3 |
| Zapardiel, río | 31 | |
| Zaragoza (ciudad) | 17 | |
| Zaragoza (ciudad) | 4-5 | H2 |

| Name | Ref | Grid |
|---|---|---|
| Zaragoza (provincia) | 17 | |
| Zaragoza (provincia) | 4-5 | H2 |
| Zaratán | 31 | |
| Zarautz | 47 | |
| Zizur Mayor-Zizur Nagusia | 4-5 | |
| Zizur Mayor-Zizur Nagusia | 4-5 | G-H1 |
| Zuera | 17 | |
| Zuia | 47 | |
| Zújar, embalse de | 2-3 | F3 |
| Zújar, río | 37 | |
| Zumaia | 47 | |
| Zumarraga | 47 | |